Davies; **t.102** United Archives/Topfoto; **t.103** The Granger Collection/Topfoto; **t.104** *ch* Harlequin Agency Limited; *d* BBC Radio Cymru; **t.106** *t* Media Wales Ltd; *g* Eisteddfod Gerddorol Gydwladol Llangollen; **t.107** *t* Cymdeithas yr Iaith Gymraeg; *g* Eisteddfod Genedlaethol Cymru; **t.108** Warren Orchard; **t.109** 2014 Petalcraft Demonstrations Ltd

Pennod 9
t.113 Trwy ganiatâd Llyfrgell Genedlaethol Cymru (*1, 4*), Urdd Gobaith Cymru (*2*), Cynulliad Cymru (*3*), Rhys Llwyd (*5*); **t.114** Mudiad Meithrin; **t.115** *ch* Geograph (Dave Croker); *d* Urdd Gobaith Cymru; **t.116** Urdd Gobaith Cymru; **t.117** *ch* Trwy ganiatâd Llyfrgell Genedlaethol Cymru/Stiwdio John, Abergwaun; *d* Trwy ganiatâd Llyfrgell Genedlaethol Cymru; **t.118** *t* Trwy ganiatâd Llyfrgell Genedlaethol Cymru; *g* Cymdeithas yr Iaith Gymraeg; **t.119** Rhys Llwyd; **t.120** Cynulliad Cymru; **t.121** Comisiynydd y Gymraeg; **t.125** Illustrated London News Ltd/Mary Evans; **t.126** Media Wales Ltd

DYFYNIADAU

Pennod 1
t.5 Llafur Cymru: J. B. Smith (gol.), *James Griffiths and his Times* (Ferndale: Plaid Lafur, 1977), t.18

Pennod 2
t.14 Casgliad y Werin Cymru; **t.17** *t* Guto Prys ap Gwynfor; *g* BBC Cymru Wales

Pennod 3
t.27 *t* The Atlantic Monthly Company, 1999: *The Atlantic Monthly,* 'Ambivalent Autonomy', Rhifyn 283, Rhif 4 (Ebrill 1999), tt.20-24; *g* Richard Wyn Jones/The Atlantic Monthly Company, 1999: *The Atlantic Monthly,* 'Ambivalent Autonomy', Rhifyn 283, Rhif 4 (Ebrill 1999), tt.20-24; **t.28** Sefydliad Materion Cymreig; **t.31** BBC Cymru Wales

Pennod 4
t.37 Gwasg Prifysgol Cymru: Trevor Herbert & Gareth Elwyn Jones (gol.), *Wales 1880-1914* (1988), t.1; **t.39** Pearson Education Limited: Paul Barnes, R. Paul Evans, Peris Jones-Evans, *GCSE History for WJEC Specification A* (2003), t.14; **t.41** Gwasg Prifysgol Cymru: John Davies, Menna Baines, Nigel Jenkins a Peredur I. Lynch, *Gwyddoniadur Cymru Yr Academi Gymreig* (2008), t.563; **t.42** *t ch* Cambridge University Press: Gareth Elwyn Jones, *Modern Wales: A Concise History* (1984), t.152; *g ch* Gwasg Gomer Cyf: David Egan, *Y Gymdeithas Lofaol: Hanes Cymoedd Glofaol De Cymru, 1840-1980* (1988); *d* Atgynhyrchwyd trwy ganiatâd Hodder Education: Roger Turvey, *Cymru a Phrydain 1906-1951* (1997), t.72; **t.43** Gwasg Prifysgol Cymru: John Davies, Menna Baines, Nigel Jenkins a Peredur I. Lynch, *Gwyddoniadur Cymru Yr Academi Gymreig* (2008), t.703; **t.44** Gwasanaeth Archifau Gwynedd; **t.46** *t* Gwasg Prifysgol Cymru: John Davies, Menna Baines, Nigel Jenkins a Peredur I. Lynch, *Gwyddoniadur Cymru Yr Academi Gymreig* (2008), t.905; *g* Gwasg Prifysgol Cymru: Deian Hopkin, 'The Llanelli Riots, 1911', *Welsh History Review*, Rhifyn 11 (1982-83); **t.47** Atgynhyrchwyd trwy ganiatâd Hodder Education: Roger Turvey, *Cymru a Phrydain 1906-1951* (1997), t.70; **t.49** The History Press: Stuart Broomfield, *Wales at War: The Experience of the Second World War in Wales* (2009), t.16; **t.50** Gwasg Gomer Cyf: David Egan, *Y Gymdeithas Lofaol: Hanes Cymoedd Glofaol De Cymru, 1840-1980* (1988); **t.51** Media Wales Ltd; **t.52** Gwasg Prifysgol Cymru: Deirdre Beddoe, *Out of the Shadows: A History of Women in Twentieth-Century Wales* (2008), tt.92-93

Pennod 5
t.57 Atgynhyrchwyd trwy ganiatâd Hodder Education: Roger Turvey, *Cymru a Phrydain 1906-1951* (1997), t.156; **t.58** *t* Trwy ganiatâd Oxford University Press: K. O. Morgan, *Rebirth of a Nation: Wales 1880-1980* (1981), t.311; **t.62** Cambridge University Press: Gareth Elwyn Jones, *Modern Wales: A Concise History* (1984), t.184; **t.64** Cambridge University Press: Gareth Elwyn Jones, *Modern Wales: A Concise History* (1984), t.185; **t.65** Trwy ganiatâd Oxford University Press: K. O. Morgan, *Rebirth of a Nation: Wales 1880-1980* (1981), t.226

Pennod 6
t.71 The Archives Hub/Prifysgol Abertawe, Casgliad Maes Glo De Cymru; **t.72** *ch* BBC; **t.72-73** Trwy ganiatâd caredig Parthian Books Limited: Hywel Francis, *History on our Side: Wales and the 1984-85 Miners' Strike* (2009), tt.46-47; **t.74** Trwy ganiatâd caredig Parthian Books Limited: Hywel Francis, *History on our Side: Wales and the 1984-85 Miners' Strike* (2009), t.53, t.69; **t.82** Cyhoeddwyr Dinefwr Publishers: Glanmor Williams (gol.), *Swansea: An Illustrated History* (1990), t.340

Pennod 7
t.91 *ch* Ysgol Gynradd Llanrug; *d* Focal International/Llyfrgell Genedlaethol Cymru; **t.95** *g ch* BBC; *d* Martin Johnes, *Wales Since 1939* (Manchester University Press, 2012)

Pennod 8
t.99 BBC Cymru Wales; **t.105** BBC Cymru Wales; **t.107** Daily Post

Pennod 9
t.114 BBC Cymru Wales

Gwnaed pob ymdrech i olrhain a chydnabod deiliaid hawlfraint. Bydd y cyhoeddwr yn falch o wneud trefniadau addas gydag unrhyw ddeiliaid hawlfraint na lwyddwyd i gysylltu â nhw.

Diolch i'r panel monitro, Jami Davies, Sarah Horton, Anwen Môn Jones, Alun Millington a Deiniol Williams, am eu harweiniad gwerthfawr.

Mae fersiwn Saesneg o'r cyhoeddiad hwn ar gael hefyd:
Wales: 1900 to the present day

Cynnwys

BETH OEDD PRIF NODWEDDION GWLEIDYDDIAETH CYMRU YN YSTOD HANNER CYNTAF YR UGEINFED GANRIF?

Cyflwyniad

Tuag at ddiwedd y bedwaredd ganrif ar bymtheg, roedd helyntion y dosbarth gwaith wedi dod yn fater gwleidyddol pwysig. Roedd gan ardaloedd diwydiannol Cymru enw o fod yn **radical** ac o herio'r llywodraeth a'r awdurdodau. Roedd y Blaid Lafur, a ddaeth yn brif blaid Cymru o'r 1920au, newydd gael ei sefydlu yn 1900.

Golygai Deddf Cynrychiolaeth y Bobl 1884 fod tua 60% o ddynion Prydain a oedd dros 21 oed yn gallu pleidleisio ac felly'n cyfrannu at y broses o ethol Aelodau Seneddol (ASau). Yn y cyfnod hwn, etholodd Cymru 34 AS allan o gyfanswm o 670 i Dŷ'r Cyffredin.

GORUCHAFIAETH Y RHYDDFRYDWYR, 1906-1922

Ar ddiwedd y bedwaredd ganrif ar bymtheg, roedd gan etholwyr Cymru, fel gweddill Prydain, y dewis rhwng pleidleisio i'r Rhyddfrydwyr neu i'r Ceidwadwyr (Torïaid). Erbyn 1900, roedd cefnogaeth i'r ddwy blaid hon wedi'i hollti'n fras yn ôl dosbarth cymdeithasol a diwylliant. Roedd y Blaid Geidwadol yn cael ei gweld fel plaid a oedd yn cynrychioli diddordebau'r dosbarthiadau uchaf a chanol ac, o ganlyniad, arhoson nhw mewn grym o 1885 hyd 1906. Fodd bynnag, erbyn yr 1900au, roedd diwygio cymdeithasol (hynny yw, gwelliant yn amodau byw a gwaith y dosbarthiadau isaf) wedi dod i'r amlwg fel mater gwleidyddol. Roedd mwyafrif y dosbarth gwaith yn dal i weld y Blaid Ryddfrydol fel y blaid i'w cynrychioli ac i weithredu'r diwygio cymdeithasol hwn.

Etholiad cyffredinol 1906

Roedd etholiad 1906 yn fuddugoliaeth enfawr i'r Rhyddfrydwyr. Enillon nhw 377 o'r seddi seneddol o'i gymharu â'r 157 a enillwyd gan y Ceidwadwyr. Mae'n ddiddorol nodi bod y Blaid Lafur, a sefydlwyd yn 1900, wedi ennill 29 o'r 50 sedd yr oedd yn ymladd amdanynt yn yr un etholiad.

I'r etholwyr Cymreig, roedd cyswllt agos rhwng y Rhyddfrydwyr, anghydffurfiaeth (mynd i'r capel) a diwylliant Cymraeg. Roedd y Ceidwadwyr ar y llaw arall yn cynrychioli'r landlordiaid ac Eglwys Loegr. Nid oes syndod felly fod y Blaid Ryddfrydol wedi gwneud hyd yn oed yn well yng Nghymru.

Plaid	Seddi
Rhyddfrydwyr	28
Rhydd-Llaf	4
Llafur	1
Plaid Lafur Annibynnol [ILP]	1
Ceidwadwyr	0

Canlyniadau etholiad cyffredinol 1906 yng Nghymru

Lloyd George yn cyfarfod â phensiynwyr yn Nhreforys, 1911

*Lloyd George yn annerch torf y tu allan i Barc Victoria, Abertawe; er ei fod yn Ganghellor y Trysorlys ar y pryd, roedd yn cefnogi'r alwad i **ddatgysylltu**'r Eglwys Anglicanaidd yng Nghymru*

Roedd hon yn fuddugoliaeth ysgubol yng Nghymru. Roedd 32 o'r ASau a etholwyd yn Rhyddfrydol neu mewn cynghrair ryddfrydol. Fodd bynnag, cafodd James Keir Hardie, arweinydd y Blaid Lafur, ei ethol yn un o ddau AS etholaeth Merthyr ac Aberdâr am yr eildro.

Roedd canlyniad etholiad 1910 yn debyg, gyda 27 AS Rhyddfrydol, pum Llafur a dau Geidwadol yn cael eu hethol.

Roedd David Lloyd George, AS Bwrdeistrefi Caernarfon, yn arweinydd blaenllaw yn y llywodraeth Ryddfrydol. Fel Llywydd y Bwrdd Masnach, ac, yn ddiweddarach, fel Canghellor y Trysorlys, ef fu'n gyfrifol am ddyfeisio diwygiadau cymdeithasol mawr llywodraeth 1906-1914. Roedd yn cael ei barchu'n fawr iawn, yn arbennig yng Nghymru.

Diwygiadau'r Rhyddfrydwyr: 'taclo tlodi'

Roedd llywodraeth Ryddfrydol 1906-1914 wedi ymrwymo i wella bywydau'r tlodion trwy ddarparu gwell cyfleoedd ar gyfer yr ifanc a gofal ar gyfer yr henoed a'r cleifion. Dyma rai yn unig o'r deddfau a basiwyd ganddynt:

Deddf Addysg (Darparu Prydau Bwyd) 1906

Roedd addysg yn orfodol, a darganfu nifer o adroddiadau fod llawer o blant yn cyrraedd yr ysgol yn llwglyd. Rhoddwyd cyllid i awdurdodau lleol i ddarparu gwasanaeth prydau bwyd ysgol ar gyfer plant tlawd iawn. Roedd hwn yn gam pwysig ymlaen ac yn rhoi i'r plant hyn eu hunig bryd poeth bob dydd.

Deddf Pensiynau'r Henoed 1908

Roedd gan bobl dros 70 oed a oedd ar incwm o lai na £31.50 y flwyddyn hawl i bum swllt (25c) yr wythnos mewn pensiwn henoed. Roedd pâr priod yn derbyn 7/6 (38½c).

Deddf Yswiriant Iechyd Gwladol 1911

Roedd y ddeddf hon yn gorfodi gweithwyr a oedd yn ennill llai na £160 y flwyddyn i wneud cyfraniadau yswiriant. Roedd y cynllun yn gweithio fel a ganlyn: roedd y gweithiwr yn cyfrannu 4d [tua 2c], y cyflogwr 3d a'r llywodraeth 2d. Yn gyfnewid, byddai'r gweithiwr yn derbyn gofal meddygol rhad ac am ddim a 10 swllt [50c] yr wythnos o fudd-dal salwch am hyd at 26 wythnos mewn blwyddyn.

Roedd y ddeddf hon yn nodi man cychwyn **y Wladwriaeth Les**. Roedd y cynllun wedi'i gyfyngu i alwedigaethau penodol, a dim ond ar gyfer y gweithiwr ei hun yr oedd yn berthnasol. Pe byddai gwraig y gweithiwr neu ei blant yn mynd yn sâl, byddai'n rhaid iddynt dalu am driniaeth.

Yn 1913, estynnwyd y ddeddf i ddarparu yswiriant diweithdra. Roedd y cyflogwr yn talu stamp 5d, a phe byddai'r gweithiwr yn colli'i waith, byddai'n derbyn 7 swllt [35c] am uchafswm o bymtheg wythnos mewn unrhyw flwyddyn.

Cyllideb y Bobl 1909
Er mwyn helpu i dalu am y diwygiadau cymdeithasol radicalaidd hyn, roedd Lloyd George wedi cyflwyno'r enwog Gyllideb y Bobl, lle roedd peth o'r gost i'w chwrdd trwy gynyddu treth o 5% i 8% ar incwm o fwy na £3,000 y flwyddyn. Dim ond tua 2% o'r boblogaeth oedd yn ennill cymaint â hyn o incwm. Aeth rhengoedd breintiedig y wlad yn ferw gwyllt. Golygodd y gyllideb fod Lloyd George yn amhoblogaidd dros ben mewn rhai ardaloedd ac yn hynod boblogaidd mewn ardaloedd eraill.

Cafwyd diwygiadau eraill hefyd, megis cyfreithloni streiciau gan undebau llafur a phenodi arolygwyr y llywodraeth i wirio amodau a thâl mewn swyddi ar y cyflogau gwaelaf, megis cynhyrchu matsis. Roedd yn rhaid i gyflogwyr ddigolledu gweithwyr oedd yn ennill llai na £200 y flwyddyn os oeddent yn cael eu hanafu yn y gwaith.

FFYNHONNELL 4

THE PHILANTHROPIC HIGHWAYMAN.

Mr. Lloyd-George. "I'LL MAKE 'EM PITY THE AGED POOR!"

Ymddangosodd y cartŵn hwn yn y cylchgrawn dychanol Punch *cyn i Ddeddf Pensiynau'r Henoed gael ei phasio yn 1909*

Effaith wleidyddol y Rhyfel Mawr, 1914-1918
Yn Awst 1914, dechreuodd y gwrthdaro a ddaeth i gael ei adnabod fel y Rhyfel Mawr, neu'r Rhyfel Byd Cyntaf. Cafodd David Lloyd George ei benodi'n Weinidog Arfau yn 1915, a rhagorodd ar gynyddu'r gwaith cynhyrchu arfau ym Mhrydain a'u danfon i'r milwyr ar y Ffrynt. Yn 1916, daeth yn Ysgrifennydd Gwladol dros Ryfel, a phan ymddiswyddodd H. H. Asquith, daeth Lloyd George ei hun yn brif weinidog ar lywodraeth glymblaid oedd yn cynnwys ei gefnogwyr Rhyddfrydol ef ac ASau Ceidwadol. O ganlyniad, câi Lloyd George ei ystyried gan lawer fel 'y dyn a enillodd y rhyfel' a gwnaeth argraff fawr yng Nghynhadledd Heddwch Versailles yn 1919.

Ar ddiwedd y rhyfel, pasiodd y llywodraeth Ddeddf Cynrychiolaeth y Bobl [1918] a oedd yn rhoi'r bleidlais i bob dyn a hefyd i fenywod dros 30 oed a oedd yn berchen ar eiddo. Golygai hyn felly na allai llawer o fenywod dros 30 oed y dosbarth gwaith bleidleisio. Yn briodol iawn, enillodd y llywodraeth glymblaid etholiad cyffredinol 1918 ac arhosodd Lloyd George yn brif weinidog, ond y Ceidwadwyr oedd â'r mwyafrif o fewn y glymblaid.

Beth oedd hynt y Rhyddfrydwyr ar ôl y rhyfel?
Er bod y rhyfel wedi'i ennill, ni chafodd y Rhyddfrydwyr gystal llwyddiant yn y blynyddoedd oedd i ddilyn. Arweiniodd y ffrae rhwng Lloyd George ac Asquith at hollt barhaol o fewn y blaid. Cred rhai fod estyn y bleidlais yn 1918 o bosibl wedi dinistrio'r Blaid Ryddfrydol, gan ganiatáu i'r Blaid Lafur ddod i'r amlwg yn yr 1920au fel plaid y dosbarth gwaith.

FFYNHONNELL 5

1918		1922	
Ceidwadwyr (*yn cynnwys aelodau'r glymblaid*)	4	Ceidwadwyr	6
Llafur	9	Llafur	18
Rhyddfrydwyr (*yn cynnwys aelodau'r glymblaid*)	20	Rhyddfrydwyr (*yn cynnwys Rhyddfrydwyr Cenedlaethol*)	10
Eraill	2	Eraill	1

Canlyniadau etholiadau cyffredinol yng Nghymru yn 1918 ac 1922

1. Beth mae Ffynhonnell 1 yn ei ddweud wrthych am wleidyddiaeth Cymru yn 1906?
2. Defnyddiwch Ffynonellau 2 a 3 a'ch gwybodaeth eich hun i egluro pam yr oedd Lloyd George mor boblogaidd yng Nghymru.
3. Beth yw'r neges yn Ffynhonnell 4?
4. Beth mae Ffynhonnell 5 yn ei ddweud wrthych am gefnogaeth wleidyddol yng Nghymru erbyn 1922?

TWF PLAID LAFUR CYMRU HYD AT 1951

Y blynyddoedd cynnar, 1900-1922

Yn dilyn Deddf Cynrychiolaeth y Bobl yn 1884, roedd y bleidlais wedi'i hehangu i gynnwys tua 60% o ddynion Prydain a oedd dros 21 oed. Roedd y dosbarth gwaith wedi ymgyrchu'n hir am y bleidlais ac yn ei gweld fel ffordd o wella'u bywydau. Roedd gan yr etholwyr newydd hyn eu hagenda wleidyddol eu hunain, sef mynd i'r afael â thlodi. Roeddent yn mynnu gwell tai a gofal iechyd, gwell cyflogau ac amodau gwaith. Yng Nghymru ar y pryd, fel ag yn Lloegr, roedd yr etholwyr newydd yn gweld y Rhyddfrydwyr fel eu cynrychiolwyr i sicrhau'r newidiadau cymdeithasol hyn. Fodd bynnag, daeth arweinwyr y dosbarth gwaith i deimlo fwyfwy eu bod nhw angen eu plaid eu hunain.

Felly, er bod y Rhyddfrydwyr yn tra-arglwyddiaethu ar wleidyddiaeth Cymru yn nau ddegawd cyntaf yr ugeinfed ganrif, roedd hwn hefyd yn gyfnod pwysig o dwf i'r Blaid Lafur. Fel mae'r gair *Llafur* yn ei awgrymu, plaid wleidyddol ar gyfer y dosbarth gwaith oedd hon. Enw arall a gysylltir yn aml â'r Blaid Lafur yw **sosialaidd**.

Beth oedd y rhesymau am y twf mewn cefnogaeth i'r Blaid Lafur?

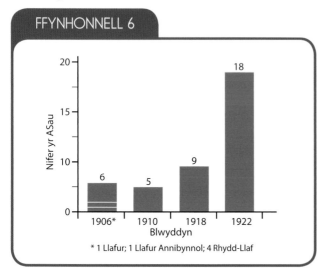

FFYNHONNELL 6

* 1 Llafur; 1 Llafur Annibynnol; 4 Rhydd-Llaf

Nifer y seddi yn y senedd a enillwyd gan y Blaid Lafur mewn etholiadau cyffredinol yng Nghymru, 1906-1922

Roedd canlyniad 1922 yn golygu mai Llafur oedd y blaid wleidyddol fwyaf yng Nghymru, ac mae tra-arglwyddiaeth Llafur ar wleidyddiaeth seneddol Cymru wedi para hyd heddiw.

Nid oes amheuaeth fod ardaloedd diwydiannol Cymru wedi dod i ystyried y Blaid Lafur fel cyfrwng i ddiwygio cymdeithas. Fodd bynnag, nid oedd ASau yn derbyn cyflog ar ddechrau'r ugeinfed ganrif, ac roedd hyn i bob pwrpas yn golygu nad oedd gyrfa mewn gwleidyddiaeth yn bosibl i ddynion oedd yn gweithio, oni bai eu bod yn cael eu noddi. Gelwid yr Aelodau Seneddol dosbarth gwaith cyntaf yn ASau Rhydd-Llaf (*Lib-Lab*). Roedd yr undebau llafur yn eu talu i ddadlau eu hachos yn y Senedd ond roeddent yn cynrychioli'r Blaid Ryddfrydol; roedd pedwar AS Rhydd-Llaf o'r fath yng Nghymru yn 1906.

Datblygiad pwysig arall oedd penderfyniad Undeb Cenedlaethol y Glowyr i **ymgysylltu** â'r Blaid Lafur yn 1908. Roedd Deddf Undebau Llafur 1913 yn caniatáu i undebau roi cefnogaeth ariannol i bleidiau gwleidyddol, a ffurfiwyd cysylltiad cryf rhwng yr undebau a'r Blaid Lafur.

Roedd pasio Deddf y Senedd 1911 yn rhoi cyflog o £400 y flwyddyn i ASau ac felly daeth yn fwy posibl i ddynion a oedd yn gweithio fod yn ASau.

Fodd bynnag, rhaid cydnabod cyfraniad un dyn yn benodol i dwf y gefnogaeth i'r Blaid Lafur, sef James Keir Hardie. Cafodd Keir Hardie ei eni yn yr Alban yn 1856, a chafodd ei fagu mewn cryn galedi. Aeth yn lôwr yn 11 oed ac roedd wedi ei ddysgu ei hun i ddarllen ac ysgrifennu erbyn cyrraedd 17 oed. Sefydlodd undeb y gweithwyr yn y lofa lle roedd yn gweithio ac arweiniodd streic glowyr yn Lanarkshire yn 1881. Rhoddodd hyn iddo'r profiad o siarad yn gyhoeddus ac o ymladd dros achos y gweithwyr.

Safodd fel ymgeisydd y Blaid Lafur Annibynnol (ILP – *Independent Labour Party*) yn etholiad 1892 mewn etholaeth dosbarth gwaith yn Llundain, ac ennill. Fel AS, roedd yn cefnogi addysg am ddim, hawl menywod i bleidleisio a phensiynau. Cafodd gryn ddylanwad wrth sefydlu'r Blaid Lafur yn ffurfiol yn 1900, ac yn ystod

y flwyddyn honno daeth yn un o ddau AS Merthyr ac Aberdâr. Credai bod gweithwyr diwydiannol de Cymru yn gefnogwyr 'naturiol' i Lafur, a daliodd ei afael yn ei sedd ym Merthyr nes ei farwolaeth yn 1915. Roedd yn heddychwr ac ymgyrchodd yn erbyn rhyfel Prydain yn erbyn y Boers yn Ne Affrica ac yn erbyn y Rhyfel Mawr a ddechreuodd yn 1914.

FFYNHONNELL 7

James Keir Hardie, AS Llafur dros Ferthyr, 1900-1915

FFYNHONNELL 9

Y flwyddyn 1908 oedd y trobwynt yn natblygiad y Blaid Lafur yng Nghymru ac, er na ddaeth Llafur yn blaid fwyafrifol Cymru tan 1922, roedd yn amlwg bod ei statws yn cynyddu o'r adeg honno ymlaen. Roeddem i gyd yn sylweddoli mai prif dasg y Blaid Lafur yng Nghymru oedd ennill y teyrngarwch a roddai'r gweithwyr i'r Rhyddfrydwyr, a Rhyfel 1914-18 fyddai'n cyflawni hyn yn y pen draw. Dechreuodd Rhyfel 1914-18 chwalu'r gynghrair rhwng y Capeli a'r Rhyddfrydwyr, a bu i'r rhwyg rhwng Lloyd George ac Asquith chwarae rhan nodedig yn hyn.

Dyfyniad o ddarlith a draddododd James Griffiths, AS Llafur ac Ysgrifennydd Gwladol Cymru, yn 1973

FFYNHONNELL 8

8   THE LABOUR PIONEER.   JANUARY, 1906

GENERAL ELECTION, 1906.

Central Labour Representation Committee Manifesto.

To the ELECTORS of MERTHYR.

This Election is to decide whether or not Labour is to be fairly represented in Parliament.

The House of Commons is supposed to be **the People's House**, and yet **the People are not there.**

Landlords, employers, lawyers, brewers, and financiers are there in force. Why not **Labour?**

IS THERE NO NEED?

The Trade Unions ask the same liberty that capital enjoys. **They are refused.**
The **Aged Poor** are neglected.
The **slums** remain; **overcrowding** continues, whilst the **land goes to waste.**
Shopkeepers and Traders are overburdened with rates and taxation, whilst the increasing land values, which should relieve the ratepayers, go to people who have not earned them.
Wars are fought to make the rich richer, but **the underfed school children of the poor** are still neglected.
Chinese Labour is defended because it enriches the mineowners.
The **unemployed** ask for work; the Government gave them a worthless Act, and now, when **you are beginning to understand the cause of your poverty, the red herring of Protection** is drawn across your path.
Protection, as experience shows, is no remedy for poverty and unemployment. It serves to withdraw your attention from the **land, housing, old age, and other social problems.**

LABOUR ELECTORS.

You have it in your power to see that Parliament carries out your wishes.
The **Labour Representation Executive** appeals to you to forget all the political differences which have kept you apart in the past, and

VOTE SOLIDLY FOR

HARDIE

SIGNED ON BEHALF OF ONE MILLION WORKMEN—

A. HENDERSON, M.P. (Ironfounders), Chairman.   W. HYDSON (Railway Servants).
J. R. CLYNES, Vice-Chairman.   BEN TURNER (Weavers).
J. J. STEPHENSON (Engineers), Treasurer.   W. H. WILSON (Textile Trades).
J. N. BELL (N.A.U. of Labour).   J. KEIR HARDIE, M.P. (Independent Labour Party).
JAMES CONLEY, J.P. (Boilermakers).   JAMES PARKER (Independent Labour Party).
PETE CURRAN (Gasworkers).   EDWARD R. PEASE (Fabian Society).
J. HODGE (Steel Smelters).   J. RAMSAY MACDONALD, Secretary.

Printed by (T.U. Labour) J. P. Lewis, 44, High Street, Merthyr, and Published by Frank Smith, Mr. Keir Hardie's Election Agent, 97, High Street, Merthyr, in the County of Glamorgan.

Poster etholiad yn annog etholwyr Merthyr i bleidleisio dros Keir Hardie, 1906

Effeithiau gwleidyddol y Dirwasgiad a'r Rhyfel, yr 1920au hyd 1945

Roedd etholiad cyffredinol 1922 yn gychwyn ar oruchafiaeth y Blaid Lafur yng Nghymru, gan i Lafur ennill 18 o'r 35 sedd seneddol yn y wlad. Roedd yr 1920au a'r 1930au yn gyfnodau o galedi mawr i ardaloedd diwydiannol Cymru. Roedd dirywiad cyflym diwydiannau glo a dur Cymru, streic y glowyr, Streic Gyffredinol 1926, a dirwasgiad economaidd yr 1930au gyda'i orymdeithiau newyn a'i geginau cawl, i gyd yn tra-arglwyddiaethu ar fywyd yn yr ardaloedd hyn. [Gweler Pennod 4]

Roedd gan y Blaid Lafur gefnogaeth gadarn yn ne diwydiannol Cymru. Yn 1924, daeth James Ramsay MacDonald, AS Aberafan, yn brif weinidog cyntaf Llafur, ond ni lwyddodd ei lywodraeth leiafrifol i ennill cefnogaeth y pleidiau eraill ac fe'i gorfodwyd i ymddiswyddo o fewn naw mis.

Fodd bynnag, roedd cefnogaeth i'r Rhyddfrydwyr yn parhau i fod yn gryf yn ardaloedd gwledig Cymru ymhell i ail hanner yr ugeinfed ganrif, pan ddechreuodd Llafur wreiddio yn yr ardaloedd hyn hefyd.

Bu MacDonald a Llafur yn llwyddiannus unwaith eto yn 1929, gan ffurfio'u hail lywodraeth. Yn 1931 arweiniodd yr argyfwng economaidd, a elwid y Dirwasgiad Mawr, at anghytuno o fewn y llywodraeth ac fe ymddiswyddodd. Ffurfiwyd llywodraeth glymblaid dan arweiniad MacDonald yn ei lle, gydag aelodau'r cabinet yn dod o'r tair plaid. Arhosodd y Llywodraeth Genedlaethol, fel y daethpwyd i'w galw, mewn grym tan ddiwedd yr Ail Ryfel Byd. Teimlai rhai ASau Llafur fod MacDonald wedi'u bradychu ac aethant ati i wrthwynebu'r Llywodraeth Genedlaethol.

FFYNHONNELL 10

James Ramsay MacDonald, AS Aberafan, oedd prif weinidog cyntaf Llafur yn 1924

Etholiad cyffredinol 1945 a chreu'r Wladwriaeth Les, 1945-1951

Ni chafwyd etholiadau cyffredinol ym Mhrydain rhwng 1935 ac 1945, oherwydd yr Ail Ryfel Byd. Roedd yr etholiad yn 1945 yn fuddugoliaeth ysgubol i Lafur. Yng Nghymru, enillodd y blaid 25 o'r seddi seneddol a 60% o'r bleidlais. Credai'r rhai a bleidleisiodd dros Lafur mai hwy oedd fwyaf tebygol o gyflawni'r diwygiadau cymdeithasol a gymeradwywyd gan Adroddiad Beveridge. Roedd yr adroddiad hwn yn anelu at ddarparu system gynhwysfawr o yswiriant cymdeithasol 'o'r crud i'r bedd'.

FFYNHONNELL 11

Cyhoeddwyd Adroddiad Beveridge yn 1942. Roedd yn cynnig y dylai pawb o oed gweithio dalu cyfraniad yswiriant gwladol wythnosol. Yn gyfnewid am hyn, byddai budd-daliadau'n cael eu talu i bobl a oedd yn sâl, yn ddi-waith, wedi ymddeol neu'n weddw. Dadleuodd Beveridge y byddai'r system hon yn darparu'r safon byw isaf posibl ac na ddylid caniatáu i neb syrthio'n is na hynny.

Oddi ar Wikipedia: William Beveridge

Deddf y Gwasanaeth Iechyd Gwladol 1946

Roedd Deddf y Gwasanaeth Iechyd Gwladol (GIG) yn darparu gofal iechyd am ddim i bawb. Roedd yn darparu meddyginiaeth am ddim, triniaeth mewn ysbyty neu gan feddyg am ddim, gofal deintyddol am ddim a sbectolau am ddim. Arweiniodd hyn at gyflwyno'r Gwasanaeth Iechyd Gwladol yn 1948.

Y Cymro Aneurin Bevan, yn ei rôl fel Gweinidog Iechyd, oedd yn gyfrifol am gyflwyno'r Gwasanaeth Iechyd Gwladol. Cymro ac AS Llafur arall, James Griffiths, yn ei rôl fel y Gweinidog dros Yswiriant Gwladol, oedd yn gyfrifol am gyflwyno **lwfans teulu**.

Llwyddodd Cymru i wneud rhai camau bach tuag at gael ei chydnabod fel endid gwleidyddol ar wahân yn ystod y cyfnod hwn. Yn 1944, cafodd 'Diwrnod Cymru' ei gyflwyno gan y senedd. Golygai hyn y byddai'r senedd, am undydd y flwyddyn, yn cyfarfod i drafod materion Cymreig penodol.

FFYNHONNELL 12

Aneurin Bevan yn lansio'r GIG, 5 Gorffennaf 1948

TASGAU

1. Astudiwch Ffynonellau 7 ac 8. Oddi wrth bwy y ceisiodd y Blaid Lafur ennill cefnogaeth yn ystod y blynyddoedd cynnar?
2. Astudiwch Ffynhonnell 11. Beth yw'ch dealltwriaeth chi o'r geiriau 'o'r crud i'r bedd'? Sut y byddid yn talu am y gwasanaeth hwn?
3. Roedd y Blaid Lafur yn llwyddiannus iawn yn etholiad cyffredinol 1922 yng Nghymru. Pam ydych chi'n meddwl bod y Blaid Lafur wedi dod yn brif blaid wleidyddol Cymru yn lle'r Rhyddfrydwyr?

SYMUDIADAU TUAG AT GREU CENEDL GYMREIG

Gydol y canrifoedd, mae pobl wedi bod yn mudo i Gymru ac o Gymru, a chynyddodd y mudo i Gymru lawer iawn yn ystod y Chwyldro Diwydiannol. Mudodd Saeson, Gwyddelod, Eidalwyr ac eraill ar raddfa fawr i'r trefi haearn a meysydd glo de a gogledd-ddwyrain Cymru. Yn ystod ail hanner y bedwaredd ganrif ar bymtheg, symudodd llawer iawn o fewnfudwyr i drefi porthladd a dur Cymru i chwilio am waith. Cyn hyn, tyfodd yr ardal a elwir yn 'ben y cymoedd' heddiw yn gyflym oherwydd y diwydiant haearn, a thyfodd poblogaeth Merthyr Tudful o ychydig dan 8,000 yn 1801 i dros 46,000 yn 1851.

O ail hanner y bedwaredd ganrif ar bymtheg, roedd ymdrech ymwybodol gan fwy a mwy o Gymry i greu hunaniaeth genedlaethol. Ar ddiwedd y bedwaredd ganrif ar bymtheg pasiwyd dwy Ddeddf Seneddol wedi eu hanelu'n benodol at Gymru yn hytrach na'r Deyrnas Unedig gyfan. Mynnai Deddf Cau ar y Sul (Cymru) 1881 fod pob tafarn yng Nghymru yn cau ar ddydd Sul, a nod Deddf Addysg Ganolradd Cymru 1889 oedd darparu addysg ganolradd a thechnegol yng Nghymru. Fodd bynnag, ar ddechrau'r ugeinfed ganrif, ar wahân i Brifysgol Cymru a sefydlwyd yn 1893, nid oedd gan Gymru unrhyw sefydliad cenedlaethol, a dim ond ychydig iawn o symbolau yn gysylltiedig â chenedligrwydd oedd mewn bod. Yn swyddogol, nid oedd Cymru'n bodoli.

Symbolau hunaniaeth genedlaethol Gymreig

Y Ddraig Goch – baner Cymru
Cafodd y Ddraig Goch, a ddefnyddiwyd gan Harri'r VII ym Mrwydr Bosworth yn ôl y sôn, ei chydnabod yn swyddogol fel baner genedlaethol Cymru yn 1959. Draig goch Cadwaladr, brenin Gwynedd, sydd ar y faner, gyda'r lliwiau gwyrdd a gwyn yn gefndir, sef lliwiau'r Tuduriaid. Wedi ei fuddugoliaeth yn Bosworth, penderfynodd Harri gynnwys y ddraig ar arfbais frenhinol y Tuduriaid er mwyn dynodi ei linach Gymreig.

FFYNHONNELL 13

Y Ddraig Goch – baner Cymru

Hen Wlad fy Nhadau – yr anthem genedlaethol Gymreig
Evan James o Bontypridd ysgrifennodd eiriau 'Hen Wlad fy Nhadau' yn 1856, a'i fab, James James, gyfansoddodd yr alaw. Cafodd ei chynnig yn Eisteddfod Llangollen yn 1858 ac yna'i chanu yn Eisteddfod Bangor yn 1874. Ers hynny, mae'r gân wedi cael ei chydnabod fel mynegiant o hunaniaeth genedlaethol Gymreig.

Fe ddefnyddir yr anthem yn seremonïau swyddogol y llywodraeth a chaiff ei chanu'n aml mewn digwyddiadau cenedlaethol a lleol, sy'n amrywio o eisteddfodau lleol i ddigwyddiadau chwaraeon mawr. Yn 1905 chwaraeodd Cymru gêm rygbi yn erbyn Seland Newydd. Yn dilyn awgrymiadau yn y cyfryngau yn y cyfnod cyn y gêm, ymatebodd tîm Cymru i berfformiad chwaraewyr Seland Newydd o'r **haka** drwy ganu'r anthem. Ymunodd y dorf yn y canu, a dyma'r tro cyntaf i anthem genedlaethol gael ei chanu mewn digwyddiad chwaraeon.

Symbolau cenedlaethol eraill yw'r cennin Pedr, a ddefnyddiwyd gyntaf yn y bedwaredd ganrif ar bymtheg, y genhinen, o'r unfed ganrif ar bymtheg, a phlu Tywysog Cymru, sy'n cael eu gwisgo gan y Ffiwsilwyr Brenhinol Cymreig a Chatrawd Frenhinol Cymru. Mae hunaniaeth Gymreig hefyd yn cael ei fynegi trwy dimau chwaraeon, a'r mwyaf amlwg o'r rhain mae'n siŵr yw'r tîm rygbi cenedlaethol.

FFYNHONNELL 14

THE PLUME OF FEATHERS

Plu Tywysog Cymru ar arwydd ger Caerfyrddin

Prifysgol Cymru, 1893
Sefydlwyd Prifysgol Cymru yn 1893 fel prifysgol ffederal gyda thri choleg sefydledig, sef Coleg Prifysgol Cymru (Aberystwyth), a sefydlwyd yn 1872, Coleg Prifysgol Gogledd Cymru (Bangor) a Choleg Prifysgol De Cymru a Sir Fynwy (Caerdydd), y ddau wedi'u sefydlu yn 1881. Am y tro cyntaf, gallai myfyrwyr ennill eu graddau

mewn prifysgol yng Nghymru yn hytrach na sefyll arholiadau Prifysgol Llundain.

Ehangodd Prifysgol Cymru yn ystod yr ugeinfed ganrif – cafodd Abertawe ei chynnwys yn 1921, Ysgol Feddygol Genedlaethol Cymru yn 1931, Sefydliad Gwyddoniaeth a Thechnoleg Prifysgol Cymru yn 1967 a Choleg Dewi Sant, Llanbedr Pont Steffan yn 1971.

Mae nifer o newidiadau ac uno rhwng colegau wedi digwydd dros y blynyddoedd, ac nid yw Prifysgol Cymru, ar ei ffurf wreiddiol, yn bodoli mwyach. Mae datblygiadau newydd wedi arwain at greu'r Coleg Cymraeg Cenedlaethol, sy'n bodoli i gynyddu, datblygu ac ehangu'r dewis o gyfleoedd astudio cyfrwng Cymraeg mewn prifysgolion yng Nghymru. Mae'r teitl 'Prifysgol Cymru' yn parhau i fodoli, ond mae bellach yn cael ei ddefnyddio mewn cysylltiad â'r sefydliadau sy'n ffurfio'r Drindod Dewi Sant.

Y Llyfrgell Genedlaethol a'r Amgueddfa Genedlaethol, 1907

Yn ystod yr 1890au, roedd llywodraeth Prydain wedi gwrthod noddi Llyfrgell ac Amgueddfa Genedlaethol ar gyfer Cymru, gan ddadlau nad oedd Cymru'n genedl, er ei bod wedi cefnogi sefydliadau tebyg yn Iwerddon a'r Alban. Wedi brwydr hir, cytunodd y llywodraeth yn y diwedd, ac yn 1907 cafodd y **Siarter Brenhinol** ei awdurdodi. Wedi dadlau pellach ynglŷn â lleoliad, daethpwyd i gyfaddawd; byddai'r amgueddfa'n cael ei lleoli yng Nghaerdydd a'r llyfrgell yn Aberystwyth.

Agorodd y Llyfrgell Genedlaethol yn 1909 mewn lleoliad dros dro, cyn symud i'w chartref presennol ar Riw Penglais uwchben tref Aberystwyth. Mae'r diolch i Lloyd George yn y Trysorlys ac i Syr John Williams am ei gyfraniad hael o lyfrau o'i gasgliad preifat, yn ogystal ag £20,000.

Llyfrgell Genedlaethol Cymru yn Aberystwyth

Mae'r Llyfrgell yn gartref i dros bedair miliwn o weithiau printiedig, llawer ohonynt yn brin ac amhrisiadwy. Mae'r llyfr cyntaf i gael ei argraffu yn y Gymraeg, sef *Yn y llyvyr hwnn* (1546), a chyfieithiad William Morgan o'r Beibl (1588) ymhlith y casgliadau. Mae'r llyfrgell hefyd yn gwarchod llawysgrifau prin a phwysig, megis *Llyfr Taliesin*, yn ogystal â mapiau, ffotograffau, peintiadau, papurau newydd, cyfnodolion a deunyddiau archif helaeth.

Agorodd yr Amgueddfa Genedlaethol i'r cyhoedd yn ei lleoliad presennol ym Mharc Cathays yn 1927, gyda chasgliadau ym maes archaeoleg, botaneg, daeareg, swoleg a chelfyddyd gain a chymhwysol. Yn ddiweddarach, cafodd celfyddyd o bwysigrwydd rhyngwladol ei adael i'r amgueddfa yn ewyllys y Chwiorydd Davies, Gregynog. Roedd y casgliad hwn yn cynnwys gweithiau gan Monet, Renoir a Van Gogh. Erbyn heddiw, mae gan yr amgueddfa saith cangen, yn cynnwys Amgueddfa Werin Cymru yn Sain Ffagan a'r Amgueddfa Lechi yn Llanberis, pob un yn cynrychioli agweddau gwahanol ar fywyd yng Nghymru. Llywodraeth Cymru sy'n gyfrifol am faterion yr amgueddfa a'r llyfrgell fel ei gilydd, a hynny trwy CyMAL, sef gwasanaeth cynghori a chefnogi amgueddfeydd, archifau a llyfrgelloedd Cymru.

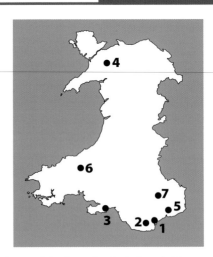

1. Amgueddfa Genedlaethol, Caerdydd
2. Sain Ffagan: Amgueddfa Werin Cymru
3. Amgueddfa Genedlaethol y Glannau, Abertawe
4. Amgueddfa Lechi Cymru, Llanberis
5. Amgueddfa Lleng Rufeinig Cymru, Cas-gwent
6. Amgueddfa Wlân Cymru, Dre-fach Felindre
7. Big Pit: Amgueddfa Lofaol Cymru, Blaenafon

Map yn dangos lleoliad amgueddfeydd cenedlaethol Cymru

Cam bach arall tuag at gydnabod Cymru fel cenedl oedd sefydlu Bwrdd Canol yng Nghymru yn 1896, ac Adran Gymreig y Bwrdd Addysg yn 1907, gyda'i harolygiaeth ei hun. Dyma'r enghraifft gyntaf o ddatganoli llywodraeth ganolog i Gymru, a bellach roedd rhai penderfyniadau ar addysg yng Nghymru yn cael eu gwneud yng Nghymru, yn hytrach nag yn Lloegr.

Chwilio am brifddinas

Hyd ganol yr ugeinfed ganrif, nid oedd gan Gymru brifddinas, er bod ganddi nifer o drefi pwysig. Yn y de, o ganlyniad i'r chwyldro diwydiannol, tyfodd trefi fel Abertawe, Merthyr Tudful, Caerdydd a Blaenafon yn gyflym yn ystod y ddeunawfed ganrif a'r bedwaredd ganrif ar bymtheg. Yn 1872, cafodd prifysgol gyntaf Cymru ei sefydlu yn Aberystwyth yng nghanolbarth Cymru, gyda'r Llyfrgell Genedlaethol yn dilyn yn 1909. Yn y gogledd, cafodd Caernarfon ei dewis i lywyddu arwisgiad Tywysog Cymru yn 1911.

Yn 1924, gofynnodd y *South Wales Daily News* i awdurdodau lleol Cymru a oeddent yn credu bod angen prifddinas ar Gymru ac, os felly, ble dylid ei lleoli. Cafodd Caerdydd, Caernarfon, Abertawe, Machynlleth, Tyddewi ac Aberystwyth eu henwi fel lleoedd posibl. O'r diwedd, yn 1951, rhoddodd Syr David Maxwell Fyfe, y Gweinidog dros Faterion Cymreig, ei ganiatâd i Gymru ddewis prifddinas. Cynhaliwyd etholiad ym mis Mai 1954, ac erbyn

hynny dim ond Caerdydd a Chaernarfon oedd ar ôl yn y gystadleuaeth. O'r cyfanswm o 161, pleidleisiodd 134 o aelodau'r awdurdodau lleol yng Nghymru dros Gaerdydd, a oedd wedi derbyn statws dinas yn 1905. Cyhoeddwyd y ddinas yn brifddinas Cymru o'r diwedd ar 20 Rhagfyr 1955. Roedd Amgueddfa Genedlaethol Cymru a'r Gofeb Ryfel Genedlaethol eisoes wedi'u lleoli yng Nghaerdydd, a chafodd Gemau'r Gymanwlad eu cynnal yno yn 1958. Yn 1964 sefydlwyd adran newydd o Lywodraeth y DU, sef y Swyddfa Gymreig. Roedd yr adran yn gyfrifol am weithredu polisi'r llywodraeth, mewn rhai meysydd, yng Nghymru dan arweiniad Ysgrifennydd Gwladol cyntaf Cymru, yr AS Llafur James Griffiths. Cafodd y Swyddfa Gymreig ei lleoli yng Nghaerdydd yn ogystal â Llundain, ac felly daeth Caerdydd yn ganolfan weinyddu genedlaethol.

FFYNHONNELL 17

Mae maint y gefnogaeth yng Nghymru i'r farn mai Caerdydd yw'r ddinas fwyaf priodol ar gyfer cael ei hystyried fel prifddinas wedi gwneud argraff ar y Llywodraeth. O barch i'r farn hon, mae'r Llywodraeth yn barod i gydnabod Caerdydd fel prifddinas y Dywysogaeth.

Datganiad swyddogol gan Gwilym Lloyd George, yr Ysgrifennydd Cartref, ar ran y llywodraeth yn 1955

TASGAU

1. Gwnewch restr o fannau lle rydych yn debygol o weld baner Cymru yn cael ei harddangos. Pam ydych chi'n meddwl bod y lleoedd hyn yn arddangos y faner?

2. Pam ydych chi'n meddwl bod yr anthem genedlaethol yn cael ei chanu mewn digwyddiadau mawr fel yr Eisteddfod Genedlaethol a gemau rygbi rhyngwladol?

3. Beth mae Ffynhonnell 15 yn ei ddweud wrthych am Lyfrgell Genedlaethol Cymru?

4. Mae Ffynhonnell 16 yn dangos lleoliad amgueddfeydd cenedlaethol Cymru. Ymchwiliwch i unrhyw un o'r safleoedd hyn, gan esbonio'i atyniad a'i arwyddocâd i fywyd Cymru.

5. Ydych chi'n meddwl bod Caerdydd yn haeddu bod yn 'brifddinas Cymru'? Os felly, ysgrifennwch baragraff i egluro'ch rhesymau. Os nad ydych yn meddwl ei bod yn haeddu bod yn brifddinas, ysgrifennwch baragraff i gefnogi hawl tref neu ddinas arall i'r statws.

6. Dewiswch unrhyw dri symbol sy'n dynodi Cymru orau yn eich barn chi. Byddwch yn barod i egluro'ch dewis wrth weddill y dosbarth.

Ymarfer at yr arholiad

Mae'r adran hon yn rhoi canllawiau ar sut i ateb cwestiynau 1(a), 2(a) a 3(a). Mae'n gwestiwn deall ffynhonnell ac yn werth 2 farc.

Cwestiwn (a) – deall ffynhonnell weledol

FFYNHONNELL A

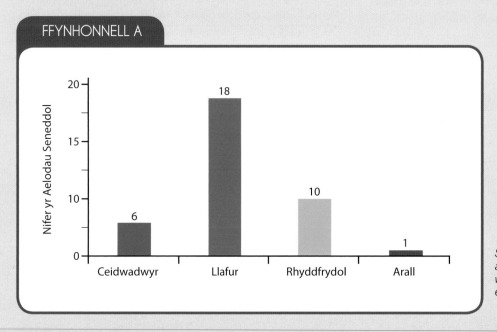

Siart yn dangos nifer y seddi a enillwyd gan bob plaid wleidyddol yng Nghymru yn etholiad cyffredinol 1922

Beth mae Ffynhonnell A yn ei ddweud wrthych am y gefnogaeth wleidyddol yng Nghymru yn 1922?

[2 farc]

Cyngor ar sut i ateb

- Mae angen i chi **edrych i mewn i'r llun** a **dewis** manylion perthnasol.

- Rhaid i chi hefyd **ddefnyddio'r datganiad sydd wrth y ffynhonnell** er mwyn cael gwybodaeth ychwanegol.

- Dylech **wneud sylwadau'n unig ar yr hyn a welwch** yn y llun a'r hyn a ysgrifennwyd wrth ymyl y ffynhonnell. **Peidiwch** â rhoi gwybodaeth ffeithiol ychwanegol gan na fydd hyn yn rhoi marciau i chi.

- Er mwyn ennill y marc uchaf, bydd angen i chi **ddewis o leiaf dau bwynt perthnasol** sydd wedi'u datblygu a'u cefnogi'n dda.

Sylwadau'r arholwr

Mae'r ymgeisydd wedi gwneud sylwadau eglur a chywir yn seiliedig ar y ffynhonnell a'i heglurhad – sef mai'r Blaid Lafur oedd y blaid wleidyddol fwyaf poblogaidd yng Nghymru a'i bod wedi ennill 18 o'r 35 sedd. Mae'r ateb hwn yn haeddu'r marciau llawn (2 farc).

Rhowch gynnig arni

FFYNHONNELL B

Mae Llyfrgell Genedlaethol Cymru, a sefydlwyd yn Aberystwyth yn 1907, yn gartref i dros bedair miliwn o lyfrau, yn cynnwys y cyfieithiad cyntaf o'r Beibl i'r Gymraeg

Beth mae Ffynhonnell B yn ei ddweud wrthych am Lyfrgell Genedlaethol Cymru?

[2 farc]

SUT Y BU I GENEDLAETHOLDEB DDOD I'R AMLWG FEL GRYM YNG NGWLEIDYDDIAETH CYMRU?

Cyflwyniad

Nid yw bod yn **genedlaetholwr** o reidrwydd wedi golygu cefnogi Plaid Cymru. Cyn creu Plaid Cymru yn 1925, roedd twf mewn ymwybyddiaeth wedi bod o'r gwahaniaethau amlwg rhwng y Cymry a'r Saeson. Wedi'r cyfan, roedd gan Gymru ei hiaith a'i diwylliant ei hun, yn cynnwys traddodiad o ganu corawl ac eisteddfodau.

Roedd Cymru Fydd wedi cyflwyno mater cenedlaetholeb Cymreig i'r byd gwleidyddol ym mlynyddoedd olaf y bedwaredd ganrif ar bymtheg. Credai'r mudiad y dylid cael rhyw fath o **hunanlywodraeth** i Gymru, ond nid annibyniaeth. Fe'i sefydlwyd yn 1886 gan grŵp o Gymry blaengar yn Llundain, gan gynnwys yr haneswyr O. M. Edwards a J. E. Lloyd, ac AS Rhyddfrydol Meirionnydd, T. E. Ellis. Yn yr 1890au, roedd y mudiad dan arweiniad David Lloyd George ac nid ef oedd yr unig AS amlwg i gefnogi hunanlywodraeth i Gymru. Yn 1914, cyflwynodd AS Dwyrain Sir Ddinbych, E. T. John, fesur Hunanlywodraeth i Gymru yn y Senedd; yn 1937, cododd AS Rhyddfrydol Trefaldwyn, Clement Davies, y mater o greu Swyddfa Gymreig gyda sedd cabinet. Roedd ASau nodedig eraill, megis James Griffiths, S. O. Davies a Cledwyn Hughes o'r Blaid Lafur, yn cymeradwyo bod Cymru'n gyfrifol am ei gwleidyddiaeth ei hun.

Dros y blynyddoedd, mae 'hunanlywodraeth', 'ymreolaeth' a 'datganoli' wedi bod yn dermau poblogaidd i ddisgrifio sefyllfa wleidyddol lle byddai Cymru'n aros yn rhan o'r Deyrnas Unedig ond â'r cyfrifoldeb i reoli rhai o'i materion ei hun.

TWF PLAID CYMRU

Yn ystod Eisteddfod Genedlaethol Pwllheli 1925, daeth chwe dyn yn aelodau cychwynnol Plaid Genedlaethol Cymru. Roedd amcanion gwleidyddol y blaid ar y dechrau wedi'u cyfyngu i warchod yr iaith Gymraeg a'r diwylliant Cymreig, ac yn tueddu i ganolbwyntio ar yr ardaloedd Cymraeg eu hiaith. Yn Gymraeg y câi holl waith y blaid ei wneud. Ni chynigiodd y blaid hunanlywodraeth i Gymru hyd nes 1932.

Yn 1929, ymladdodd y Parch. Lewis Valentine etholiad cyntaf y blaid, gan ennill 609 o bleidleisiau yn Sir Gaernarfon. Erbyn 1930, roedd gan y blaid 300 o aelodau.

Lewis Valentine, Ambrose Bebb, D. J. Williams, Mai Roberts, Saunders Lewis, Kate Roberts, H. R. Jones a Prosser Rhys, aelodau cychwynnol Plaid Cymru yn yr ysgol haf yn Llangollen yn 1927; sylwch ar bresenoldeb dwy fenyw

Saunders Lewis

Tân yn Llŷn, 1936

Yn 1936 cafodd ffermdy Penyberth ym Mhenrhos ar Ben Llŷn, man enwog yn lleol yn hanes y diwylliant Cymraeg, ei ddymchwel er mwyn adeiladu gwersyll hyfforddi i'r Llu Awyr Brenhinol (RAF), er gwaethaf protestiadau. Yn ôl arweinydd Plaid Cymru, Saunders Lewis, roedd llywodraeth y DU yn benderfynol o droi un o 'gartrefi hanfodol diwylliant, priod-ddull a llenyddiaeth Gymraeg' yn lle i hybu rhyfel. Yn ystod oriau mân 8 Medi 1936, aeth Saunders Lewis, ynghyd â dau arall o aelodau hŷn Plaid Cymru, y Parch. Lewis Valentine a'r awdur D. J. Williams, ati'n fwriadol i losgi adeilad yr ysgol fomio ar y safle. Ildiodd y tri ar unwaith ac arddel cyfrifoldeb am y tân.

Byddai'r digwyddiadau'n dilyn y tân yn cael effaith ddofn ar broffil y blaid. Trwy ei weithredoedd, roedd y blaid yn dangos ei bod yn barod i dorri'r gyfraith er

mwyn hyrwyddo'i hamcanion gwleidyddol. Roedd yn arwyddo dechreuad ymgyrch o **anufudd-dod sifil** gan y blaid, a ddaeth hefyd yn nodweddiadol o ddull gweithredu Cymdeithas yr Iaith Gymraeg a sefydlwyd bron 30 mlynedd yn ddiweddarach yn 1963.

Llwyddodd yr achos llys a ddilynodd i ennyn teimlad o anghyfiawnder mewn nifer o Gymry, hyd yn oed y rhai hynny oedd yn anghytuno â'r hyn a wnaeth y tri. Pan fethodd y llys yng Nghaernarfon â dwyn rheithfarn, cafodd yr achos ei drosglwyddo i'r Old Bailey yn Llundain a charcharwyd y tri yn Wormwood Scrubs yn Llundain am naw mis. Cafwyd adlach yn erbyn diffyg parch a dealltwriaeth y barnwr at Gymru a'i diwylliant pan lofnodwyd deiseb o brotest gan 350,000 o bobl. Pan gafodd y tri eu rhyddhau, daeth tyrfa enfawr i Gaernarfon i'w cyfarch fel merthyron.

Lewis Valentine, Saunders Lewis a D. J. Williams, y tri a losgodd yr ysgol fomio ym Mhenyberth

Yn dilyn eu rhyddhad o garchar ar 27 Awst 1937, croesawyd Lewis, Williams a Valentine gan dorf o tua 12,000 ym Mhafiliwn Caernarfon. Gwelwyd arddangosfeydd o gefnogaeth debyg ar draws Cymru, gan ddangos effaith y digwyddiad ar gyfoeswyr, yn enwedig yn y gymuned Gymraeg ei hiaith.

Oddi ar wefan Casgliad y Werin Cymru

Y gofeb ym Mhenyberth i'r tri chenedlaetholwr a roddodd yr ysgol fomio ar dân

Amlinelliad byr o yrfa wleidyddol Saunders Lewis

Saunders Lewis, 1893-1985
- Ganwyd yn Wallasey, ger Lerpwl, i deulu o Gymry Cymraeg;
- Bu'n ymladd yn y Rhyfel Byd Cyntaf. Cryfhawyd ei deimladau cenedlaetholgar gan ei brofiadau yn y rhyfel, ac fe ddylanwadodd y milwyr Gwyddelig yn arbennig arno o ran ei syniadau am bwysigrwydd hunaniaeth Gymreig;
- Penodwyd yn ddarlithydd yn y Gymraeg ym Mhrifysgol Abertawe yn 1922;
- Yn 1925, ynghyd â'r Parch. Lewis Valentine, Moses Gruffydd, H. R. Jones, Fred Jones a D. J. Williams, daeth yn aelod cychwynnol o Blaid Genedlaethol Cymru;
- Rhwng 1926 ac 1939, Saunders Lewis oedd llywydd y blaid. Roedd yn garismatig ac yn areithydd da;
- Yn 1936, ar y cyd â Lewis Valentine a D. J. Williams, rhoddodd yr ysgol fomio ym Mhenyberth ar dân. O ganlyniad, collodd ei swydd ym Mhrifysgol Abertawe a chafodd ei garcharu am 9 mis. Yn ystod ei achos llys, gwrthododd ateb yn Saesneg;
- Yn 1962, traddododd ei ddarlith radio enwog, *Tynged yr Iaith*, a ysgogodd nifer fawr o Gymry ifanc i ffurfio Cymdeithas yr Iaith Gymraeg. Daeth Saunders Lewis yn llywydd cyntaf y Gymdeithas.

TASGAU

1. Beth ydych chi'n ei ddeall ynglŷn â'r term 'cenedlaetholdeb'?
2. Gwnewch waith ymchwil i ddod o hyd i wybodaeth am y mudiad Cymru Fydd.
3. Pam ydych chi'n meddwl bod cynnydd cynnar Plaid Cymru yn araf?
4. Astudiwch Ffynonellau 1 a 2. Pa fath o bobl oedd aelodau cychwynnol Plaid Cymru?
5. Defnyddiwch Ffynhonnell 3 a'ch gwybodaeth eich hun i egluro pam y cafodd Saunders Lewis, Lewis Valentine a D. J. Williams eu cyfarch gan dorf mor fawr yng Nghaernarfon wedi iddynt gael eu rhyddhau o garchar.
6. Disgrifiwch gyfraniad Saunders Lewis i genedlaetholdeb Cymreig.

Gwynfor Evans, Llywydd Plaid Cymru, 1945-1981

Wedi tair blynedd ar ddeg fel llywydd Plaid Cymru, ymddiswyddodd Saunders Lewis yn 1939. Roedd cam pwysig nesaf datblygiad y blaid yn nwylo Dr Gwynfor Evans o'r Barri. Derbyniodd Gwynfor Evans ei addysg ym Mhrifysgol Cymru, Aberystwyth a Choleg Sant Ioan, Rhydychen. Dysgodd Gymraeg fel oedolyn ifanc ac ysgrifennodd nifer o lyfrau a phamffledi am Gymru, ei hanes a'i diwylliant, yn ogystal â'i gwleidyddiaeth. Roedd hefyd yn **heddychwr**.

Roedd cyfnod Gwynfor Evans fel arweinydd Plaid Cymru yn nodedig am ymgyrchoedd uchel eu proffil ar y materion canlynol.

Boddi Capel Celyn

Yn 1957, rhoddodd llywodraeth y DU sêl ei bendith ar godi argae ar draws cwm Tryweryn ger y Bala, a boddi pentref Capel Celyn a'r ffermydd cyfagos er mwyn darparu dŵr ar gyfer Lerpwl. Roedd Capel Celyn, fel Penyberth yn yr 1930au, yn gadarnle'r ffordd Gymreig o fyw. Roedd y pentrefwyr i gyd yn Gymry Cymraeg ac yn gapelwyr.

Anwybyddodd y llywodraeth yn llwyr wrthwynebiad y Cymry i'r weithred hon. Roedd pob un ar wahân i un o'r 36 AS Cymreig yn gwrthwynebu'r penderfyniad, gyda'r un aelod yn **ymatal**, ond ni waeth gan y llywodraeth yr un blewyn. Am naw mlynedd, cynhaliwyd ymgyrch i achub Capel Celyn, gyda Gwynfor Evans a Phlaid Cymru yn y rheng flaen. Arweiniodd Gwynfor Evans orymdaith brotest i Neuadd Tref Lerpwl a threfnwyd **ralïau** hefyd.

Rali brotest, wedi'i threfnu gan Blaid Cymru, yn erbyn penderfyniad y llywodraeth i foddi Capel Celyn

Y gofeb answyddogol i Gapel Celyn ar ochr yr A487 ger Llanrhystud, Ceredigion

Gweithredu uniongyrchol treisgar gan brotestwyr yng Nghapel Celyn, 1965

Fodd bynnag, yn 1965 cafodd pentref Capel Celyn a'r cwm o'i gwmpas ei foddi. Boddwyd yr holl adeiladau, y swyddfa bost, yr ysgol, y capel a'r fynwent. Collodd pob un o'r 70 o bobl a oedd yn byw yn y pentref ei gartref a chawsant eu hailgartrefu ledled ardal eang. Roedd y digwyddiad yn dangos pa mor ddi-rym oedd pobl ac ASau Cymru i warchod buddion y wlad ac felly, o ganlyniad i'w hymgyrch i arbed Capel Celyn, cynyddodd y gefnogaeth i Blaid Cymru, a daeth mwy o bobl i weld y blaid fel yr un fwyaf parod i amddiffyn Cymru.

TASGAU

1. Pam ydych chi'n meddwl bod penderfyniad y llywodraeth i foddi Capel Celyn wedi dod wyneb yn wyneb â'r fath wrthwynebiad mewn sawl rhan o Gymru?

2. Defnyddiwch Ffynonellau 6 a 7 a'ch gwybodaeth eich hun i ddisgrifio'r protestiadau yn erbyn boddi Capel Celyn.

3. Pam ydych chi'n meddwl bod y gefnogaeth i Blaid Cymru wedi cynyddu ar ôl helynt Tryweryn?

Buddugoliaeth isetholiad Caerfyrddin 1966

Lai na deufis ar ôl etholiad cyffredinol 1966, pan gafodd Llafur eu hailethol ar ôl ennill etholiad 1964, bu farw Megan Lloyd George (Llafur), AS Caerfyrddin, a bu'n rhaid cynnal isetholiad ym mis Gorffennaf. Bu'r isetholiad yn fuddugoliaeth hanesyddol i Blaid Cymru. Llwyddodd Gwynfor Evans i wrthdroi mwyafrif mawr a oedd gan Lafur a dod yn AS cyntaf y blaid.

Roedd y fuddugoliaeth yn cael ei hystyried yn drobwynt i'r blaid. Mewn isetholiadau dilynol yng Ngorllewin y Rhondda (1967), Caerffili (1968) a Merthyr (1972), daeth Plaid Cymru'n agos iawn i ennill a thorri gafael Llafur ar y de diwydiannol. Yn ddiamau, roedd y don o gefnogaeth i'r cenedlaetholwyr yn achos pryder i'r Blaid Lafur. Am y tro cyntaf, yn etholiad cyffredinol 1970, cystadlodd Plaid Cymru am holl seddi Cymru ac ennill cyfanswm o 175,000 o bleidleisiau.

Canlyniad etholiad cyffredinol Caerfyrddin 1966			
Plaid	Ymgeisydd	Pleidlais	%
Llafur	Arglwyddes Megan Lloyd George	21,221	46.17
Rhyddfrydwyr	D. H. Davies	11,988	26.08
Plaid Cymru	Gwynfor Evans	7,416	16.13
Ceidwadwyr	Simon Day	5,338	11.61
Mwyafrif: 9,233			

Canlyniad isetholiad Caerfyrddin 1966			
Plaid	Ymgeisydd	Pleidlais	%
Plaid Cymru	Gwynfor Evans	16,179	38.98
Llafur	Gwilym Prys-Davies	13,743	33.11
Rhyddfrydwyr	Hywel Williams	8,650	20.84
Ceidwadwyr	Simon Day	2,934	7.09
Mwyafrif: 2,436			

Cymerwyd camau bras ymlaen tuag at adfer urddas a hunan-barch hen genedl a oedd wedi anghofio sefyll ar ei thraed ei hun ... Fydd pethau fyth yr un peth yng Nghymru wedi etholiad Sir Gaerfyrddin ar Orffennaf 14eg 1966.

Geiriau Gwynfor Evans, yn myfyrio ar ei fuddugoliaeth yn isetholiad Caerfyrddin yn 1966

Canlyniadau etholiad cyffredinol ac isetholiad 1966 Caerfyrddin

Rôl Gwynfor Evans yn y frwydr am S4C

Yn 1979, pan gyhoeddodd llywodraeth Geidwadol Margaret Thatcher, a oedd newydd ddod i rym, ei bod am dorri'i haddewid i sefydlu sianel deledu Gymraeg, aeth Plaid Cymru i'r afael â'r her. Galwodd ar aelodau'r blaid i wrthod talu eu trwyddedau teledu, ac erbyn dechrau 1980 roedd dwy fil o bobl wedi gwrthod. Fodd bynnag, bygythiad Gwynfor Evans i fynd ar streic newyn hyd at farwolaeth dros y mater a brociodd y llywodraeth i wneud **tro pedol** a rhoi sêl ei bendith ar sianel deledu newydd, S4C (Sianel Pedwar Cymru). [Gweler Pennod 8]

Papurau sydd newydd eu rhyddhau yn datgelu cyfrinach genedigaeth S4C a'r streic newyn

Mae papurau a ryddhawyd o dan y rheol 30 mlynedd yn datgelu bod streic newyn Gwynfor Evans yn ffactor allweddol yn y penderfyniad i sefydlu S4C.

Mae cofnodion y cabinet, sydd newydd eu rhyddhau, yn dangos bod llywodraeth Margaret Thatcher yn pryderu.

Roedd y Torïaid a Llafur wedi addo sefydlu'r sianel pe baent yn cael eu hethol i'r llywodraeth yn Etholiad Cyffredinol 1979.

Mewn dogfennau nas gwelwyd o'r blaen, mae William Whitelaw yn dweud y byddai newid polisi'r llywodraeth Geidwadol o blaid sianel Gymraeg ei hiaith hefyd â'r "mantais o ... berswadio Mr Gwynfor Evans, arweinydd Plaid Cymru, i dynnu'n ôl ei fygythiad i ymprydio hyd at farwolaeth".

Dyfyniad o adroddiad BBC News, 30 Rhagfyr 2010, adeg rhyddhau papurau cyfrinachol y llywodraeth o 1980, yn unol â'r rheol 30 mlynedd

TASGAU

1. Defnyddiwch Ffynhonnell 9 a'ch gwybodaeth eich hun i ystyried a oedd buddugoliaeth Gwynfor Evans yn yr isetholiad yn drobwynt i Blaid Cymru.

2. Astudiwch Ffynhonnell 10. Beth oedd barn Gwynfor Evans am ei fuddugoliaeth yn isetholiad 1966?

3. Ewch ati i ymchwilio. Ceisiwch ddarganfod sut y bu i bobl ifanc y cyfnod, e.e. Dafydd Iwan ac Emyr Llewelyn, adweithio i fuddugoliaeth Gwynfor Evans yn isetholiad 1966.

4. Pa oleuni mae Ffynhonnell 11 yn ei daflu ar ddigwyddiadau 1980, pan fu i Gwynfor Evans fygwth ymprydio hyd at farwolaeth pe byddai'r llywodraeth yn gwrthod cadw'r addewid a wnaeth cyn cael ei hethol i sefydlu sianel deledu Gymraeg?

Etholiadau cyffredinol 1974

Cynhaliwyd dau etholiad cyffredinol yn y Deyrnas Unedig yn 1974. Ym mis Chwefror, enillodd Plaid Cymru ddwy sedd; hwn oedd eu llwyddiant cyntaf mewn etholiad cyffredinol. Enillodd Dafydd Wigley sedd Caernarfon a Dafydd Elis-Thomas sedd Meirionnydd. Methodd Gwynfor Evans gadw ei sedd yng Nghaerfyrddin o dair pleidlais yn unig. Fodd bynnag, ym mis Hydref yr un flwyddyn, cymerodd y tri eu seddi yn Nhŷ'r Cyffredin pan ailenillodd Gwynfor Evans sedd Caerfyrddin gyda mwyafrif o dros 3,000 o bleidleisiau.

Roedd canlyniadau 1974 yn torri tir newydd yn hanes y senedd – roedd Plaid Cymru wedi ennill seddi seneddol mewn etholiad cyffredinol am y tro cyntaf. Roedd buddugoliaeth etholiadol Llafur mor fychan nes bod arni angen cefnogaeth y pleidiau gwleidyddol bach i lywodraethu. Felly, gallodd tri AS Plaid Cymru, ynghyd â saith AS Plaid Genedlaethol yr Alban, wneud gwaith defnyddiol gyda'r llywodraeth Lafur. O ganlyniad, bu'n bosibl i Blaid Cymru chwarae rôl fwy arwyddocaol nag y byddai wedi disgwyl.

Roedd canlyniadau'r etholiad yn ei gwneud hi'n amlwg iawn hefyd fod y gefnogaeth go iawn i Blaid Cymru i'w chael yn y cadarnleoedd Cymraeg eu hiaith yng ngorllewin y wlad. Yr her nesaf oedd cynyddu'r gefnogaeth yn y de diwydiannol.

Creu Ysgrifennydd Gwladol Cymru a'r Swyddfa Gymreig

Yn wahanol i'r Alban, a oedd drwy'r Swyddfa Albanaidd â'i gweinidog ei hun i ymdrin â materion yr Alban, nid oedd Cymru'n cael ei chynrychioli yn y **cabinet**. Teimlai llawer nad oedd materion Cymreig yn cael eu cynrychioli'n iawn, er gwaethaf cyflwyno Diwrnod Cymru yn 1944. Yn 1951, rhoddodd y llywodraeth Geidwadol y cyfrifoldeb am faterion Cymreig yn nwylo'r Ysgrifennydd Cartref. Erbyn 1960 roedd nifer o wleidyddion o bob plaid yng Nghymru o blaid creu Swyddfa Gymreig. Addawodd Llafur, a enillodd yr etholiad yn 1964, y byddent yn gweithredu ar hyn.

O ganlyniad i fuddugoliaeth Llafur yn etholiad cyffredinol 1964, cafodd Ysgrifennydd Gwladol cyntaf Cymru ei benodi. James Griffiths, yn 74 oed, oedd i arwain y Swyddfa Gymreig newydd. Er bod cyfrifoldebau'r Swyddfa Gymreig yn gyfyngedig iawn ar y dechrau, yn ystod y ddeng mlynedd ar hugain ddilynol byddai'n dod i ysgwyddo'r cyfrifoldeb am faterion pwysig megis iechyd, trafnidiaeth, datblygiad economaidd, amaethyddiaeth ac addysg. Cafodd cyllid llywodraethau lleol hefyd ei drosglwyddo o Lundain i'r Swyddfa Gymreig yng Nghaerdydd.

Dafydd Wigley, Gwynfor Evans a Dafydd Elis-Thomas wedi llwyddiant Plaid Cymru yn etholiad cyffredinol mis Hydref 1974

GENERAL ELECTION, 1955
Llanelly Parliamentary Division

JIM GRIFFITHS, J.P., The Labour Candidate

VOTE FOR LABOUR AND PROGRESS

POLLING DAY : THURSDAY, MAY 26th, 1955
7 A.M.–9 P.M.

James Griffiths, a ddaeth yn Ysgrifennydd Gwladol cyntaf Cymru yn 1964 yn y Swyddfa Gymreig newydd; roedd yr AS Llafur wedi bod yn deyrngar ei gefnogaeth i ddatganoli gydol ei yrfa wleidyddol

TASGAU

1. Pam yr oedd etholiadau cyffredinol 1974 yn drobwynt yn hanes Plaid Cymru?
2. Disgrifiwch ddatblygiad y Swyddfa Gymreig o adeg ei sefydlu yn 1964.

PLAID CYMRU YN YR 1980au A'R 1990au

Pan ddaeth i rym yn 1974, roedd y llywodraeth Lafur wedi addo y byddai refferendwm ar **ddatganoli** yn cael ei gynnal yng Nghymru a'r Alban. Cynhaliwyd y refferendwm yn 1979, a'r pryd hwnnw, gwrthododd Cymru'n llwyr y cyfle i gael ei chynulliad ei hun, tra pleidleisiodd yr Alban o blaid. (Fodd bynnag, er bod dros 51% o'r rhai a bleidleisiodd o blaid Cynulliad yr Alban, roedd y ffigwr yn is na'r 40% angenrheidiol o'r holl etholwyr, felly ni chafodd yr Alban senedd ar y pryd.)

Ie	11.9%
Na	46.9%
Heb bleidleisio	41.2%

Canlyniad pleidlais y refferendwm ar ddatganoli yng Nghymru yn 1979

Mae canlyniad refferendwm 1979 yn dangos yn eglur mai prin oedd cefnogaeth pobl Cymru ar y pryd i ddatganoli. Roedd llai na 12% o'r etholwyr wedi pleidleisio o blaid, gyda 41.2% arall yn dewis peidio â phleidleisio o gwbl. Roedd hyn yn cynrychioli cyfnod isel iawn yn hanes Plaid Cymru, ond bu rhwystr refferendwm 1979 yn gyfle i bwyso a mesur y sefyllfa a chynllunio ar gyfer y dyfodol. O ganlyniad, cafodd Plaid Cymru fwynhau amserau llawer gwell yn ystod ugain mlynedd olaf yr ugeinfed ganrif.

Cynhadledd y Blaid 1981

Yn 1981, ymddeolodd Gwynfor Evans fel llywydd y blaid, ac arweiniwyd Plaid Cymru gan Dafydd Wigley a Dafydd Elis-Thomas gydol yr 1980au a'r 1990au.

Defnyddiodd Plaid Cymru yr 1980au i gadarnhau a sefydlu cyfeiriad newydd. Fe'i hadweinid yn blaid canol-chwith sefydlog, wedi ymrwymo i ddelfrydau sosialaidd ac yn canolbwyntio ar wleidyddiaeth leol. Gelwid y polisi yn 'sosialaeth gymunedol'. Gwnaeth y blaid ymdrech fwriadol hefyd i ehangu ei hapêl ac i ddenu cefnogaeth o'r ardaloedd di-Gymraeg, yn arbennig o gymoedd y de.

Logo yn dangos ailfrandio Plaid Cymru yn yr 1990au fel plaid a gynrychiolai holl bobl Cymru

Yn 2006, ailfrandiodd y blaid ei delwedd a newid ei logo; yn lle'r triban, sef y tri chopa gwyrdd oedd wedi bod yn logo iddi er 1933, daeth y pabi Cymreig melyn i fod yn logo newydd

Llwyddiant seneddol

Ers diwedd yr 1980au, amrywiol fu llwyddiant Plaid Cymru mewn etholiadau cyffredinol. Yn 2010, roedd ganddi dri AS yn Nhŷ'r Cyffredin. Mae seddi Arfon a Meirionnydd Nant Conwy wedi cael eu dal gan y blaid yn ddi-dor er 1974. Mae Caerfyrddin a Dinefwr wedi bod yn nwylo'r blaid er 2001, ac roedd Ynys Môn yn eiddo Plaid Cymru rhwng 1987 a 2001 a Cheredigion rhwng 1992 a 2005.

Roedd nifer o'r buddugoliaethau hyn yn ddiamheuol. Yn etholiad cyffredinol 2005, enillodd Plaid Cymru 51% o'r bleidlais ym Meirionnydd a 46% yn Arfon a Dwyrain Caerfyrddin fel ei gilydd. Fodd bynnag, mae'r ardaloedd y mae Plaid Cymru yn eu hennill mewn etholiadau cyffredinol i gyd yng ngorllewin Cymru ac mewn ardaloedd lle mae cyfran fawr o'r boblogaeth yn siarad Cymraeg. Er bod cynnydd wedi'i wneud yn rhai o ardaloedd cyn-ddiwydiannol de Cymru, mae apêl y blaid wedi gwanhau yn yr ardaloedd hyn yn ystod blynyddoedd cynnar yr unfed ganrif ar hugain.

Caerfyrddin	Gwynfor Evans	1966-1970 ac 1974-1979
Arfon	Dafydd Wigley Hywel Williams	1974-2001 2001 hyd heddiw
Meirionnydd	Dafydd Elis-Thomas Elfyn Llwyd	1974-1992 1992 hyd heddiw
Ynys Môn	Ieuan Wyn Jones	1987-2001
Ceredigion	Cynog Dafis Simon Thomas	1992-2001 2001-2005
Caerfyrddin a Dinefwr	Adam Price Jonathan Edwards	2001-2010 2010 hyd heddiw

Rhestr o ASau Plaid Cymru a'u hetholaethau

Mwy o lwyddiannau Plaid Cymru

Yn yr 1990au, gwnaeth Plaid Cymru gynnydd mewn meysydd eraill. Bu'n flaenllaw yn gwrthsefyll y Tâl Cymunedol a gyflwynwyd gan y Llywodraeth Geidwadol, neu dreth y pen fel y'i gelwir, ac yn gwrthwynebu adeiladu maes radar milwrol enfawr yn Nhyddewi. Mabwysiadodd fesurau hefyd i hyrwyddo ymgeiswyr benywaidd ar gyfer etholiadau. Dyma un rheswm pam i fwy o fenywod ddod yn aelodau o'r Cynulliad yn yr etholiadau cyntaf yn 1999.

Etholiadau Senedd Ewrop

Mae Jill Evans, llywydd presennol Plaid Cymru, wedi cynrychioli Cymru fel Aelod o Senedd Ewrop (ASE) er 1999; mae hi ar ei phedwerydd tymor. Mae gan Gymru bedair sedd yn Senedd Ewrop ym Mrwsel. Yn 1999, cafodd Plaid Cymru 29.6% o'r pleidleisiau ar gyfer y senedd ac enillodd ddau ASE (allan o bump). Nid yw'r canlyniadau wedi bod cystal ers hynny, gan ddisgyn i 18.5% yn 2009 ac 15.3% yn 2014.

Etholiadau lleol

Mae Plaid Cymru wedi gweithio'n galed i'w sefydlu ei hun ym maes llywodraeth leol. Yn yr 1970au, cafodd y blaid lwyddiannau nodedig mewn etholiadau lleol, a dechreuodd ei sefydlu'i hun yn ne Cymru. Ar un adeg, roedd ganddi reolaeth lwyr ar Ferthyr, a hi oedd y blaid fwyaf yng Nghwm Rhymni.

Wedi i lywodraeth leol yng Nghymru gael ei hailstrwythuro yn 1996 i 22 awdurdod unedol, cafodd Plaid Cymru 206 o seddi allan o 1,255. Enillodd 39 o'r 75 sedd ar Gyngor Gwynedd, 32 o'r 72 yng Nghaerffili, a 29 o'r 72 yn Sir Gaerfyrddin. Roedd canlyniadau'r etholiad yn awgrymu bod y blaid yn ennill tir mewn llywodraeth leol yng nghymoedd y de.

Jill Evans, llywydd presennol Plaid Cymru ac ASE er 1999

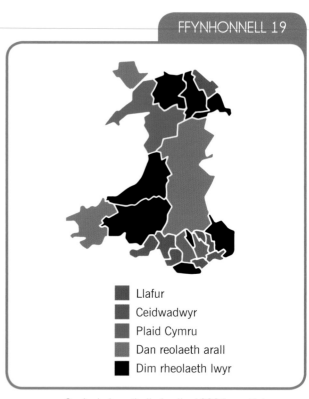

- Llafur
- Ceidwadwyr
- Plaid Cymru
- Dan reolaeth arall
- Dim rheolaeth lwyr

Canlyniadau etholiadau lleol 2004 yng Nghymru

Map yn dangos canran y siaradwyr Cymraeg yn 2005

Legend:
- 62.5%+
- 50-62.5%
- 25-37.5%
- 12.5-25%
- 0-12.5%

Cenedlaethol i Gymru. Roedd un o amcanion pwysig Plaid Cymru wedi'i gyflawni. Mwyafrif bach iawn oedd o blaid y Cynulliad – dim ond ychydig dros hanner y boblogaeth aeth i fwrw pleidlais, a 6,721 pleidlais yn unig oedd y gwahaniaeth. Serch hynny, roedd newid mawr wedi digwydd yn agwedd pobl at ddatganoli ers refferendwm 1979.

Cafodd yr ymgyrch 'Ie dros Gymru' ei chynllunio'n dda y tro hwn. Yr oedd llawer o'r diolch, yn ôl rhai, i'r Ysgrifennydd Gwladol newydd a benodwyd ym mis Mai 1997, Ron Davies. Llwyddodd i greu cynghrair eang o bobl o blaid creu Cynulliad, a chan yr ymgyrch 'Ie' yr oedd y llefarwyr mwyaf adnabyddus. Roedd cefnogaeth ar draws y pleidiau gwleidyddol, ar wahân i'r Ceidwadwyr.

O'r prif bleidiau, y Blaid Geidwadol yn unig oedd yn swyddogol yn erbyn y Cynulliad. Roedd y garfan 'Na' yn dibynnu i raddau helaeth ar wrthryfelwyr o fewn y Blaid Lafur yn erbyn polisi swyddogol y blaid, gan gynnwys cyn-arweinydd y blaid, Neil Kinnock.

Etholiadau'r Cynulliad Cenedlaethol

Yn y refferendwm ar ddatganoli ym mis Medi 1997, pleidleisiodd Cymru o blaid sefydlu Cynulliad

Blwyddyn	Canran y bleidlais (etholaeth)	Canran y bleidlais (rhanbarthol)	Seddi a enillwyd (etholaeth)	Seddi a enillwyd (rhanbarthol)
1999	28.4% (290,572)	30.6% (312,048)	9 (o 40)	8 (o 20)
2003	21.2% (180,185)	19.7% (167,653)	5 (o 40)	7 (o 20)
2007	22.4% (219,121)	21.0% (204,757)	7 (o 40)	8 (o 20)
2011	19.3% (182,907)	17.9% (169,799)	5 (o 40)	6 (o 20)

Canlyniadau Plaid Cymru yn etholiadau Cynulliad Cenedlaethol Cymru

Mae Plaid Cymru wedi gwneud yn weddol dda yn rhai o etholiadau'r Cynulliad. Rhwng 2007 a 2011, ffurfiodd Plaid Cymru glymblaid â Llafur, y blaid fwyaf, i ffurfio llywodraeth Cymru.

TASGAU

1. Beth mae Ffynhonnell 14 yn ei ddweud wrthych am agwedd pobl Cymru at ddatganoli yn 1979?

2. Defnyddiwch Ffynonellau 15 ac 16 a'ch gwybodaeth eich hun i egluro strategaethau Plaid Cymru yn yr 1980au a'r 1990au.

3. Astudiwch Ffynonellau 19 a 20. Beth mae'r mapiau'n ei ddangos ynglŷn â chefnogaeth seneddol Plaid Cymru?

4. Astudiwch Ffynhonnell 21. Sawl sedd enillodd Plaid Cymru yn etholiadau Cynulliad Cenedlaethol Cymru 1999, 2003, 2007 a 2011? (Mae yna 60 Aelod Cynulliad [AC] i gyd.) Pa mor dda mae Plaid Cymru wedi perfformio yn etholiadau'r Cynulliad yn eich barn chi? Defnyddiwch y ffynhonnell i gefnogi'ch ateb.

5. I ba raddau mae'n gywir dweud nad yw Plaid Cymru wedi cael llawer o effaith ar gymoedd y de? Defnyddiwch y ffynonellau a'ch gwybodaeth eich hun i gefnogi'ch ateb.

Ymarfer at yr arholiad

Mae'r adran hon yn cynnig arweiniad ar sut i ateb cwestiwn 1(b), 2(b) a 3(b) o Uned 3. Mae'r cwestiwn yn gofyn am ddisgrifiad ac yn werth 4 marc.

Cwestiwn (b) – deall nodwedd allweddol trwy ddethol gwybodaeth briodol

Disgrifiwch gyfraniad Saunders Lewis i Blaid Cymru.

[4 marc]

Cyngor ar sut i ateb

● Gwnewch yn siŵr fod yr holl wybodaeth yr ydych yn ei chynnwys yn **hollol berthnasol**.

● Nodwch yr hyn ddaw i'ch meddwl gyntaf, **gan wneud rhestr gryno** o'r pwyntiau rydych yn bwriadu cyfeirio atynt.

● Wedi i chi orffen eich rhestr, ceisiwch osod y pwyntiau mewn **trefn gronolegol** trwy eu rhifo.

● Mae'n syniad da cychwyn eich ateb trwy **ddefnyddio geiriad y cwestiwn**, e.e. Cyfraniad Saunders Lewis i Blaid Cymru oedd …'

● Ceisiwch gynnwys **manylion ffeithiol penodol** megis dyddiadau, digwyddiadau ac enwau pobl allweddol. Po fwyaf o wybodaeth sydd yn eich disgrifiad, y mwyaf o farciau a gewch chi.

Ymateb ymgeisydd un

Yn 1925, daeth Saunders Lewis yn un o aelodau cychwynnol Plaid Cymru. Bu'n arweinydd y blaid am nifer o flynyddoedd.

Sylwadau'r arholwr

Mae'r ymgeisydd wedi nodi'n gywir **un** o gyfraniadau Saunders Lewis i Blaid Cymru ac wedi ymhelaethu arno. O ganlyniad, byddai'r ateb yn cael ei ddyfarnu ar Lefel 1 ac yn ennill 2 farc.

Ymateb ymgeisydd dau

Yn 1925, roedd Saunders Lewis yn aelod cychwynnol o Blaid Cymru a bu'n llywydd rhwng 1926 ac 1939. Ond penderfyniad Saunders Lewis i roi ysgol fomio y Llu Awyr Brenhinol ym Mhenyberth, Pen Llŷn, ar dân yn 1936 ddaeth ag ef a Phlaid Cymru i sylw'r cyhoedd yng Nghymru. Ar y cyd â Lewis Valentine a D. J. Williams, aeth Saunders Lewis ati'n fwriadol i ddifrodi safle'r Llu Awyr Brenhinol, ac ildio ar unwaith. Daeth y weithred hon, a elwir yn anufudd-dod sifil, yn nodwedd o dactegau 'protest' Plaid Cymru o hynny ymlaen, gan sefydlu Plaid Cymru fel plaid wleidyddol a oedd yn fodlon herio'r awdurdodau er mwyn amddiffyn Cymru.

Sylwadau'r arholwr

Mae hwn yn ddisgrifiad manylach ac yn nodi **dau** bwynt cywir sydd wedi'u datblygu'n dda. Mae hwn yn ateb Lefel 2 ac yn haeddu marciau llawn (4).

Rhowch gynnig arni

Disgrifiwch sut oedd sefydlu Plaid Cymru wedi effeithio ar wleidyddiaeth yng Nghymru.

[4 marc]

SUT A PHAM Y CAFODD DATGANOLI EI WIREDDU?

Y CAMAU CYNTAF TUAG AT DDATGANOLI

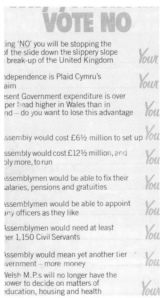

Cyflwyniad

Mae mater datganoli neu ymreolaeth wedi bod ar agenda wleidyddol Cymru gydol yr ugeinfed ganrif. Roedd y Rhyddfrydwyr, gan gynnwys Lloyd George ac, yn hwyrach, nifer o ASau Llafur blaenllaw wedi cefnogi rhyw fath ar hunanlywodraeth i Gymru. Gellir olrhain yr alwad gyntaf am hunanlywodraeth yn ôl ymhellach i fudiad Cymru Fydd ar ddiwedd y bedwaredd ganrif ar bymtheg.

Erbyn diwedd yr 1960au, roedd Plaid Cymru a Phlaid Genedlaethol yr Alban (SNP) fel ei gilydd yn ennill cefnogaeth etholiadol, ac atgyfodwyd yr alwad am ymreolaeth.

Adroddiad Kilbrandon, 1973

Yn 1969, cafodd Comisiwn Brenhinol ei benodi gan Harold Wilson, y prif weinidog Llafur, i ymholi i gyfansoddiad Prydain. Cyflwynwyd adroddiad y comisiwn yn 1973 a chyfeirir ato'n aml fel Adroddiad Kilbrandon, ar ôl ei gadeirydd.

Roedd yr adroddiad yn awgrymu'r canlynol ar gyfer Cymru:

- Cynulliad etholedig â thua 100 aelod;
- bod y Cynulliad i gael peth **pŵer deddfu**;
- bod arweinydd y Cynulliad i gael ei alw'n Brif Weinidog Cymru;
- bod y Swyddfa Gymreig ac Ysgrifennydd Gwladol Cymru i gael eu dileu.

Roedd hyn wir yn torri tir newydd ym marn Plaid Cymru, a mynnodd y blaid fod y llywodraeth yn ymrwymo i gyflwyno Cynulliad Cenedlaethol. Rhoddodd y Rhyddfrydwyr Cymreig hefyd groeso cynnes i'r adroddiad. Fodd bynnag, nid oedd ymateb y Blaid Lafur yng Nghymru mor frwdfrydig, ac roedd y Ceidwadwyr yng Nghymru yn gwbl yn erbyn y syniad.

Yn dilyn dau etholiad cyffredinol yn 1974, cafwyd newid yn llywodraeth y DU pan ddaeth Llafur i rym yn lle'r Ceidwadwyr, ond gyda mwyafrif bychan iawn. Yn hytrach na gweithredu argymhellion yr adroddiad, mynnodd Llafur fod mater y Cynulliadau Cenedlaethol yn cael ei roi gerbron etholwyr Cymru (a'r Alban) ar ffurf refferendwm.

Y refferendwm cyntaf ar ddatganoli, 1979

Roedd Deddf Cymru 1978 yn Ddeddf Seneddol y Deyrnas Unedig, wedi'i bwriadu i gyflwyno mesur cyfyngedig o hunanlywodraeth i Gymru. Cafodd darpariaethau'r ddeddf eu rhoi gerbron y bobl yn refferendwm datganoli Cymru 1979 trwy gyfrwng y cwestiwn: Ydych chi am i ddarpariaethau Deddf Cymru 1978 gael eu rhoi ar waith?

FFYNHONNELL 1

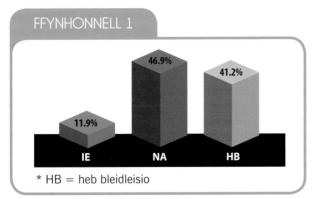

* HB = heb bleidleisio

Canlyniad refferendwm Cynulliad Cymru 1979

FFYNHONNELL 2

Ie	243,048
Na	956,330
Papurau pleidleisio a wrthodwyd	3,309
Etholwyr	2,038,049
Nifer a bleidleisiodd	58.8%

Y nifer a bleidleisiodd yn refferendwm 1979

O ganlyniad, ni ddaeth y ddeddf i rym a chafodd ei diddymu yn unol â darpariaethau'r ddeddf ei hun gan Orchymyn (Diddymu) 1979 Deddf Cymru 1978.

FFYNHONNELL 3

WESTERN MAIL

A crushing No to Assembly

WALES TURNS DOWN DEVOLUTION AND SCOTS GIVE IT ONLY A BARE YES

Pennawd tudalen flaen y Western Mail, 3 Mawrth 1979

Roedd llawer o'r farn nad oedd y syniad o Gynulliad i Gymru wedi cael ei egluro'n iawn i'r etholwyr. Bu hi'n llawer rhy hawdd i'r ymgyrchwyr 'Na' 'frawychu' rhannau o'r etholaeth yng Nghymru. Roedd y posibilrwydd o ddatganoli yn dychryn y Cymry di-Gymraeg i gredu y byddent yn cael eu hystyried yn ddinasyddion eilradd. Roedd pryderon y byddai Cynulliad yn rhy gostus, a daeth llawer o sylw'r cyfryngau ar y mater o bapurau newydd Llundain, nad oeddent yn gohebu'r manylion yn llawn nac, ar brydiau, yn gywir.

FFYNHONNELL 4

Poster yr ymgyrch 'Ie dros Gymru' yn refferendwm 1979

Roedd y llywodraeth Lafur wedi ymrwymo i ddatganoli, ac roedd Cyngres yr Undebau Llafur, y Rhyddfrydwyr a Phlaid Cymru yn cefnogi'r grŵp 'Ie dros Gymru'. Fodd bynnag, cafodd ymgyrch y grŵp ei danseilio'n ddifrifol gan farn chwe AS Llafur yn ne Cymru, yn cynnwys Neil Kinnock a Leo Abse, a oedd yn cefnogi gwrthwynebiad y Ceidwadwyr.

Why you should VOTE NO

1 By voting 'NO' you will be stopping the start of the slide down the slippery slope to the break-up of the United Kingdom ...... *Your Country!*

2 Full independence is Plaid Cymru's main aim ...... *Your Country!*

3 At present Government expenditure is over £167 per head higher in Wales than in England – do you want to lose this advantage ...... *Your Money!*

4 The Assembly would cost £6½ million to set up ...... *Your Money!*

5 The Assembly would cost £12½ million, and possibly more, to run ...... *Your Money!*

6 The Assemblymen would be able to fix their own salaries, pensions and gratuities ...... *Your Money!*

7 The Assemblymen would be able to appoint as many officers as they like ...... *Your Money!*

8 The Assemblymen would need at least another 1,150 Civil Servants ...... *Your Money!*

9 The Assembly would mean yet another tier of Government – more money ...... *Your Money!*

10 Welsh M.P.s will no longer have the power to decide on matters of education, housing and health ...... *Your Interests!*

Keep Britain united by voting 'NO' on Thursday 1st March.

Printed by Qualitex Printing Ltd. Cardiff and published by A. J. Mackay, 9 Cowbridge Road East, Cardiff

Un o bosteri yr ymgyrch 'Na' yn refferendwm 1979

Rwy'n gymaint o Gymro ag unrhyw un, ac rwy'n falch iawn mai Cymraeg yw iaith yr aelwyd. Mae fy mhlant yn siarad Cymraeg. Ond mi bleidleisiais i yn erbyn [y Cynulliad]. Yn y pen draw, dim ond haen arall o lywodraeth fyddai hyn. A phwy sy'n mynd i dalu amdano? Y trethdalwr, siŵr iawn.

John Morgan, perchennog melin wlân o Geredigion

Mi fyddai'r Cynulliad Cenedlaethol fel cyngor sir mawr sy'n rhoi swyddi i'r bois yng Nghaerdydd.

Barn gweinyddes fwrdd yn Aberystwyth

Roedd traean yr etholwyr mewn un ardal yn credu y byddai'n rhaid i deithwyr gario pasbortau rhwng Lloegr a Chymru petai datganoli'n llwyddiannus.

O adroddiad gan Richard Wyn Jones, gwyddonydd gwleidyddol

TASGAU

1. Beth yw Comisiwn Brenhinol?

2. Beth yw refferendwm?

3. Beth mae Ffynhonnell 1 yn ei ddweud wrthych am refferendwm y Cynulliad Cenedlaethol yn 1979?

4. Astudiwch Ffynhonnell 5. I ba raddau y mae'r ffynhonnell yn defnyddio 'tactegau dychryn' i berswadio etholwyr Cymru i wrthod yr alwad am Gynulliad Cenedlaethol?

5. Defnyddiwch Ffynonellau 6, 7 ac 8 a'ch gwybodaeth eich hun i egluro pam yr oedd etholwyr Cymru wedi gwrthod datganoli yn 1979.

Blynyddoedd Thatcher, 1979-1990

Bu methiant y refferendwm ar ddatganoli yng Nghymru a'r Alban yn gyfrifol am ddarostwng y llywodraeth Lafur. Enillodd y Ceidwadwyr etholiad cyffredinol 1979, gan aros mewn grym am y deunaw mlynedd nesaf. Cyfeirir yn aml at y cyfnod rhwng 1979 ac 1990, pan oedd Margaret Thatcher yn Brif Weinidog, fel 'blynyddoedd Thatcher'.

Nid oedd datganoli ar agenda'r Ceidwadwyr, ond mae llawer yn credu bod blynyddoedd Thatcher wedi cyfrannu at y newid yn agwedd pobl Cymru at ddatganoli, o wybod am effaith polisïau'r Ceidwadwyr ar y wlad. Bellach roedd y cysyniad o Gynulliad Cenedlaethol yn apelio at sawl aelod o'r Blaid Lafur, sef y brif blaid wleidyddol yng Nghymru.

Ysgrifennydd Gwladol cyntaf Margaret Thatcher oedd Nicholas Edwards, AS Penfro. Ef oedd yr unig Gymro a'r unig AS a oedd yn cynrychioli etholaeth yng Nghymru i fod yn Ysgrifennydd Gwladol Cymru dan lywodraeth y Ceidwadwyr.

Dywedir yn aml nad oedd gan y Ceidwadwyr lawer o gefnogaeth etholiadol yng Nghymru. Ni etholwyd mwyafrif o ASau Ceidwadol yng Nghymru gydol yr ugeinfed ganrif.

Yn dilyn buddugoliaeth fawr y Ceidwadwyr yn y DU yn 1979, roedd gan y blaid 11 allan o 36 AS yng Nghymru; cododd hyn i 14 yn 1983. Gostyngodd eu nifer ym mhob etholiad wedi hynny: wyth AS yn 1987 a chwech yn 1992.

Enw	Etholaeth	Cenedligrwydd	Cyfnod yn y swydd
Nicholas Edwards	Penfro	Cymro	1979-1987
Peter Walker	Caerwrangon	Sais	1987-1990
David Hunt	Gorllewin Cilgwri	Sais *	1990-1993
John Redwood	Wokingham	Sais	1993-1995
William Hague	Richmond, Swydd Efrog	Sais	1995-1997

* Ganed yng Nglyn Ceiriog, ar ffin Cymru-Lloegr

Ysgrifenyddion Gwladol Cymru, 1979-1997

Roedd dirywiad cyflym y diwydiannau glo a dur ac ymdrech chwerw streic y glowyr (1984-1985), yn ogystal â gweithredu polisïau amhoblogaidd mewn meysydd fel addysg yng Nghymru yn ystod cyfnod y llywodraethau Ceidwadol (1979-1997), wedi argyhoeddi llawer fod angen i Gymru fod â mwy o reolaeth ar wneud penderfyniadau.

Yn 1987 ac eto yn 1992, cofiaf yn iawn y teimlad o anobaith, nid yn unig am fod llywodraeth Geidwadol wedi'i hethol, ond hefyd oherwydd effeithiau wynebu dyfodol dan lywodraeth Dorïaidd, Ysgrifennydd Gwladol Torïaidd a pholisïau Torïaidd wedi'u gorfodi ar y wlad, a Chymru'n amlwg wedi gosod ei bryd yn erbyn y Torïaid. Mae'r atgof yn fyw am ing un arlunydd graffiti huawdl a beintiodd ar bont amlwg yn f'etholaeth, dros nos ar ôl curfa 1987, y slogan 'pleidleisio dros Lafur a chael Thatcher'.

Ron Davies, AS Llafur Caerffili ac un o brif ddyfeiswyr datganoli yng Nghymru

TASG

Defnyddiwch Ffynonellau 9 a 10 a'r wybodaeth a ddarperir i egluro pam yr oedd agweddau at ddatganoli wedi newid yn ystod 'blynyddoedd Thatcher' 1979-1990, fel y'u gelwir.

LLAFUR NEWYDD A DATGANOLI

Yn etholiad cyffredinol 1997, cafodd Llafur Newydd fuddugoliaeth enfawr, gan ddod â deunaw mlynedd o reolaeth Geidwadol i ben. Nid oedd unrhyw etholaeth yng Nghymru wedi ethol AS Ceidwadol. Roedd Tony Blair, y prif weinidog newydd, wedi ymrwymo i ddatganoli.

Pam yr oedd Cymru wedi pleidleisio o blaid datganoli yn refferendwm 1997

Wythnos cyn i Gymru fwrw pleidlais, roedd etholwyr yr Alban wedi pleidleisio dros sefydlu senedd yn yr Alban, gyda 74% o blaid. Yn wahanol i 1979, roedd gan yr ymgyrch 'Ie dros Gymru' gefnogaeth y Democratiaid Rhyddfrydol a Phlaid Cymru, yn ogystal â mwyafrif Plaid Lafur Cymru. Serch hynny, roedd llawer o aelodau blaenllaw'r Blaid Lafur, megis Paul Murphy a'r cyn-arweinydd Neil Kinnock, yn ogystal ag ASau Llafur adnabyddus eraill, er enghraifft Donald Anderson a Llew Smith, yn cefnogi'r ymgyrch 'Na'.

Ni allai'r canlyniad yng Nghymru fod wedi bod yn agosach. Roedd 50.3% o'r etholwyr wedi dweud 'Ie' dros Gynulliad Cenedlaethol, a 49.7% wedi pleidleisio yn erbyn. Roedd Cymru wedi pleidleisio dros Gynulliad Cenedlaethol, ond gyda mwyafrif o 6,721 pleidlais yn unig.

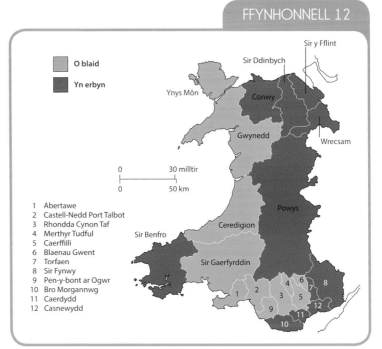

Poster yn annog pobl i bleidleisio dros ddatganoli yn refferendwm 1997, gyda chefnogaeth Plaid Lafur Cymru, y Democratiaid Rhyddfrydol a Phlaid Cymru

FFYNHONNELL 12

O blaid

Yn erbyn

Sir y Fflint
Sir Ddinbych
Ynys Môn
Conwy
Gwynedd
Wrecsam

0   30 milltir
0   50 km

1 Abertawe
2 Castell-Nedd Port Talbot
3 Rhondda Cynon Taf
4 Merthyr Tudful
5 Caerffili
6 Blaenau Gwent
7 Torfaen
8 Sir Fynwy
9 Pen-y-bont ar Ogwr
10 Bro Morgannwg
11 Caerdydd
12 Casnewydd

Powys
Ceredigion
Sir Benfro
Sir Gaerfyrddin

Sut y pleidleisiodd siroedd Cymru yn refferendwm 1997 ar ddatganoli

FFYNHONNELL 13

Refferendwm 1979		Refferendwm 1997	
Canran wedi pleidleisio	58.8%	Canran wedi pleidleisio	50.3%
Nifer o blaid	243,048	Nifer o blaid	559,419
Nifer yn erbyn	956,330	Nifer yn erbyn	552,698
Mwyafrif yn erbyn	59.4%	Mwyafrif o blaid	0.6%

Ffigurau refferenda 1979 ac 1997

TASGAU

1. Beth mae Ffynhonnell 11 yn ei ddweud wrthych am ymgyrch 'Ie dros Gymru' 1997?

2. Beth mae Ffynonellau 12 ac 13 yn ei ddweud wrthych am sut y pleidleisiodd pobl Cymru ar ddatganoli yn 1997?

SEFYDLU CYNULLIAD CENEDLAETHOL CYMRU

Yn dilyn y canlyniad, cafodd Deddf Seneddol ei phasio i greu Cynulliad Cenedlaethol Cymru. Cynhaliwyd yr etholiadau cyntaf yn 1999. Roedd pwerau'r Cynulliad yn gyfyngedig; nid oedd ganddo'r pwerau deddfu sylfaenol. Golygai hyn fod yn rhaid i ddeddfau a basiwyd gan y Cynulliad gael cytundeb Llywodraeth y DU yn Llundain cyn eu gweithredu.

FFYNHONNELL 14

Adeilad y Senedd, cartref Cynulliad Cenedlaethol Cymru, ym Mae Caerdydd; cafodd ei agor yn 2006 ac ynddo mae'r siambr drafod a'r ystafelloedd pwyllgor

29

Y Siambr (siambr drafod) – y tu mewn i adeilad y Senedd

Llywodraeth:
● ACau Llafur (30)

Gwrthbleidiau:
● Ceidwadwyr (14)
● Plaid Cymru (11)
● Democratiaid
Rhyddfrydol (5)

Aelodaeth Cynulliad Cenedlaethol
Cymru ar ôl etholiad 2011

Cynrychiolwyr etholedig Cynulliad Cenedlaethol Cymru

Mae gan Gynulliad Cenedlaethol Cymru 60 aelod etholedig, a elwir yn Aelodau Cynulliad (ACau). Mae etholiadau'r Cynulliad yn wahanol i rai Tŷ'r Cyffredin. Mae 40 o'r ACau yn cael eu hethol ar sail 'y cyntaf i'r felin' – yr ymgeisydd gyda'r mwyafrif o bleidleisiau sy'n ennill y sedd. Mae'r 20 AC arall yn cael eu hethol fel Aelodau Rhanbarth. Mae gan Gymru bum rhanbarth etholaethol ac mae pedwar AC yn cael eu hethol i wasanaethu ym mhob rhanbarth. Mae pob plaid wleidyddol yn darparu rhestr o ymgeiswyr ar gyfer seddi'r aelodau ychwanegol, mewn trefn restrol. Mae hyn yn mynd peth o'r ffordd tuag at sicrhau bod cyfanswm nifer y seddi sydd gan bob plaid wleidyddol yn adlewyrchu cyfran y pleidleisiau mae'r blaid honno'n eu derbyn.

Plaid	1999	2003	2007	2011
Llafur	28	30	26	30
Ceidwadwyr	9	11	12	14
Democratiaid Rhyddfrydol	6	6	6	5
Plaid Cymru	17	12	15	11
Annibynnol	0	1	1	0

Dosbarthiad y seddi yn etholiadau'r Cynulliad Cenedlaethol

Sut mae'r Cynulliad wedi datblygu er 1999

Deddf Llywodraeth Cymru, 2006

Trwy'r ddeddf hon, cafodd y Cynulliad ei ddiwygio a'i strwythuro mewn ffordd debyg i senedd y DU. Roedd y ddeddf yn creu Llywodraeth Cymru. Yn union fel y mae Llywodraeth Prydain neu'r 'cabinet' yn atebol i'r senedd, mae Llywodraeth Cymru'n atebol i Gynulliad Cenedlaethol Cymru. Mae gan Lywodraeth Cymru y pŵer i basio deddfau yn y meysydd polisi datganoledig. Mae hyn yn gynnydd mawr ym mhwerau'r Cynulliad.

Y Prif Weinidog, sy'n arwain Llywodraeth Cymru, yw arweinydd y blaid fwyaf yn dilyn etholiad fel arfer. Yn 2011, enillodd Llafur Cymru 30 o'r 60 sedd, a daeth eu harweinydd, Carwyn Jones, yn brif weinidog unwaith eto.

Gall y Prif Weinidog benodi mwyafswm o 12 o weinidogion a dirprwy weinidogion i ffurfio'r llywodraeth. Aelod arall y llywodraeth yw'r Cwnsler Cyffredinol, sef ymgynghorydd cyfreithiol Llywodraeth Cymru. Yn wahanol i ran fwyaf o lywodraethau'r byd, mae menywod wedi bod yn amlwg ar reng flaen y Cynulliad a Llywodraeth Cymru: etholwyd 24 o feynwod yn etholiadau cyntaf y Cynulliad yn 1999 ac etholwyd 30 menyw yn yr ail etholiad yn 2003, a olygai fod yr un nifer o fenywod ag o ddynion yn ACau. Serch hynny, gostyngodd y nifer i 28 yn etholiad 2007 a 24 yn 2011. Yn dilyn etholiad 2011 roedd pump o'r deuddeg gweinidog yn Llywodraeth Cymru yn fenywod.

FFYNHONNELL 18

Enw	Swydd weinidogol
Jane Hutt	Cyllid ac Arweinydd y Tŷ
Edwina Hart	Busnes, Menter, Technoleg a Gwyddoniaeth
Lesley Griffiths	Iechyd a Gwasanaethau Cymdeithasol
Janice Gregory	Prif Chwip
Gwenda Thomas	Y Dirprwy Weinidog Plant a Gwasanaethau Cymdeithasol

Menywod mewn swyddi gweinidogol yn Llywodraeth Cymru a ffurfiwyd yn 2011

Cynulliad Cenedlaethol Cymru ei hun sy'n cynrychioli Cymru a'i phobl. Yn ogystal, mae'r Cynulliad yn llunio deddfau i Gymru yn y meysydd datganoledig. Mae hefyd yn gyfrifol am alw Llywodraeth Cymru i gyfrif.

Mae'r ACau o bleidiau gwleidyddol gwahanol yn eistedd ac yn trafod eu busnes yn y Siambr (siambr drafod y Cynulliad), ac yn eistedd ar bwyllgorau i weithio ar faterion penodol.

TASGAU

1. Ym mha ffyrdd yr oedd pwerau Cynulliad Cenedlaethol Cymru, a sefydlwyd yn 1999, yn gyfyngedig?
2. Disgrifiwch sut mae Aelodau Cynulliad (ACau) yn cael eu hethol.
3. Defnyddiwch Ffynonellau 16 ac 17 i egluro pam mae Plaid Lafur Cymru yn aml wedi gorfod cydweithio â phleidiau eraill er mwyn llywodraethu Cymru.
4. Pa mor bwysig oedd Deddf Llywodraeth Cymru 2006?
5. Disgrifiwch waith Llywodraeth Cymru.
6. I ba raddau y mae Ffynhonnell 18 yn cefnogi'r farn bod menywod yn chwarae rhan bwysig yn y Cynulliad Cenedlaethol?
7. Gwnewch ychydig o waith ymchwil. Sawl AC benywaidd gafodd eu hethol yn 1999, 2003, 2007 a 2011? Faint o fenywod sydd â rôl flaenllaw yn y Cynulliad Cenedlaethol?

Refferendwm 2011

Ar 3 Mawrth 2011, cynhaliwyd refferendwm yng Nghymru i benderfynu a ddylai'r Cynulliad Cenedlaethol gael mwy o bwerau. Pleidleisiodd 63.5% o bleidleiswyr, a 21 o'r 22 sir yng Nghymru, o blaid ehangu pwerau deddfu'r Cynulliad Cenedlaethol. Y cwestiwn oedd: 'A ydych yn dymuno i'r Cynulliad allu llunio deddfau ar bob mater yn yr 20 maes pwnc y mae ganddo bwerau ynddynt?' O ganlyniad, gall y Cynulliad a Llywodraeth Cymru yn awr lunio deddfau ar bob mater yn yr ugain maes pwnc datganoledig heb orfod cael cytundeb Senedd y DU. Mae hwn yn ddatblygiad sylweddol i ddatganoli yng Nghymru mewn amser byr iawn, ac yng ngeiriau'r Prif Weinidog, Carwyn Jones, ar ddiwrnod canlyniad y refferendwm, 'Heddiw daeth hen genedl i'w hoed'.

FFYNHONNELL 19

Credaf fod y Cynulliad Cenedlaethol yma nid yn unig i aros ond ei fod hefyd yn gwasanaethu'r bobl yn dda. Mae wedi hen ymsefydlu erbyn hyn. Mae wedi aeddfedu. Mae wedi dod yn rhan go iawn o fywyd pobl Cymru ac mae wedi gwneud gwaith da o ran gwarchod ein gwasanaethau sylfaenol. A chredaf felly fod llawer o bobl, fel y fi, oedd yn amheus ar y cychwyn ynglŷn â beth y gallai datganoli ei gynnig, bellach wedi newid eu meddwl.

Paul Murphy, cyn-Ysgrifennydd Gwladol ac AS Llafur Torfaen, oedd wedi gwrthwynebu datganoli yn 1979 ac 1997, ond a bleidleisiodd 'Ie' yn 2011

Pwerau datganoledig

Dyma'r ugain maes cyfrifoldeb sydd wedi'u datganoli i Gynulliad Cenedlaethol Cymru; mae Gweinidogion Cymru yn arfer swyddogaethau gweithrediaeth o'u mewn:

- Amaethyddiaeth, pysgodfeydd, coedwigoedd a datblygiad gwledig;
- Henebion ac adeiladau hanesyddol;
- Diwylliant;
- Datblygiad economaidd;
- Addysg a hyfforddiant;
- Amgylchedd;
- Gwasanaethau tân ac achub a hyrwyddo diogelwch tân;
- Bwyd;
- Iechyd a gwasanaethau iechyd;
- Priffyrdd a thrafnidiaeth;
- Tai;
- Llywodraeth leol;
- Cynulliad Cenedlaethol Cymru;
- Gweinyddiaeth gyhoeddus;
- Lles cymdeithasol;
- Chwaraeon a hamdden;
- Twristiaeth;
- Cynllunio gwlad a thref;
- Amddiffynfeydd rhag dŵr a llifogydd;
- Yr iaith Gymraeg.

Mae'r rhestr uchod yn dangos yn eglur fod llawer o benderfyniadau ar fywyd bob dydd a materion pwysig yn cael eu gwneud a'u gweithredu yng Nghymru. Mae rhannau allweddol o economi Cymru, megis twristiaeth a datblygiad economaidd, bellach yn gyfrifoldeb Llywodraeth Cymru a'r Cynulliad Cenedlaethol. Felly hefyd wasanaethau pwysig iawn megis gofal iechyd ac addysg.

Enghreifftiau o benderfyniadau a wneir gan y Cynulliad

Mae gwahaniaethau amlwg yn y ffordd y mae'r GIG ac addysg yn cael eu rhedeg yng Nghymru. Yn achos addysg, mae hyn yn cynnwys ystod eang o bolisïau gan Lywodraeth Cymru, yn amrywio o'r cwricwlwm i blant 4-7 oed i gefnogaeth ariannol i fyfyrwyr prifysgol.

Yn wahanol i Loegr, mae presgripsiynau ar gael yn rhad ac am ddim i bobl Cymru, a does dim tâl am barcio wrth ymweld ag ysbytai Cymru. Gwahaniaeth arall rhwng Cymru a Lloegr sy'n hawdd ei adnabod yw bod siopwyr Cymru yn gorfod talu 5c am fagiau plastig. Gwneir hyn i'w hannog i ailddefnyddio bagiau fel rhan o bolisi amgylchedd Llywodraeth Cymru.

FFYNHONNELL 20

Enw	Cyfnod yn y swydd	Plaid wleidyddol
Alun Michael	1999-2000	Llafur
Rhodri Morgan	2000-2009	Llafur
Carwyn Jones	2009-presennol	Llafur

Dyma dri Prif Weinidog cyntaf Cymru; yn wreiddiol, y teitl swyddogol oedd 'Prif Ysgrifennydd y Cynulliad'

FFYNHONNELL 21

Rhodri Morgan, Prif Ysgrifennydd y Cynulliad, 2000-2009

FFYNHONNELL 22

Logo Llywodraeth Cymru

Cynulliad
Cenedlaethol
Cymru

National
Assembly for
Wales

*Logo Cynulliad
Cenedlaethol Cymru*

TASGAU

1. I ba raddau mae Ffynhonnell 19 yn egluro pam y mae Cynulliad Cenedlaethol Cymru wedi datblygu cymaint mewn amser cymharol fyr?

2. Sut mae'r Cynulliad Cenedlaethol wedi ehangu ei bwerau yn dilyn y bleidlais 'Ie' yn refferendwm 2011?

3. Dewiswch unrhyw un o'r meysydd pwnc datganoledig. Gwnewch waith ymchwil ac adroddwch wrth y dosbarth pa waith sydd wedi'i wneud yn y maes hwn gan Gynulliad Cenedlaethol Cymru a Llywodraeth Cymru.

Mae'r adran hon yn cynnig arweiniad ar sut i ateb y cwestiwn synoptig o Adran B Uned 3. Mae'r cwestiwn yn werth 10 marc.

Beth fu'r datblygiadau mwyaf pwysig yng ngwleidyddiaeth Cymru o 1900 hyd heddiw?

[10 marc]

Efallai y byddwch am drafod y canlynol yn eich ateb:
- *Cyfnod goruchafiaeth y Rhyddfrydwyr;*
- *Twf y Blaid Lafur;*
- *Twf cenedlaetholdeb;*
- *Y symudiad tuag at ddatganoli;*
- *Unrhyw ffactorau perthnasol eraill.*

Cyngor ar sut i ateb

Mae hwn yn gwestiwn **synoptig o fath traethawd**, sydd wedi'i fwriadu i gynnwys yr holl gyfnod rydych wedi bod yn ei astudio. Eich nod yw amlinellu maint y newid, neu'r diffyg newid, ar hyd y cyfnod o 1900 hyd heddiw. Mae'n hanfodol eich bod yn:

- Cynnwys **gwybodaeth o'r cyfnod cyfan**, er y gellwch ddewis a dethol;
- Talu sylw i'r **wybodaeth a roir yn y sgaffald** ac yn sicrhau eich bod yn cynnwys y pwyntiau hyn, yn ogystal â'ch gwybodaeth eich hun ar y pwnc;
- Anelu at gyfuniad o **ymwybyddiaeth gronolegol a gwahaniaethiad**;
- Anelu at ddangos sut mae pethau wedi newid, neu wedi aros yr un fath, gan gofio y bydd **cyflymder y newid yn amrywio dros amser** – bydd yn gynt yn ystod rhai cyfnodau nag eraill;
- Cofio **nad oedd newid wedi cael effaith ar bob rhan o gymdeithas yn yr un ffordd**;
- **Peidio** ag ysgrifennu'n rhy hir ar **un cyfnod o amser** ac yn anelu at ddelio gyda chymaint â phosibl o'r cyfnod cyfan;
- Cofio am **reolau ysgrifennu traethawd**. Bydd angen i'r wybodaeth yn eich ateb fod yn berthnasol ac i'r gwaith ysgrifenedig fod o ansawdd da, wedi'i drefnu ar ffurf cyflwyniad, prif baragraffau a chasgliad.

Ymateb ymgeisydd un

Mae Cymru wedi gweld nifer o ddatblygiadau gwleidyddol pwysig er 1900. Cyn y Rhyfel Byd Cyntaf, roedd Cymru'n selog o blaid y Rhyddfrydwyr. Roedd David Lloyd George yn Rhyddfrydwr Cymreig ac yn Brif Weinidog yn ystod y Rhyfel Byd Cyntaf. Wedi'r Rhyfel, daeth Llafur i rym ac maent yn parhau i fod yn boblogaidd iawn. Mae rhai pobl erbyn hyn yn pleidleisio dros Blaid Cymru. Daeth Gwynfor Evans yn AS cyntaf Plaid Cymru yn 1966. Daeth Dafydd Elis-Thomas a Dafydd Wigley ar ei ôl yn 1974. Mae yna fwy o ASau Plaid Cymru wedi bod.

Y datblygiad gwleidyddol pwysicaf oedd Cymru'n cael ei Chynulliad ei hun. Mae'r Cynulliad wedi'i leoli yng Nghaerdydd ac agorodd yn 1999. Mae ganddo 60 AC ac enw Prif Weinidog Cymru yw Carwyn Jones.

Sylwadau'r arholwr

Mae'r ateb yn rhoi gwybodaeth dda am y cyfnod ar ei hyd ond mae yma beth anghydbwysedd. Mae yma ddefnydd da o derminoleg. Mae'r ateb yn tueddu i fod yn ddisgrifiadol yn hytrach nag egluro pam y bu newidiadau. Mae'r ymgeisydd yn ceisio mynd i'r afael â'r prif fater ac yn cyfeirio at 'y datblygiadau mwyaf pwysig'. Mae tuedd i gysylltu datblygiad gwleidyddol â phatrymau pleidleisio. Mae'r Ansawdd Cyfathrebu Ysgrifenedig yn gydnaws ag ateb Lefel 3. Mae'r ateb yn haeddu Lefel 3 a byddai'n ennill 6 marc.

Ymateb ymgeisydd dau

Mae Cymru wedi cael ei rheoli'n uniongyrchol o Loegr ers y Deddfau Uno. Ond erbyn diwedd yr ugeinfed ganrif, roedd gan Gymru ei Chynulliad ei hun gyda'r pŵer i basio deddfau ar faterion Cymreig.

Yn ystod ugain mlynedd cyntaf yr ugeinfed ganrif, y Blaid Ryddfrydol oedd y fwyaf poblogaidd o bell ffordd. Cynhyrchodd Cymru ASau Rhyddfrydol pwysig megis Lloyd George, a ddaeth yn brif weinidog yn ystod y Rhyfel Byd Cyntaf. Cyflwynodd y Rhyddfrydwyr rai diwygiadau cymdeithasol megis Deddf Pensiynau'r Henoed a'r Ddeddf Yswiriant Gwladol.

Fodd bynnag, ar ôl y Rhyfel, dirywiodd y Rhyddfrydwyr a daeth de diwydiannol Cymru i fod yn selog ei gefnogaeth i Lafur. Yn etholiad cyffredinol 1922, etholodd Cymru 18 AS Llafur allan o 35. Roedd yn amlwg bod dosbarth gwaith Cymru yn credu mai'r Blaid Lafur oedd yn eu cynrychioli orau, a chynyddodd y gefnogaeth yn ystod blynyddoedd dirwasgiad yr 1920au a'r 1930au. Parhaodd y Rhyddfrydwyr i fod yn boblogaidd yng nghefn gwlad Cymru.

Datblygiad pwysig arall yng ngwleidyddiaeth Cymru oedd twf cenedlaetholdeb Cymreig. Sefydlwyd Plaid Cymru mor gynnar ag 1925 ond methodd wneud argraff. Trobwynt i Blaid Cymru oedd pan fu i dri o'i haelodau hŷn, Saunders Lewis, Lewis Valentine a D. J. Williams, roi 'ysgol fomio' y Llu Awyr Brenhinol ym Mhenyberth, Pen Llŷn ar dân. Roedd y weithred hon a'r achos llys dilynol wedi dangos i'r Cymry fod Plaid Cymru yn blaid a oedd yn brwydro dros hawliau 'Cymreig'. Gellir dweud yr un peth am ymgyrch Plaid Cymru a Gwynfor Evans ddiwedd yr 1950au a dechrau'r 1960au i rwystro Capel Celyn rhag cael ei foddi er mwyn darparu dŵr i Lerpwl.

Canlyniad y twf hwn yn y gefnogaeth i Blaid Cymru oedd i'r blaid ennill ei sedd gyntaf yn Nhŷ'r Cyffredin. Cafodd buddugoliaeth Gwynfor Evans yn isetholiad Caerfyrddin yn 1966 ei ddilyn gan lwyddiant Dafydd Wigley a Dafydd Elis-Thomas yn etholiad cyffredinol 1974. Ers hynny, mae Plaid Cymru wedi gwneud yn dda mewn etholiadau yn y rhanbarthau Cymraeg eu hiaith. Ond mae'r blaid eto i gael dylanwad go iawn yn y de diwydiannol.

Datblygiad pwysig iawn arall yng ngwleidyddiaeth Cymru oedd agor Cynulliad Cenedlaethol Cymru yn 1999. Wedi i bobl Cymru bleidleisio 'Na' yn 1979, dim ond o drwch blewyn y bu iddynt bleidleisio o blaid Cynulliad Cenedlaethol yn refferendwm 1997. Mae gan y Cynulliad a Llywodraeth Cymru y pŵer i wneud penderfyniadau ac i basio deddfau ar ugain maes datganoledig, yn cynnwys iechyd ac addysg. Mae ethol ACau hefyd yn ddatblygiad pwysig arall. Mae 40 o'r 60 AC yn cael eu hethol ar sail 'y cyntaf i'r felin' ond etholir yr 20 AC arall trwy gynrychiolaeth gyfrannol, gan wneud y system bleidleisio yn decach. Datblygiad pwysig arall yw twf cefnogaeth pobl Cymru i'r Cynulliad, fel y gwelwyd yn refferendwm 2011, pan bleidleisiodd y mwyafrif o blaid cynyddu pwerau'r Cynulliad a Llywodraeth Cymru.

Felly, mae Cymru wedi gweld datblygiadau gwleidyddol pwysig iawn yn ystod yr ugeinfed ganrif. Mae'n annhebygol y byddai unrhyw un ar ddechrau'r ugeinfed ganrif wedi gallu dychmygu Cynulliad yng Nghymru i basio deddfau i Gymru erbyn troad yr unfed ganrif ar hugain.

Sylwadau'r arholwr

Mae hwn yn adroddiad strwythuredig, llawn gwybodaeth, sy'n rhoi golwg cyffredinol effeithiol o'r prif ddatblygiadau yng ngwleidyddiaeth Cymru o 1900 hyd heddiw. Mae yma ymgais amlwg i drafod y mater o newid ac ymgais i drafod effaith amrywiol newid. Mae'r paragraff olaf yn gwneud ymdrech i roi barn, sy'n mynd i'r afael â phwyslais y cwestiwn. Mae ansawdd y cyfathrebu ysgrifenedig yn gyson â Lefel 4, ac mae'r traethawd yn cael ei gyflwyno mewn paragraffau, gyda chyflwyniad a chasgliad derbyniol. Mae'r ateb yn cyrraedd Lefel 4 ac yn haeddu'r marciau llawn [10].

Rhowch gynnig arni

I ba raddau mae Cymru wedi ennill yr hawl i'w rheoli ei hun?

[10 marc]

Efallai y byddwch am drafod y canlynol yn eich ateb:
- *Y galwadau cynnar am ymreolaeth;*
- *Ymddangosiad Plaid Cymru;*
- *Creu'r Swyddfa Gymreig;*
- *Y symudiad tuag at ddatganoli;*
- *Unrhyw ffactorau perthnasol eraill.*

SUT A PHAM Y BU I DDIWYDIANT TRWM CYMRU DDIRYWIO MOR GYFLYM A BETH OEDD YR EFFAITH AR Y BOBL?

Cyflwyniad

Roedd Cymru wedi chwarae rhan fawr yn y Chwyldro Diwydiannol a oedd wedi tra-arglwyddiaethu ar Brydain ers canol y ddeunawfed ganrif. Roedd argaeledd defnyddiau crai fel glo, mwyn haearn a chalchfaen, awydd y meistri haearn i fod yn bwerus a chyfoethog, gweithlu crefftus a diwyd, a mynediad cyfleus i farchnadoedd y byd trwy borthladdoedd Cymru i gyd wedi cyfrannu at lwyddiant diwydiannol y wlad.

FFYNHONNELL 1

Roedd Cymru yn y cyfnod 1880-1914 yn wlad egnïol, falch, lwyddiannus. Roedd cyfoeth diwydiannol wedi symud Cymru o gyrion Prydain i safle o bwysigrwydd byd-eang.

Yr hanesydd Gareth Elwyn Jones yn ysgrifennu yn Wales 1880-1914 *(1988)*

ANTERTH Y CYNHYRCHU DIWYDIANNOL YNG NGHYMRU AR DDECHRAU'R UGEINFED GANRIF

Erbyn 1900, roedd Cymru yn un o economïau mwyaf pwerus y byd. Roedd y cyfoeth a'r pŵer hwn yn seiliedig ar **ddiwydiannau trwm**. Y diwydiannau trwm, megis cloddio am lo a llechi a chynhyrchu haearn a dur, copr a thunplat, oedd diwydiannau traddodiadol Cymru. Roedd y gwaith yn waith corfforol trwm a pheryglus ac yn cyflogi niferoedd mawr o weithwyr.

Y diwydiant glo

Y diwydiant glo oedd y mwyaf yng Nghymru ar ddechrau'r ugeinfed ganrif. Roedd 30 miliwn tunnell o lo eisoes yn cael ei gynhyrchu erbyn 1891, a chyrhaeddodd hyn uchafbwynt o 57 miliwn tunnell yn 1913. Yn 1914, roedd diwydiant glo Cymru yn cyflogi 250,000 o lowyr. Roedd Cymru'n cynhyrchu tua thraean o allforion glo y byd ar y pryd.

Roedd galw mawr am lo am mai glo oedd y ffynhonnell bwysicaf o wres ac egni ar gyfer diwydiant a chludiant.

Cydnabyddid mai 'glo ager' maes glo de Cymru oedd y math gorau o danwydd i'r pwrpas hwn, gan ei fod yn llosgi'n lân. Penderfynodd Llynges Frenhinol Prydain, y llynges fwyaf yn y byd o lawer, ddefnyddio glo ager Cymru pan addaswyd ei llongau hwyliau yn llongau ager yn ystod y bedwaredd ganrif ar bymtheg. Roedd ar gwmnïau llongau eraill, yn ogystal â'r Llynges Frenhinol, angen '**gorsafoedd codi glo**' mewn porthladdoedd ledled y byd. Câi cyflenwadau o lo ager Cymru eu storio yn y mannau hyn fel y gellid ail-lenwi'r llongau.

FFYNHONNELL 2

Llong nwyddau yn allforio glo ager o bwll glo yn ne Cymru, c.1910

Roedd maes glo de Cymru yn gorchuddio'r rhan fwyaf o'r hen Sir Forgannwg. Roedd hefyd yn ymestyn cyn belled i'r gorllewin â chymoedd Gwendraeth ac Aman yn Sir Gaerfyrddin, a chyn belled i'r dwyrain â chymoedd Rhymni, Sirhywi, Aber ac Ebwy yn yr hen Sir Fynwy. Roedd cymoedd y Rhondda yng nghanol yr ardal gynhyrchu glo fawr hon. Yn 1913, roedd dros 40,000 o ddynion yn gweithio ym mhyllau glo cymoedd y Rhondda yn unig, ac yn cynhyrchu bron deg miliwn tunnell o lo. Câi'r glo ei allforio trwy'r porthladdoedd yng Nghaerdydd, Penarth a'r Barri, yn ogystal â thrwy Abertawe, Port Talbot a Llanelli yn y gorllewin.

Nid maes glo de Cymru oedd yr unig ardal cynhyrchu glo yng Nghymru. Câi glo ei gloddio hefyd yng ngogledd-ddwyrain Cymru, ac erbyn 1913 roedd yr ardal honno'n cynhyrchu 3.5 miliwn tunnell o lo, sef 6% o gyfanswm cynnyrch glo Cymru. Erbyn 1924, roedd 19,000 o lowyr yn cael eu cyflogi ym meysydd glo Sir Ddinbych a Sir y Fflint. Roedd glo wedi cael ei gloddio yng ngogledd-ddwyrain Cymru ers y Canol Oesoedd, ond datblygodd yn sylweddol yn ystod y bedwaredd ganrif ar bymtheg i gefnogi'r diwydiant haearn yno.

Roedd Pwll Glo Bersham ger Wrecsam wedi bodoli ers canol y bedwaredd ganrif ar bymtheg. Ehangodd Rhosllannerchrugog o'r 1840au a datblygu i fod yn gymuned lofaol, Gymraeg ei hiaith yn bennaf, a gyfrannodd yn helaeth at ddiwylliant yr iaith Gymraeg. Roedd deuddeg pwll glo yn ardal Bagillt ar Foryd Dyfrdwy. Agorodd Pwll Glo Gresffordd yn 1911, a phrif Bwll Glo Llai oedd y pwll glo mawr olaf i gael ei agor ym maes glo gogledd Cymru pan ddechreuodd gynhyrchu yn yr 1920au. Yn ei anterth, roedd yn cynhyrchu 23,000 tunnell o lo yr wythnos ac yn cyflogi 2,500 o lowyr, a olygai mai hwn oedd y pwll glo mwyaf yng Nghymru. Cafodd pentref Llai ei adeiladu'n bwrpasol i roi llety i'r glowyr.

FFYNHONNELL 4

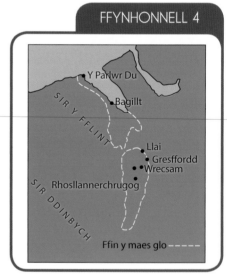

Map o faes glo gogledd Cymru

Yn ne Cymru, roedd y diwydiannwr a'r gwleidydd Rhyddfrydol o Landinam yng nghanolbarth Cymru, David Davies (1818-1890), yn ffigur pwysig yn y broses o ddiwydianeiddio Cwm Rhondda. Roedd yn llwyddiannus iawn yn nhwf y diwydiant rheilffyrdd yng Nghymru, cyn iddo symud ymlaen i sefydlu pyllau glo y Parc a Maendy yn ystod yr 1860au. Yn 1867 ffurfiodd gwmni o'r enw Ocean Merthyr, a oedd yn gyfrifol am dyllu nifer o byllau glo newydd yn yr ardal rhwng 1868 ac 1887.

FFYNHONNELL 3

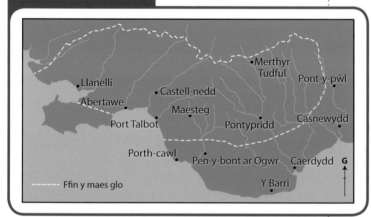

Map o faes glo de Cymru

Roedd Davies hefyd yn gyfrifol am adeiladu dociau newydd yn y Barri, a gysylltwyd â'r Rhondda drwy'r rheilffordd. Daeth entrepreneuriaid, megis Syr W. T. Lewis o Ferthyr Tudful (1837-1914), o hyd i farchnadoedd newydd i lo Cymru, gan ddod â chyfoeth i'r ardal. Fodd bynnag, D. A. Thomas, sef Arglwydd Rhondda yn ddiweddarach, oedd y cyfoethocaf o'r holl berchenogion glo, fel y'u gelwid.

FFYNHONNELL 5

D. A. Thomas, Arglwydd Rhondda (1856-1918)

Gwnaeth David Alfred Thomas ei ffortiwn yn ehangu'r fasnach lo yn Aberdâr a Chwm Cynon. Er bod ganddo un ar bymtheg o frodyr a chwiorydd, roedd ei deulu'n ddigon cefnog i allu'i anfon i ffwrdd i ysgol a choleg. Ar ôl graddio o Gaergrawnt yn 1883, dychwelodd i Gymru i ddysgu am gloddio a'r fasnach lo. Gweithiodd o dan ddaear a daeth yn arbenigwr yn fuan iawn ar bob agwedd ar y pyllau a marchnata glo.

Cafodd ei ethol i'r Senedd yn 1888. Bu'n AS hyd 1916, dros Ferthyr Tudful yn gyntaf ac yna dros Gaerdydd, ac yna cafodd sedd yn Nhŷ'r Arglwyddi fel Arglwydd Rhondda. Gwelai Thomas ei hun fel arweinydd gwleidyddol y de diwydiannol.

Yn ddiweddarach, neilltuodd Thomas fwy o'i egni ar ei ddiddordebau busnes. Prynodd nifer o gwmnïau llai, ac erbyn 1908 roedd wedi creu'r Cambrian Coal Combine enfawr. Ei agwedd ddigyfaddawd tuag at undebau llafur a thrafodaethau ar gyflogau oedd yn rhannol gyfrifol am achosi'r anghydfod a arweiniodd at derfysgoedd Tonypandy yn 1910.

Yn ystod y Rhyfel Byd Cyntaf, anfonwyd D. A. Thomas i UDA i gynrychioli diwydiannau Prydain, a bu'n llwyddiannus iawn fel Rheolwr Bwyd. Roedd swydd yn y llywodraeth yn golygu bod yn rhaid iddo ymddeol o'r byd busnes, gan gynnwys ei rôl fel cyfarwyddwr mwy na 30 o fusnesau diwydiannol yng Nghymru a thramor. Bu straen y gorweithio yn gyfrifol am ei farwolaeth, ym Mhlas Llan-wern, Casnewydd, yn 1918.

Yr haneswyr P. Barnes, R. P. Evans a P. Jones-Evans yn ysgrifennu yn GCSE History for WJEC, Specification A *(2003)*

Y diwydiannau haearn a dur

Merthyr Tudful oedd y brif ardal cynhyrchu haearn yng Nghymru yn ystod y ddeunawfed ganrif a'r bedwaredd ganrif ar bymtheg. Roedd pedwar prif waith haearn yn yr ardal, a gwaith Dowlais, a oedd yn cyflogi tua 5,000 ganol y ddeunawfed ganrif, oedd y mwyaf yn y byd ar y pryd. Mewn gwirionedd, roedd cyfanswm o 26 o

weithfeydd haearn yn ne Cymru, y rhan fwyaf ohonynt yn ymestyn ar hyd ymyl gogleddol maes glo de Cymru, o Hirwaun yn y gorllewin yr holl ffordd i Bont-y-pŵl yn y dwyrain. Roedd symiau enfawr o **haearn crai** yn cael ei gynhyrchu yn y gweithfeydd haearn hyn, a gâi ei gludo wedyn i leoedd fel Sheffield a Birmingham, lle câi ei ailweithio yn gynnyrch gorffenedig.

Roedd y diwydiant haearn yng ngogledd-ddwyrain Cymru ar raddfa llawer llai nag yn ne Cymru, ond roedd yn llawer mwy soffistigedig. Yn ystod y ddeunawfed ganrif, roedd John 'Iron Mad' Wilkinson yn defnyddio peiriant turio arbenigol a oedd yn gallu gwneud magnelau tyllfedd llyfn, a silindrau ar gyfer peiriannau ager, yn ei waith haearn yn Bersham ger Wrecsam ac ym Mrymbo gerllaw.

Erbyn diwedd y bedwaredd ganrif ar bymtheg, fodd bynnag, roedd dur i bob pwrpas wedi disodli haearn fel y prif ddefnydd ar gyfer adeiladu. Dim ond chwech o'r gweithfeydd haearn sefydledig ar hyd ymyl gogleddol maes glo de Cymru a newidiodd i'r broses newydd o wneud dur – Dowlais, Cyfarthfa, Glynebwy, Rhymni, Tredegar a Blaenafon. Caewyd gweddill y gweithfeydd haearn yn yr ardal honno.

Roedd angen mwyn haearn cyfoethocach ar gyfer y prosesau newydd o wneud dur. Roedd anfantais bellach i leoliad mewndirol yr hen weithfeydd haearn yn ne Cymru gan fod yn rhaid mewnforio'r mwyn haearn cyfoethocach. Dim ond dau o'r gweithfeydd mewndirol a barhaodd i gynhyrchu dur: Glynebwy, nes iddo gau yn 1914; a Dowlais, hyd nes 1930. Roedd yn rhaid i leoliad y diwydiant dur yn ne Cymru newid; roedd angen iddo fod yn agosach at yr arfordir er mwyn medru derbyn y mwyn cyfoethocach o dramor yn rhwyddach ac yn fwy effeithlon. Gwaith Dowlais yn East Moors, Caerdydd, a gwblhawyd yn 1895, oedd y gwaith cyntaf i adleoli i'r arfordir.

FFYNHONNELL 6

Gwaith Haearn Dowlais (East Moors) Caerdydd ar ddechrau'r ugeinfed ganrif

Yn rhannau gorllewinol maes glo de Cymru, o gwmpas Llanelli, Abertawe, Castell-nedd ac Aberafan, aeth twf y diwydiant gwneud dur rhagddo'n gyflym wrth i'r dulliau newydd o weithgynhyrchu gael eu mabwysiadu. Roedd y gweithfeydd dur yn yr ardal hon yn defnyddio'r dull tân agored newydd, a oedd wedi cael ei ddatblygu yng Nglandŵr, Abertawe. Llenddur ar gyfer y diwydiant tunplat oedd yn cael ei gynhyrchu fwyaf yn y gweithfeydd hyn. Roedd y llenddur yn cael ei alfanu (gorchuddio) â thun er mwyn atal y dur rhag rhydu; câi'r tunplat ei ddefnyddio i wneud caniau bwyd. Erbyn 1914, roedd 28 o weithfeydd dur yn y rhanbarth rhwng Llanelli ac Aberafan, y mwyafrif â'u cyfleusterau tunio eu hunain.

Dioddefodd diwydiant tunplat Cymru o effeithiau Toll McKinley, a osodwyd yn 1891 gan UDA er mwyn cyfyngu ar y mewnforion tunplat i'w gwlad. Fodd bynnag, erbyn 1914, roedd cynhyrchu tunplat yng Nghymru wedi mwy nag ailffynnu ar ôl effeithiau niweidiol y doll, ac roedd Llanelli wedi dod i haeddu'r enw 'Tinopolis' a roddwyd arni. Parhaodd y diwydiant tunplat i fod yn fychan ac yn lleol ei gymeriad yn ne Cymru, gan ddibynnu ar lafur crefftus y Cymry Cymraeg, yn ddynion a menywod, yng ngorllewin

Cymru. Roedd porthladdoedd Abertawe a Phort Talbot yn y gorllewin, a Chaerdydd a Chasnewydd yn y dwyrain, yn brysur yn mewnforio'r deunyddiau crai o dramor.

Gwaith tunplat Aberdulais ger Castell-nedd yn ne Cymru

Yng ngogledd-ddwyrain Cymru, y prif ddatblygiad oedd sefydlu Gwaith Shotton gan y teulu Summers yn 1896. Erbyn 1914, roedd gan y gwaith 30 melin rolio a naw ffwrnais tân agored. Roedd yn cyflogi 3,500 o weithwyr, y rhan fwyaf o bentref Shotton. Roedd y gwaith yn cynhyrchu tua 4,500 tunnell o lenni galfanedig y flwyddyn.

1. Beth mae Ffynhonnell 3 yn ei ddangos i chi am faes glo de Cymru?
2. Astudiwch Ffynhonnell 5. Pa mor bwysig oedd D. A. Thomas i ddiwydiant Cymru?
3. Eglurwch pam yr adleolodd gwaith Dowlais i East Moors, Caerdydd yn 1895.
4. Pam ydych chi'n meddwl bod Llanelli'n cael ei galw'n 'Tinopolis'?

Diwydiannau metel eraill

Mae copr wedi cael ei gloddio yng Nghymru ers canrifoedd – er enghraifft, ar Benygogarth Fawr, Llandudno. Dechreuwyd mwyndoddi copr yng Nghymru yn Aberdulais ger Castell-nedd ar ddiwedd yr unfed ganrif ar bymtheg. Fodd bynnag, o'r ddeunawfed ganrif ymlaen, Abertawe oedd canolfan fwyndoddi copr Prydain, gan haeddu'r enw 'Copperopolis' iddi'i hun. Datblygodd y gwaith o drin metel anfferus (heb haearn) i fod yn ddiwydiant mawr, wedi'i grynhoi ar y llain arfordirol rhwng Cydweli a Phort Talbot, gydag Abertawe'n ganolbwynt.

Parhaodd y gwaith o gloddio am gopr yng ngogledd-orllewin Cymru. Ar ddiwedd y ddeunawfed ganrif, cafodd nifer o fwynfeydd copr eu cloddio

Gweithwyr mewn gwaith copr yn ne Cymru ar ddechrau'r ugeinfed ganrif

yng nghanol Eryri, a bu rhai'n weithredol am fwy na chanrif. Roedd mwynglawdd copr mwyaf Cymru ar Fynydd Parys ar Ynys Môn a châi'r mwyn copr ei allforio trwy borthladd prysur Amlwch. Byddai hefyd yn cael ei gludo ar hyd arfordir Cymru i weithfeydd haearn Abertawe. Er bod y cloddio am gopr ar Fynydd Parys wedi dod i ben erbyn yr 1860au, roedd 90% o gopr Prydain yn parhau i gael ei fwyndoddi yn ne Cymru. Dangosodd arolwg yn 1911 fod 3,700 o bobl yn cael eu cyflogi yn y diwydiant copr yng Nghymru ar y pryd.

Er nad oedd yn ddiwydiant mor fawr â'r diwydiant copr, roedd mwyndoddi sinc (neu sbelter) hefyd yn bwysig yn ardal Abertawe. Roedd gwaith Cwm Tawe yn Llansamlet yn cynhyrchu sinc o 1876 ymlaen a pharhaodd i wneud hynny am bron i ganrif. Erbyn 1910, roedd ardal Llansamlet yn Abertawe yn cynhyrchu bron 75% o sinc Prydain.

Roedd gwaith cynhyrchu nicel yn ardal Abertawe hefyd. Yn 1902, sefydlodd y teulu Mond y gweithfeydd nicel mwyaf yn y byd yng Nghlydach yng Nghwm Tawe. Mae'n dal i fod yno hyd heddiw ac yn ein hatgoffa o'r diwydiannau metel oedd unwaith mor niferus ac yn gyflogwyr mor fawr yn ne Cymru.

Y diwydiant llechi

Roedd y diwydiant llechi yr un mor bwysig i ogledd-orllewin Cymru ag yr oedd y diwydiant glo i'r de. Roedd cloddio am lechi yn digwydd yn bennaf yng nghanol Sir Gaernarfon ac yn yr ardal o gwmpas Blaenau Ffestiniog.

FFYNHONNELL 9

Ardaloedd llechi gogledd Cymru

FFYNHONNELL 10

Er ei fod yn llawer llai na'r diwydiant glo, dynoda'r diwydiant llechi bennod o bwys yn hanes Cymru; yn sicr ddigon, nid oes yr un diwydiant cloddio arall wedi gadael ôl mor arhosol ar y tirwedd.

O Gwyddoniadur Cymru yr Academi Gymreig (2008)

Dechreuodd y gwaith o gynhyrchu llechi ar raddfa fawr yng Nghymru yn Chwarel y Penrhyn ar ddiwedd y ddeunawfed ganrif. Yn ei anterth yn 1898, pan oedd dwsinau o chwareli yng ngogledd Cymru, roedd y diwydiant yn cyflogi yn agos at 19,000 o ddynion, ac roedd bron 70% o lechi Prydain yn dod o ogledd Cymru. Roedd rheilffyrdd a osodwyd yn arbennig yn cludo'r llechi i borthladdoedd a adeiladwyd i'r pwrpas ym Mhorth Penrhyn (Llandygái), Port Dinorwic (y Felinheli) a Phorthmadog. Chwareli Penrhyn a Dinorwic oedd y mwyaf yn y byd pan oedd y cloddio am lechi yn ei anterth. Roedd galw mawr yn fyd-eang am lechi oherwydd ei ddefnyddioldeb fel defnydd toi.

Arweiniodd streic chwerw y Penrhyn rhwng 1900 ac 1903 at gau Chwarel y Penrhyn am gyfnod ac at ddiweithdra mawr. Symudodd llawer o chwarelwyr i dde Cymru i chwilio am waith yn y pyllau glo. O ganlyniad, erbyn 1903 roedd diwydiant llechi gogledd Cymru mewn argyfwng. Fodd bynnag, bu rhywfaint o adferiad cyn dechrau'r Rhyfel Byd Cyntaf, ac erbyn 1909 roedd 12,000 o ddynion yn cael eu cyflogi yn y diwydiant llechi yng ngogledd Cymru.

Roedd gweithlu'r diwydiant bron yn ddieithriad yn dod o'r ardaloedd gwledig cyfagos. Golygai hyn fod y cymunedau bron yn gwbl Gymraeg eu hiaith. Yn wir, roedd dywediad ar led nad oedd y llechfaen yn gallu deall Saesneg! Roedd cyfraniad y cymunedau chwarela i fywyd diwylliannol Cymru yn enfawr: daeth nifer o awduron Cymraeg blaenllaw yr ugeinfed ganrif o'r ardaloedd llechi hyn yng ngogledd Cymru. Roedd y nofelydd a'r bardd T. Rowland Hughes yn fab i chwarelwr o Lanberis; mae ei nofel *Y Chwalfa* (1946) yn adrodd hanes y teulu Ifans yn ystod streic Chwarel y Penrhyn rhwng 1900 ac 1903. Roedd teulu'r nofelydd Kate Roberts yn chwarelwyr hefyd, ac mae ei nofel *Traed Mewn Cyffion* (1936) yn adrodd hanes trafferthion teulu o chwarelwyr ar ddiwedd y bedwaredd ganrif ar bymtheg a dechrau'r ugeinfed ganrif. Mae'r nofel enwog *Un Nos Ola Leuad* (1961), gan Caradog Prichard, wedi ei lleoli ym Methesda. Cafodd yr awdur ei fagu yno a lladdwyd ei dad mewn damwain yn y chwarel.

Mudo mewnol

Roedd datblygiad diwydiannol Cymru – yn arbennig de Cymru – yn ystod y bedwaredd ganrif ar bymtheg wedi bod mor llwyddiannus fel bod nifer o weithwyr mudol wedi cael eu denu o ardaloedd gwahanol. Roedd y rhan fwyaf o symudiadau cynnar y boblogaeth yn y bedwaredd ganrif ar bymtheg yn digwydd o fewn Cymru ei hun. Er enghraifft, yn 1851 dim ond 12% o drigolion Merthyr Tudful oedd wedi'u geni y tu allan i Gymru.

Roedd mudo o Loegr wedi dechrau'n araf ganol y bedwaredd ganrif ar bymtheg, ond erbyn diwedd y ganrif honno roedd yn flaenllaw. Wrth edrych ar gyfanswm niferoedd y rhai a oedd wedi mudo i faes glo Morgannwg erbyn 1891, roedd 98,000 wedi'u geni yng Nghymru a 72,000 heb fod yn Gymry. Ond rhwng 1901 ac 1911, roedd tua 63% o'r rhai a symudodd i faes glo Morgannwg yn dod o Loegr a 3.9% arall o'r Alban ac Iwerddon.

Mudodd hyd yn oed fwy o bobl i'r trefi arfordirol. I Gaerdydd y daeth mwyafrif y mewnfudwyr o'r tu allan i Gymru, ac roedd y rhai a greodd yr enwog Tiger Bay yn eu mysg. Yn 1891, roedd gan y Forgannwg y tu allan i'r maes glo 24,000 o fewnfudwyr o rannau eraill o Gymru a 57,000 o'r tu allan i Gymru. Erbyn dechrau'r ugeinfed ganrif, roedd gan rannau o Gymru gymunedau Gwyddelig, Sbaenaidd, Eidalaidd ac Iddewig ffyniannus, er enghraifft, Merthyr Tudful, Caerdydd ac Abertawe.

Roedd maes glo gogledd Cymru hefyd yn denu mewnfudwyr, yn arbennig o Swydd Gaerhirfryn. Mewnfudwyr o Swydd Gaerhirfryn oedd hefyd yn ffurfio cyfran fawr o drigolion trefi glan môr gogledd Cymru.

Mewn cyferbyniad, nid oedd y mudwyr a aeth i ardaloedd diwydiant llechi gogledd-orllewin Cymru wedi teithio'n bell o gwbl, ac roedd y gweithlu wedi'i ffurfio bron yn gyfan gwbl o ddynion lleol. Fodd bynnag, roedd argyfyngau cau allan y Penrhyn rhwng 1900 ac 1903 wedi gorfodi llawer o bobl Sir Gaernarfon i symud i dde Cymru i weithio yn y diwydiant glo. Er gwaetha'r mudo hwn, y trefi a'r pentrefi yng ngogledd Cymru a fu'n gartrefi i'r chwarelwyr yw'r ardaloedd sydd â'r gyfran uchaf o siaradwyr Cymraeg o hyd, ond ni fu'r diwydiant llechi fyth mor llewyrchus wedi argyfyngau cau allan y Penrhyn.

Felly, yn gynnar yn yr ugeinfed ganrif, roedd y Gymru ddiwydiannol yn llewyrchus ac wedi denu mudwyr o Gymru a thu hwnt. Fodd bynnag, byddai'r ffyniant hwn yn wynebu heriau difrifol yn y dyfodol agos.

1. Gwnewch restr fer o'r diwydiannau metel gwahanol yng Nghymru.
2. Beth mae Ffynhonnell 9 yn ei ddangos i chi ynglŷn â'r diwydiant llechi?
3. Eglurwch pam yr oedd y diwydiant llechi yn bwysig yng ngogledd-orllewin Cymru.
4. Disgrifiwch y gwahaniaethau rhwng y mudo i dde Cymru a'r mudo i ogledd Cymru.

Y GWRTHDARO RHWNG PERCHENOGION A GWEITHWYR

Roedd degawd cyntaf yr ugeinfed ganrif yn gyfnod o aflonyddwch cynyddol ym myd diwydiant ledled Prydain. Dechreuodd gweithwyr ddadlau dros eu hawliau, ond roedd perchenogion y cwmnïau diwydiannol yn benderfynol o gadw rheolaeth dros eu gweithwyr. Arweiniodd hyn at wrthdaro yng ngogledd a de Cymru.

Anghydfod Chwarel y Penrhyn, 1900-1903

Cododd yr anghydfod hwn rhwng perchennog chwarel a oedd yn benderfynol o reoli ei chwarel ei hun fel y mynnai a gweithlu a oedd yn mynnu'r hawl i ffurfio undeb llafur. Roedd Undeb Chwarelwyr Gogledd Cymru ar un ochr i'r anghydfod, ac E. A. Young, rheolwr y chwarel, ac Arglwydd Penrhyn, y perchennog, ar yr ochr arall.

Roedd gwahaniaethau sylfaenol rhwng y ddwy ochr. Roedd y gweithwyr yn Rhyddfrydol o ran gwleidyddiaeth, yn siarad Cymraeg ac yn anghydffurfwyr o ran crefydd. Roedd eu cyflogwr, Arglwydd Penrhyn, aelod o'r teulu Pennant, yn Geidwadwr o ran gwleidyddiaeth, yn siarad Saesneg ac yn Anglicanaidd o ran crefydd.

Fel perchennog Chwarel y Penrhyn ym Methesda, hawliodd Arglwydd Penrhyn mai ei gyfrifoldeb ef yn unig oedd cyflogau ac amodau gwaith ac nad oeddent a wnelo undebau llafur o gwbl. Bu anghydfod yn y chwarel rhwng 1896 ac 1897 ynglŷn ag isafswm cyflog, a threchwyd y chwarelwyr gan gau allan a barhaodd am un mis ar ddeg.

Ym mis Hydref 1900, ceisiodd Arglwydd Penrhyn a'i reolwr, E. A. Young, gyflwyno arferion gweithio newydd yn Chwarel y Penrhyn, ond gwrthododd Young gyfarfod â swyddogion Undeb Chwarelwyr Gogledd Cymru i drafod telerau. Collodd 26 o chwarelwyr eu gwaith oherwydd anghydfod ynglŷn â'r arferion gweithio, a

pheidiodd eu cydweithwyr â gweithio er mwyn dangos cydymdeimlad â hwy.

FFYNHONNELL 14

Y Teulu Pennant

Daeth Richard Pennant [m.1808], marsiandïwr ac aelod seneddol dros Lerpwl a chanddo fuddiannau yn Jamaica ..., yn berchen ar stadau'r Penrhyn trwy briodas yn 1765. Aeth ati i gloddio'r llechfeini ar ei dir gan greu chwarel y Penrhyn, a gerllaw iddi sefydlwyd tref Bethesda. ... buddsoddodd mewn mentrau megis ffyrdd a harbwr ym Mhorth Penrhyn (Llandygái) i allforio'r llechi, ac erbyn dechrau'r 1790au cyflogai 400 o ddynion. Datblygodd chwarel y Penrhyn i fod yn gynhyrchle llechi pwysicaf y byd. Etifeddwyd stadau'r Penrhyn gan gefnder ... a fu'n gyfrifol am godi Castell Penrhyn ... Yn 1886 [etifeddwyd stad y Penrhyn] ... gan George Sholto Douglas-Pennant (1836-1907), gŵr y bu ganddo ran mewn sawl streic a chload allan chwerw yn hanes chwarelwyr Bethesda.

O Gwyddoniadur Cymru yr Academi Gymreig (2008)

Gorchmynnodd Arglwydd Penrhyn fod y chwarel yn cael ei chau. Roedd yn benderfynol nad oedd am ildio ei hawl i reoli ei eiddo ym mha ffordd bynnag y dymunai. Aeth 2,800 o chwarelwyr ar streic. Parhaodd y streic am dair blynedd i rai ohonynt. Ni ddychwelodd 1,000 ohonynt i'r diwydiant llechi fyth eto.

Erbyn mis Mawrth 1901, roedd rhai o'r streicwyr mor anobeithiol nes iddynt symud i dde Cymru i chwilio am waith. Cynhaliwyd cyfarfod mawr ym Methesda ym mis Ebrill. Roedd pethau mor wael yno fel y rhoddwyd yr enw 'Desolate Bethesda' ar y lle. Cafodd Arglwydd Penrhyn ei feio am ddioddefaint y chwarelwyr a'u teuluoedd.

Fodd bynnag, er bod Arglwydd Penrhyn mor eithriadol o gefnog, ni allai gadw ei chwarel ar gau am byth, ac ym mis Mai 1901 gwnaeth gynlluniau i'w hailagor. Ar 11 Mehefin, dychwelodd 400 o chwarelwyr i'w gwaith gydag addewid o godiad o 5% yn eu cyflogau. Cawsant eu gwarchod gan yr heddlu, ac fe'u hystyrid yn 'fradychwyr', 'blaclegs' a 'bradwyr' gan y chwarelwyr a oedd yn dal i fod ar streic. Wrth adael y chwarel ar ddiwedd y diwrnod cyntaf hwnnw yn ôl, derbyniodd y torrwyr streic sofren aur gan Arglwydd Penrhyn. Dyma'r enwog 'Bunt y Gynffon', a gafodd ei beirniadu'n hallt gan y chwarelwyr a oedd yn dal ar streic.

Achosodd y dychwelyd i weithio chwerwder mawr yn yr ardal, ac erbyn diwedd 1901 roedd pobl wedi troi at drais. Cafodd ffenestri tafarndai eu malu, ynghyd â ffenestri cartrefi'r dynion a oedd wedi dychwelyd i'w gwaith.

FFYNHONNELL 15

NID OES

BRADWR

YN Y TY HWN.

Er mwyn eu gwarchod eu hunain, ac i ddangos cefnogaeth i'r streic, gosododd teuluoedd y streicwyr arwyddion yn eu ffenestri: 'Nid oes bradwr yn y tŷ hwn'

Anfonodd Prif Gwnstabl Sir Gaernarfon filwyr i Fethesda i warchod y torrwyr streic ac i geisio cadw trefn. Roedd tensiwn mawr yno, a darllenodd Ustus Heddwch y Ddeddf Terfysg i'r streicwyr. (Deddf Seneddol a basiwyd yn 1715 oedd y Ddeddf Terfysg. Roedd yn caniatáu i awdurdodau lleol ddatgan bod grŵp o 12 neu fwy o bobl wedi ymgynnull yn anghyfreithlon, ac y dylid eu cosbi oni bai eu bod yn gwasgaru o fewn awr i'r Ddeddf gael ei darllen gan yr ynad.) Fodd bynnag, roedd y streicwyr yn parhau'n benderfynol ac yn gwrthod ildio. Roeddent yn derbyn cefnogaeth drwy roddion o arian a gasglwyd gan bobl ledled Prydain, yn arbennig gan aelodau undebau llafur. Aeth tri chôr o Fethesda ar daith drwy'r wlad i gasglu arian. Cafodd yr anghydfod gryn sylw yn y wasg, ac o fewn Cymru'n gyffredinol ystyrid y streic fel mynegiant o frwydr yn erbyn gormes.

Mewn anobaith, gorfodwyd y chwarelwyr i ddychwelyd i'w gwaith ym mis Tachwedd 1903. Roedd yr anghydfod wedi creu ymraniadau dwfn, a fyddai'n para am genedlaethau, rhwng y rhai a arhosodd ar streic a'r rhai a ddychwelodd i'r gwaith. Hwn oedd un o'r anghydfodau diwydiannol hiraf rhwng perchenogion a gweithwyr yn hanes Prydain, a chyfrannodd at ddirywiad y diwydiant llechi yng Ngwynedd, diwydiant a oedd mor bwysig i ogledd-orllewin Cymru. Roedd y gweithlu o tua 19,000 chwarelwr yn 1898 wedi gostwng i lai na 12,000 erbyn 1914.

FFYNHONNELL 16

Roedd yr anghydfod wedi achosi difrod mawr i Fethesda a'r diwydiant llechi yn ei gyfanrwydd. Roedd marchnadoedd allanol wedi cymryd mantais am fod y chwarel wedi bod ar gau am dair blynedd. Dioddefodd pawb. Cafodd yr anghydfod effaith ar gyllid Arglwydd Penrhyn, a bu'n rhaid tynhau'r gwregys. Dirywiodd iechyd Arglwydd Penrhyn ac E. A. Young. Bu farw Arglwydd Penrhyn yn 1907 a Young yn 1910. Wyth mlynedd yn ddiweddarach, cafodd yr Undeb ei dderbyn gan berchenogion y chwareli. Ni fu Bethesda erioed yr un fath eto, a dioddefodd galedi trwy gydol y Rhyfel Mawr a'r Dirwasgiad Mawr.

O wefan Archifdy Gwynedd, Llechwefan

Terfysgoedd Tonypandy, 1910-1911

'Yr Aflonyddwch Mawr' oedd yr enw a roddwyd ar y cyfnod rhwng 1908 ac 1914 gan fod Prydain wedi wynebu sawl gwrthdaro diwydiannol mawr yn y cyfnod hwn.

Roedd Terfysgoedd Tonypandy 1910 yn gyfres o wrthdrawiadau rhwng glowyr a'r heddlu a ddigwyddodd mewn nifer o leoedd yn ac o gwmpas pyllau glo y Cambrian Combine yng nghymoedd y Rhondda. Sefydliadau o gwmnïau mwyngloddio oedd y cyfunedau (*combines*), a gafodd eu ffurfio i reoli prisiau a chyflogau yn ne Cymru. Y gyfuned fwyaf oedd y Cambrian Combine, eiddo D. A. Thomas, Arglwydd Rhondda. Cyflogai 12,000 o ddynion ac roeddent yn cynhyrchu dros hanner y glo a gâi ei gloddio yn y Rhondda.

Ar ddiwedd yr haf yn 1910, roedd cyflogwyr a glowyr Pwll Elái ym Mhen-y-graig, ger Tonypandy, wedi cweryla oherwydd cyflogau. Roedd Pwll Elái yn rhan o'r Cambrian Combine. Cafodd gwythïen newydd o lo ei darganfod yno, ac oherwydd ei bod mor anodd ei chloddio, roedd y glowyr yn mynd i gael tâl o ddau swllt a chwe cheiniog (12½c) y dunnell am echdynnu'r glo. Fodd bynnag, nid oedd y cyflogwyr yn fodlon talu mwy na swllt a naw ceiniog (9c) y dunnell. Ni allai'r ddwy ochr gytuno, felly, ar 1 Medi 1910, diswyddodd y cyflogwyr 80 o ddynion a chau cannoedd o lowyr allan o Bwll Elái. Yna, aeth glowyr eraill a gâi eu cyflogi gan y Cambrian Combine ar streic. Erbyn mis Hydref, roedd 12,000 o lowyr ar streic, ac erbyn mis Tachwedd roedd 30,000 ar streic ledled maes glo de Cymru.

Ymatebodd perchenogion y pyllau glo i'r streic trwy ddod â gweithwyr eraill i weithio yn eu lle. Mewn ymateb i hyn, picedodd y glowyr y safleoedd gwaith mewn ymgais i atal y rhai a alwent yn 'blaclegs' rhag gwneud gwaith y streicwyr. Hefyd, aeth y streicwyr ati i atal swyddogion y pyllau rhag defnyddio'r pympiau a oedd yn cadw'r pyllau rhag llenwi â dŵr.

Pwll Glo Aber, Cwm Ogwr

Ar ddydd Llun 7 Tachwedd 1910, cynhaliwyd cyfarfod protest mawr y tu allan i Bwll Glo Morgannwg yn Llwynypia. Hwn oedd yr unig bwll a oedd wedi aros ar agor, ac ymosodwyd yn arbennig ar y pwerdy, lle roedd y peiriannau a oedd yn rheoli'r pympiau a'r system awyru danddaearol. Yn ystod y terfysgu, roedd glowyr a phlismyn yn ymladd yn erbyn ei gilydd, a chafodd cerrig eu taflu a llawer o bobl eu hanafu.

Roedd Prif Gwnstabl Morgannwg, Capten Lionel Lindsay, wedi'i ddychryn gan y digwyddiadau, a theimlai na fyddai'n gallu atal unrhyw ymosodiadau pellach. Anfonodd delegram at y llywodraeth yn gofyn am gymorth. Trefnodd yr Ysgrifennydd Gwladol dros Ryfel fod milwyr yn cael eu hanfon i dde Cymru. Roedd yn benderfyniad eithriadol i ddefnyddio milwyr yn erbyn sifiliaid ym Mhrydain.

Pan glywodd yr Ysgrifennydd Cartref, Winston Churchill, am y penderfyniad, canslodd y milwyr gan y teimlai y byddai eu defnyddio yn gwaethygu'r sefyllfa yn y Rhondda. O ganlyniad, cafodd y milwyr eu hatal. Cawsant eu cadw wrth gefn ac anfonwyd 70 cwnstabl marchogol a 200 cwnstabl ar droed o'r Heddlu Metropolitan yn eu lle.

Ar ddydd Mawrth 8 Tachwedd, cynhaliwyd cyfarfod mawr i'r glowyr yn y Maes Athletau, Tonypandy. Cafodd neges gan Winston Churchill ei darllen. Dywedai fod yn rhaid i'r terfysgu ddod i ben a bod y milwyr yn cael eu cadw'n ôl am y tro a heddlu'n unig yn cael eu hanfon. Cafodd y neges dderbyniad da, ond yn ddiweddarach y diwrnod hwnnw dechreuodd bechgyn ifanc daflu cerrig at y pwerdy. Rhoddodd y prif gwnstabl orchymyn i'w blismyn marchogol ymosod. Adweithiodd y terfysgwyr yn dreisgar, gan ddefnyddio coesau ceibiau, bwyellgeibiau a barrau haearn. Parhaodd y frwydr am ddwyawr, a bu farw un glöwr, Samuel Rays, o anafiadau i'w ben.

O 8 yh, roedd tref Tonypandy yn nwylo'r streicwyr a chafodd difrod mawr ei wneud. Malwyd ffenestri a chafodd nwyddau eu dwyn o 60 o siopau. Yr unig siop nad ymosodwyd arni oedd siop y fferyllydd Willie Llewellyn, a oedd yn arwr lleol oherwydd iddo chwarae rygbi dros Gymru yn y fuddugoliaeth enwog yn erbyn y Crysau Duon yn 1905; sgoriodd bedwar cais yn erbyn Lloegr yn ei gêm gyntaf dros ei wlad yn 1899 hefyd. Am 10 yh, cyrhaeddodd y grŵp cyntaf o Heddlu Metropolitan. Cafodd y strydoedd eu clirio a gorchmynnwyd y terfysgwyr a oedd ar ôl i fynd adref neu wynebu cael eu harestio.

Yr heddlu yn blocedio stryd yn Nhonypandy

Yn ystod ail ddiwrnod y terfysgu, gorchmynnodd Winston Churchill fod cadlywydd y fyddin yn symud y milwyr i Donypandy 'yn ddi-oed'. Roedd y milwyr ym Mhontypridd y diwrnod canlynol, ddydd Mercher 9 Tachwedd, a chyrhaeddodd milwyr o Swydd Efrog a Swydd Gaerhirfryn ar yr un pryd. Cafodd heddwch ei adfer ond parhaodd y streic am ddeg mis. Bu'n gyfnod o galedi a dioddefaint mawr. Yn y diwedd, gorfodwyd y glowyr i ddychwelyd i'r gwaith ar 1 Medi 1911. Er bod y streic wedi dod i ben heb i'r streicwyr lwyddo yn eu hamcanion, roedd yr anghydfod wedi annog glowyr ledled Prydain i weithredu dros achosion yr oedden nhw'n teimlo'n gryf amdanyn nhw; yn gyntaf am leiafswm cyflog – a llwyddwyd i wneud hyn yn rhannol yn 1912 – ac yna i ymladd am welliannau pellach yn eu hamodau gwaith.

FFYNHONNELL 19

Cafodd [Terfysgoedd Tonypandy] sylw eang yn y wasg, ac y mae bellach wedi magu arwyddocâd chwedlonol yng Nghymru fel mynegiant o ymagweddu milwriaethus newydd yn rhengoedd y gweithwyr diwydiannol ac fel mynegiant hefyd o ymwybyddiaeth gymunedol radical y dosbarth gweithiol ... Bu'r ddrwgdybiaeth o Winston Churchill yn elfen hirhoedlog yn ardaloedd diwydiannol Cymru.

O Gwyddoniadur Cymru yr Academi Gymreig (2008)

Terfysgoedd Llanelli, 1911

Yn ystod haf 1911, cafwyd streic rheilffordd genedlaethol a achosodd anhrefn mewn sawl rhan o Brydain. Defnyddiwyd milwyr i gadw'r trenau'n rhedeg ac i gadw trefn.

FFYNHONNELL 20

Ar ddydd Sadwrn, 19 Awst 1911, digwyddodd cyfres o ddigwyddiadau yn nhref tunplat Llanelli. Roedd cyfoedion a haneswyr yn galw'r rhain yn Derfysgoedd Llanelli.

Yr hanesydd Deian Hopkin mewn erthygl o'r enw 'The Llanelli Riots, 1911' (1982-1983)

Ar 17 Awst, dechreuodd helyntion yn Llanelli pan gafodd trenau eu rhwystro ar un o groesfannau rheilffordd y dref gan weithwyr rheilffordd a oedd ar streic. Anfonwyd milwyr yno i glirio'r lein, a chafwyd trefn unwaith eto. Gwawriodd dydd Sadwrn 19 Awst yn dawel iawn. Cyrhaeddodd ychydig drenau a phasio trwy Lanelli heb unrhyw wrthwynebiad. Am 2 yp, gadawodd y prif gwnstabl yr ardal, yn fodlon fod popeth dan reolaeth. Fodd bynnag, yn fuan wedi iddo adael, dechreuodd grŵp mawr o brotestwyr hel ar groesfan wastad y gwaith copr, i'r gorllewin o reilffordd Llanelli. Bu'n rhaid i drên a oedd newydd adael yr orsaf arafu ar y groesfan. Ymosododd y dyrfa ar y trên a chafodd y gyrrwr ei gam-drin.

Cafodd 80 o filwyr eu gyrru yno ar frys. Enciliodd y dyrfa, a oedd yn tyfu'n gyflym mewn maint, i ben yr arglawdd gerllaw a dechrau taflu llwythi o gerrig at y milwyr. Cafodd un milwr ei daro i'r llawr â charreg. Ar hyn, cafodd biwgl ei chwythu a darllenodd ynad lleol y Ddeddf Terfysg, a oedd yn caniatáu iddo ddefnyddio milwyr. Gorchmynnodd yr uwch-gapten i'w filwyr saethu at y protestwyr. Saethwyd ergyd yr un gan bum milwr. Cafodd dau ddyn yng ngardd Rhif 6 y Stryd Fawr eu saethu'n farw. Roedd un, John John, yn seren boblogaidd y byd pêl-droed lleol; Leonard Worsell, gŵr ifanc o Lundain, oedd y llall.

FFYNHONNELL 21

Milwyr Catrawd Swydd Gaerhirfryn yn gwersylla ger Llanelli yn Awst 1911

O fewn yr awr, lledaenodd y newyddion fod milwyr wedi lladd dau ddyn ifanc a ffrwydrodd y sefyllfa. Daeth tyrfa fawr, ffyrnig ynghyd yng ngorsaf y rheilffordd. Taflwyd cerrig ac arfau eraill at y milwyr, ymosodwyd ar drên nwyddau a oedd newydd gyrraedd, cafodd pwyntiau'r rheilffordd eu difrodi'n ddifrifol, a chafodd citiau a bwydydd y milwyr eu rhwygo ar agor a'u gwasgaru ar hyd y lein. Cafodd coetsis eu hysbeilio a'u malu, ac yna dechreuodd y dyrfa ladrata. Ymosodwyd ar gartref a man busnes ynad lleol.

Tua 10 yh, ceisiodd y milwyr adfer trefn, pan, yn sydyn, bu dau ffrwydrad enfawr. Roedd llosgwr, heb yn wybod iddo, wedi rhoi silindr o ffrwydrynnau ar dân yn un o dryciau'r rheilffordd. Fe'i lladdwyd ef a thri arall gan rym y ffrwydradau, ac aethpwyd ag un ar ddeg arall o'r dyrfa i'r ysbyty gyda llosgiadau ac anafiadau difrifol. Wrth iddi nosi, aeth y terfysgu ar led trwy'r dref a malwyd ffenestri siopau. Roedd mwy o derfysgwyr yno na milwyr a phlismyn, a chafodd difrod sylweddol ei wneud.

Llwyddwyd i adfer trefn o'r diwedd yn Llanelli. Bu nifer o erlyniadau a chafodd cwestiynau eu holi yn y Senedd am y digwyddiadau. Ysgrifennodd Keir Hardie, arweinydd y Blaid Lafur, bamffled yn ymosod ar y defnydd o'r lluoedd arfog mewn gwrthdrawiadau diwydiannol. Fodd bynnag, ychydig iawn o effaith a gafodd Terfysgoedd Llanelli ar ddigwyddiadau ehangach y cyfnod.

Angladd John John a Leonard Worsell, a gafodd eu saethu gan filwyr

TASGAU

1. Disgrifiwch rôl Arglwydd Penrhyn yn anghydfod Chwarel y Penrhyn rhwng 1900 ac 1903.

2. Astudiwch Ffynhonnell 17. Pa argraff gewch chi o gymuned lofaol?

3. Dewiswch UN o'r gwrthdrawiadau diwydiannol uchod. Rhestrwch achosion, digwyddiadau a chanlyniadau'r gwrthdaro hwnnw.

DIRYWIAD DIWYDIANT TRWM CYMRU

Effaith y Rhyfel Byd Cyntaf ar ddiwydiant yng Nghymru

Rhoddodd y Rhyfel Byd Cyntaf hwb mawr i ddiwydiannau trwm Cymru gan fod y wlad yn brysur yn cynhyrchu defnyddiau ar raddfa fawr ar gyfer yr ymdrech ryfel. Roedd angen glo Cymru i bweru llongau'r Llynges Frenhinol. Cafodd dur Cymru ei ddefnyddio i adeiladu'r tanciau cyntaf ac arfau rhyfel eraill. Yn wir, nid oedd hi'n bosibl cynhyrchu digon o lo a dur yng Nghymru ar gyfer galwadau enfawr y rhyfel.

Daeth rhai o weithwyr Cymru, fel y glowyr, i sylweddoli'n fuan pa mor bwysig oedd eu gwaith i ymdrech ryfel Prydain, a dechreuwyd gofyn am gyflogau uwch a gwell amodau gwaith. Nid oedd gan y llywodraeth ddewis ond i drafod telerau, ond methodd y ddwy ochr gytuno. Yn haf 1915, galwodd Ffederasiwn Glowyr De Cymru (y 'Ffed') ar ei aelodau i fynd ar streic. Cafwyd banllef o brotest ledled Prydain yn erbyn glowyr Cymru, ond ymunodd gweithwyr o'r Alban â'r glowyr. Daeth y streic i ben pan aeth David Lloyd George, Gweinidog Arfau'r Llywodraeth Ryddfrydol, i gyfarfod â swyddogion y glowyr yng Nghaerdydd ac ildio i'w gofynion.

Fodd bynnag, parhaodd yr anghydfod rhwng perchenogion y pyllau glo a Ffederasiwn Glowyr De Cymru. Yn 1916, er mwyn sicrhau na fyddai mwy o streiciau yn amharu ar yr ymdrech ryfel, ac na fyddent, yn arbennig, yn peryglu'r cyflenwad glo i'r Llynges Frenhinol, cymerwyd maes glo de Cymru drosodd gan y llywodraeth. Cymerwyd gweddill meysydd glo Prydain drosodd gan y llywodraeth yn 1917. Ar y cyfan, roedd y glowyr yn ffafrio gweithio i'r wladwriaeth yn hytrach nag i berchenogion preifat.

Pan ddaeth y Rhyfel Byd Cyntaf i ben o'r diwedd, taflwyd Prydain i ganol dirwasgiad.

Roedd y rhyfel wedi tlodi llawer o wledydd eraill ac roeddent yn prynu llawer llai o nwyddau o Brydain. Roedd diwydiannau trwm traddodiadol fel glo, haearn a dur yn cynhyrchu gormod ac roedd yn rhaid i gyflogwyr naill ai dorri cyflogau neu waredu gweithwyr. Erbyn diwedd 1920 roedd dadfyddino wedi ychwanegu dros 4 miliwn o ddynion at y rhai oedd eisoes yn chwilio am waith.

Yr hanesydd Roger Turvey yn ysgrifennu yn Cymru a Phrydain 1906-1951 *(1997)*

Roedd gan undebau llafur fel Ffederasiwn Glowyr De Cymru, fel y gwelsom, fwy o rym yn ystod y rhyfel ac roeddent yn amharod i'w golli. Roeddent hefyd yn benderfynol o ymladd am well amodau gwaith a chynnydd mewn cyflogau i'w gweithwyr. Yn ystod 1919 ac 1920, cafwyd bron 2,000 o streiciau. Daeth y glowyr, dynion y rheilffyrdd a gweithwyr cludiant at ei gilydd i gryfhau eu sefyllfa. Yn wyneb y posibilrwydd o streic gyffredinol, ildiodd y llywodraeth i'w gofynion.

Yn 1921, penderfynodd y llywodraeth y dylai'r diwydiant glo fod yn nwylo perchenogion preifat eto, er bod **Comisiwn Brenhinol** wedi argymell y dylai aros yn wladoledig. Ar unwaith, mynnodd y perchenogion glo y dylai'r glowyr dderbyn cyflogau is neu ni fyddent yn cael eu cyflogi. Gwrthododd y glowyr, ac ar 1 Ebrill, cafodd miliwn o lowyr ledled Prydain eu cau allan. Parhaodd y cau allan am dri mis. Daeth y cwbl i ben pan aeth y glowyr yn ôl i'w gwaith dan delerau'r perchenogion.

Roedd diweithdra ym Mhrydain wedi cyrraedd dwy filiwn, a gydol 1922 roedd yn rhaid i'r llywodraeth wneud toriadau enfawr mewn gwariant. Yn ne Cymru yn arbennig, cafodd pyllau glo bach ac aneconomaidd eu cau. Erbyn 1925, roedd cystadleuaeth o dramor, ynghyd â'r defnydd cynyddol o olew a phroblemau daearegol anodd mewn rhannau o faes glo de Cymru, wedi arwain at ostyngiad yn y galw am lo o Gymru. Roedd hyn wedi argyhoeddi'r perchenogion glo bod yn rhaid gostwng cyflogau ar frys. Gofynnodd y perchenogion am doriad yn y cyflogau ac am awr ychwanegol o waith bob dydd. Yn naturiol, roedd y glowyr yn benderfynol o ymladd yn erbyn unrhyw doriadau, a gofynnwyd i **Gyngres yr Undebau Llafur** (TUC – *Trades Union Congress*) eu cefnogi mewn streic petai'r toriadau hynny yn mynd rhagddynt. Ymladdodd A. J. Cook, arweinydd Ffederasiwn Glowyr Prydain Fawr a chyn-löwr yn y Rhondda, yn erbyn y cynigion hyn gyda'r slogan, '*Not an hour on the day. Not a penny off the pay.*'

A. J. Cook, arweinydd tanllyd y glowyr, a anwyd yng Ngwlad yr Haf

Ceisiodd y Prif Weinidog Stanley Baldwin osgoi gwrthdaro trwy sefydlu comisiwn i ymchwilio i broblemau'r diwydiant glo. Cyflwynodd y comisiwn ei adroddiad ym mis Mawrth 1926, gan gynghori'r llywodraeth fod toriad mewn cyflogau a diwrnod gwaith hirach yn angenrheidiol. Methodd undeb y glowyr a'r perchenogion ddod i gytundeb ac, ar 1 Mai 1926, cyhoeddodd y perchenogion fod y pyllau'n cau. Roedd y glowyr wedi'u cau allan unwaith eto.

Streic Gyffredinol 1926

Methodd trafodaethau rhwng Cyngres yr Undebau Llafur a'r llywodraeth, ac ar 3 Mai galwyd am Streic Gyffredinol. Dechreuodd Cyngres yr Undebau Llafur gyhoeddi ei bapur newydd ei hun – *The British Worker* – er mwyn rhoi gwybodaeth gyson i'r streicwyr.

Argraffiad cyntaf y British Worker, *5 Mai 1926*

Er bod y ffynhonnell uchod yn awgrymu bod y Streic Gyffredinol yn cael ei chefnogi'n llwyr, rhoddodd y TUC y gorau iddi ar ôl naw niwrnod, gan ddadlau bod y llywodraeth erbyn hyn am drafod ardrefniant i'r anghydfod. Roedd y glowyr yn ffyrnig gan fod hyn yn ymddangos fel brad iddynt. Gwrthodon nhw ddychwelyd i'r gwaith, gan aros ar streic am saith mis arall hyd ddiwedd 1926, pan gawsant eu gorfodi i ddychwelyd, wedi'u trechu, oherwydd newyn.

Yn ystod y streic hir, cafodd nifer o fentrau eu trefnu gan y cymunedau glofaol ledled Cymru i helpu pobl i ymdopi â dioddefaint y glowyr di-waith a'u teuluoedd. Sefydlwyd canolfannau esgidiau, neu 'ysbytai esgidiau' fel y'u gelwid weithiau, lle câi esgidiau eu trwsio yn rhad ac am ddim. Roedd carnifalau'n cael eu trefnu i godi calonnau pobl ac i gasglu arian i gynorthwyo'r di-waith. Sefydlwyd ceginau cawl mewn neuaddau eglwysi hefyd.

Cynllun trwsio esgidiau cydweithredol yn Ynys-y-bŵl yn ystod streic 1926

Plentyn: Be' ydy blacleg, Dadi?

Tad: Bradwr ydy blacleg, 'machgen i. Rhywun na ŵyr e ddim am anrhydedd na chywilydd.

Plentyn: Oes yna rai yn ein hardal ni, Dadi?

Tad: Na, 'machgen i, dim ond yr orsaf-feistr yn Abersychan a dau glerc yng Ngorsaf Reilffordd Crane Street.

Plentyn: Rwy'n falch nad wyt ti'n blacleg, Dadi.

Ni fyddai'r rhai a oedd yn cydymdeimlo â'r streicwyr yn cael eu trin yn drugarog bob tro. Dedfrydwyd un gwerthwr papurau newydd i fis o lafur caled yn y carchar gan ynadon lleol am roi'r cwestiynau a'r atebion canlynol ar boster yn ffenestr ei siop.

Roedd 1926 yn flwyddyn na fyddai cenhedlaeth gyfan o deuluoedd a oedd yn gweithio, yn ardaloedd diwydiannol Cymru ac mewn mannau eraill, fyth ei hanghofio. Roedd trychineb y Streic Gyffredinol a'r dirywiad yn y diwydiannau glo a dur wedi parlysu economi Cymru. Roedd Cymru eisoes yn dioddef o effeithiau'r dirwasgiad pan waethygodd y sefyllfa yn 1929.

TASGAU

1. Defnyddiwch Ffynhonnell 25 a gwybodaeth o fannau eraill i egluro pam y bu dirwasgiad wedi'r rhyfel.

2. Pam y digwyddodd y Streic Gyffredinol?

3. Defnyddiwch Ffynhonnell 26 i ddangos sut yr oedd pobl yn ymdopi yn ystod y Streic Gyffredinol.

Y Dirwasgiad Mawr a'r effeithiau ar fywydau pobl yn yr 1930au

Yn 1929, o ganlyniad i argyfwng ariannol enfawr yn UDA, a adwaenir fel y Wall Street Crash, dymchwelodd economi'r Unol Daleithiau a chafodd hyn effaith gynyddol ddinistriol ar economïau Prydain a gwledydd eraill yn Ewrop. Dyma gychwyn y Dirwasgiad Mawr.

Erbyn 1932, roedd 37.5% o weithwyr Cymru yn ddi-waith. Yn rhai o drefi diwydiannol de Cymru, roedd diweithdra hyd yn oed yn uwch: yn 1934, roedd 74% o'r gweithlu gwrywaidd ym Mryn-mawr, 73% yn Nowlais a 66% ym Merthyr Tudful yn ddi-waith. Y rhain oedd y dynion di-waith tymor hir, nad oedd ganddynt obaith o ddod o hyd i waith yn lleol.

Roedd y dirywiad ym myd diwydiant wedi cael effaith ar fywoliaeth pobl ledled Cymru. Roedd bron chwarter gwrywod Cymru yn gweithio yn y diwydiant glo. Bu i'r dirywiad yn y diwydiant yn yr 1920au a'r 1930au gael effaith helaeth yng Nghymru. Wedi'u taro'n ddidostur gan gystadleuaeth o'r Almaen ac UDA, bu'n rhaid i'r diwydiannau haearn a dur gau llawer o'u safleoedd. Yng ngogledd Cymru, collodd chwarelwyr eu gwaith wrth i gostau cynhyrchu gynyddu a'r galw am lechi leihau oherwydd bod teils yn cael eu defnyddio i doi. Mewn llawer o ardaloedd lle dirywiodd diwydiant, nid oedd gwaith arall ar gael.

Yr hanesydd Stuart Broomfield yn ysgrifennu yn Wales at War: The Experience of the Second World War in Wales *(2009)*

Fodd bynnag, nid oedd effaith y Dirwasgiad yr un peth ym mhob man. Roedd Sir y Fflint yn gymharol ffyniannus oherwydd y gweithgynhyrchu reion, y gweithfeydd dur a'r diwydiannau adeiladu yn y sir. Gallodd trefi glan môr gogledd Cymru, megis y Rhyl, Prestatyn a Llandudno, ehangu o ganlyniad i dwristiaeth a busnesau bychain. Ni ddioddefodd canolfannau masnachol megis Caerdydd ac Abertawe (nad oeddent yn gwbl ddibynnol ar y diwydiant glo) gymaint â'r cymoedd a'r hen drefi haearn. Llwyddodd diwydiant glo carreg a diwydiant tunplat de-orllewin Cymru i ddianc rhag y gwaethaf yn ystod y Dirwasgiad. Nid oedd bywyd yn yr 1930au yn wael i bawb ac roedd llawer o bobl yn wynebu'r caledi'n ddi-gwyn, fel y mae'r dyfyniadau isod yn ei ddangos.

FFYNHONNELL 28

Byddai'n anghywir awgrymu bod popeth yng nghymoedd glo de Cymru yn ystod y blynyddoedd rhwng y rhyfeloedd yn ddigalon neu'n dorcalonnus. Roedd digon o fywiogrwydd a dewrder o hyd ym mhobl a chymunedau'r maes glo.

Yr hanesydd David Egan yn ysgrifennu yn ei werslyfr Coal Society: A History of the South Wales Mining Valleys 1840-1980 *(1987)*

FFYNHONNELL 29

Doedd pethau ddim yn drist i gyd. Roedden ni'n cael llawer o hwyl. Roedd pawb yn yr un cwch. Roedd rhywun yn chwibanu neu'n canu o hyd. Doedd gennyn ni ddim radio ond roedd yna wastad fywyd. Roedd llawer o bobl y stryd yn mynd ar wyliau, i wersylla neu am y dydd i Ynys y Barri.

O gyfweliad â Mrs Catherine Reason o Gaerdydd (g. 1902), wedi'i ddyfynnu yn y pecyn TGAU, The Experience of Wales in the Depression (1986)

FFYNHONNELL 30

Menywod mewn berets coch ar orymdaith newyn

Cafodd gorymdeithiau newyn eu trefnu i dynnu sylw at helyntion y niferoedd mawr di-waith. Yn 1931, bu gorymdaith newyn o dde Cymru i Fryste. Yn 1934, arweiniwyd gorymdaith newyn o Donypandy i Lundain gan ryw ddwsin o fenywod yn gwisgo berets coch llachar ac yn cario sachau teithio ar eu cefnau. Nid oedd yr orymdaith yn llwyddiannus ar unwaith, ond codwyd calon y gorymdeithwyr di-waith am ychydig a chafodd helyntion y gweithwyr di-waith gyhoeddusrwydd.

TASGAU

1. Gwnewch waith ymchwil i ddarganfod mwy am y Wall Street Crash.
2. Pa rannau o Gymru ddioddefodd fwyaf o effeithiau'r Dirwasgiad Mawr?
3. Pa mor llwyddiannus oedd gorymdaith newyn 1934?

Y Prawf Modd

Roedd cost cefnogi a chynnal y niferoedd mawr o bobl di-waith yn ystod y Dirwasgiad yn parlysu economi Prydain. O ganlyniad, yn 1931, torrwyd budd-daliadau gan y Llywodraeth (Glymblaid) Genedlaethol newydd a chafodd y Prawf Modd atgas ei gyflwyno. Cyn hynny, roedd dyn di-waith wedi gallu hawlio budd-dal, a elwid y dôl, am y chwe mis cyntaf o ddiweithdra. Fodd bynnag, yn 1931 torrwyd 10% oddi ar y dôl a chafodd y Prawf Modd ei roi ar waith. O hyn ymlaen, roedd yn rhaid i ddyn di-waith brofi bod arno angen y dôl.

Roedd hyn yn cael effaith enfawr ar ei wraig a'i deulu gan fod yn rhaid i'w holl incwm ac eiddo personol gael eu hystyried er mwyn cyfrifo swm y budd-dal yr oedd ganddynt hawl iddo. Teimlid nad oedd cyfiawnhad dros ymholi fel hyn i fusnes preifat teulu.

Parhaodd diweithdra i gynyddu, ac felly yn Rhagfyr 1934 cyflwynodd y llywodraeth Ddeddf Yswiriant Diweithdra. O dan y ddeddf hon, sefydlwyd Byrddau Cymorth Diweithdra a oedd yn gyfrifol am reoli'r Prawf Modd o hyn ymlaen. Roedd y Byrddau Cymorth Diweithdra yn sicrhau mai dim ond y rhai a oedd mewn 'angen dybryd' fyddai'n derbyn budd-daliadau, a hynny os oeddent 'wrthi'n chwilio am waith' yn unig.

Roedd yn rhaid i fenywod reoli cyllid y teulu dan yr amgylchiadau anodd hyn. Dim ond y bwydydd rhataf a'r rhai a oedd yn llenwi stumogau yr oeddent yn ei brynu – bara gwyn, tatws, siwgr, menyn a margarin, llaeth tun, jam a the. Roedd menywod yn aml yn mynd heb ddim er mwyn i arian y teulu fynd ymhellach. Bwyd oedd y brif flaenoriaeth, ond roedd yn rhaid i'r fam hefyd ymestyn y gyllideb i ddarparu dillad ac esgidiau i'r teulu. Roedd achosion o deuluoedd yn rhoi babanod i gysgu mewn droriau gan na allai'r teuluoedd a oedd yn dioddef fforddio crud. Câi hen ddillad eu haltro a châi plant eu gwisgo mewn dillad brawd neu chwaer hŷn. Unwaith eto, sefydlwyd canolfannau dosbarthu esgidiau am ddim a cheginau cawl.

FFYNHONNELL 31

Gorymdaith Brotest o Aberdâr i Lundain yn erbyn y Prawf Modd

Roedd y Ddeddf Yswiriant Diweithdra a'r Byrddau Cymorth Diweithdra yn hynod o amhoblogaidd. Roedd y Ddeddf i gael ei gweithredu'n llawn ym mis Chwefror 1935, ond roedd y toriadau arfaethedig yn ormod i'r bobl ddi-waith eu derbyn. Dyma'i diwedd hi; roedd y toriadau mewn budd-daliadau yn mynd un cam yn

rhy bell. Byddent yn distrywio teuluoedd. Arweiniodd hyn at brotestiadau enfawr yn ne Cymru, rhai o'r protestiadau mwyaf a welwyd erioed. Ar ddydd Sul 3 Chwefror, aeth 60,000 o bobl y Rhondda, 50,000 yng Nghwm Cynon ac 20,000 ym Mhontypridd ar orymdaith brotest yn erbyn y toriadau arfaethedig. Cafodd gorymdaith Cwm Cynon sêl bendith y wasg, fel y gwelir yn y ffynhonnell isod.

FFYNHONNELL 32

Er mor llym yw'r chwerwder ledled Cwm Cynon, er mor ffyrnig yw pawb yn erbyn y rheoliadau newydd, roedd i'r orymdaith awyrgylch Cymanfa Ganu neu rali Ysgol Sul. Roedd pobl yn gwenu, yn tynnu coes ac yn chwerthin ar bob llaw. O gofio bod miloedd o'r bobl hyn, yn cynnwys menywod a phlant, wedi cerdded 15 milltir yn y gwynt a'r glaw, mae rhywun yn eu hedmygu am brotest fawr fel hon yn erbyn y Prawf Modd. Rhaid i'r llywodraeth wrando.

Dyfyniad o bapur newydd yr Aberdare Leader, *9 Chwefror 1935*

At ei gilydd, protestiodd 300,000 o bobl yn erbyn y Ddeddf Yswiriant Diweithdra ond nid oedd pob protest mor heddychlon â'r orymdaith o Gwm Cynon.

Ar ddiwedd protest fawr ym Merthyr ar ddydd Llun 4 Chwefror, ymosodwyd ar swyddfeydd y Bwrdd Cymorth Diweithdra. Cafodd gatiau eu malu, ffenestri eu torri, a cheisiwyd llosgi papurau a chofnodion y Bwrdd. Bu i brotest Merthyr danio protestiadau ledled de Cymru. Roedd y brotest yn llwyddiannus: cafodd y llywodraeth fraw a gohiriwyd y toriadau arfaethedig i fudd-daliadau diweithdra.

Yn 1936, aeth y Brenin Edward VIII ar daith o amgylch Cymru i weld â'i lygaid ei hun y caledi a'r tlodi a achoswyd gan y Dirwasgiad Mawr. Cafodd sioc pan welodd y trueni, ac roedd yn ofidus. Dywedwyd iddo ddweud, 'Mae'n rhaid gwneud rhywbeth'. Fodd bynnag, yn fuan ar ôl yr ymweliad, ildiodd Edward VIII yr orsedd. Yn ystod yr argyfwng brenhinol a ddilynodd hyn, anghofiwyd am broblemau'r di-waith yng Nghymru. Roedd yn ymddangos mai protestio oedd yr unig ddewis, a chafwyd gorymdaith newyn arall o dde Cymru i Lundain yn 1936.

Roedd y digwyddiadau ym Merthyr ym mis Chwefror 1935 wedi dangos bod menywod, yn ogystal â dynion, wedi cyrraedd pen eu tennyn. Roedd eu protestiadau wedi arwain at fuddugoliaeth a rhoddodd hyn hyder newydd i'r bobl.

Yr hanesydd Deirdre Beddoe yn ysgrifennu yn ei chyfrol, Out of the Shadows: A History of Women in Twentieth-Century Wales *(2000)*

Sefydlodd y Weinyddiaeth Lafur gynllun i helpu gweithwyr di-waith i symud i ardaloedd mwy llewyrchus yn Lloegr, megis Llundain, Coventry, Slough a Rhydychen. Roedd gwaith mewn peirianneg ysgafn a gweithgynhyrchu ceir yn y llefydd hyn. Dyma'r diwydiannau 'ysgafn' newydd oedd wedi'u creu yn yr 1930au. Roedd cwmni ceir Morris yn Cowley, Rhydychen yn cyflogi llawer o weithwyr a oedd wedi symud o smotiau duon diweithdra Cymru. Gan fod cymaint o bobl wedi symud o Gymru, disgynnodd poblogaeth y Rhondda tua 29,000 (18%) yn yr 1930au, ac roedd tua 26,000 o bobl wedi gadael Merthyr Tudful erbyn diwedd yr 1930au.

Yn 1934, roedd y llywodraeth wedi pasio'r Ddeddf Ardaloedd Arbennig. Roedd hon yn cynnig grantiau i ddiwydianwyr greu gwaith yn yr ardaloedd o ddiweithdra mawr. Ychydig iawn o effaith gafodd y ddeddf ar Gymru tan ddiwedd yr 1930au. Cafodd gwaith dur newydd ei adeiladu yng Nglynebwy a ffordd newydd ei hagor ar hyd Blaenau'r Cymoedd. Erbyn hyn, roedd y gwaethaf o'r Dirwasgiad Mawr wedi mynd heibio ac roedd rhyfel yn dod yn fwyfwy tebygol. Dechreuodd y rhyfel yn Ewrop ar 1 Medi 1939 a daeth Prydain yn rhan ohono ar 3 Medi. Byddai'r gwrthdaro hwn yn datblygu i fod yr Ail Ryfel Byd, a achosodd ddioddefaint a galar mawr; byddai hefyd yn dod â gwaith yn ei sgil.

TASGAU

1. Beth oedd y Prawf Modd?
2. Beth mae Ffynhonnell 32 yn ei ddweud wrthych am agwedd pobl mewn ardal fawr o ddiweithdra?
3. Sut oedd y llywodraeth wedi helpu'r di-waith?

Ymarfer at yr arholiad

Mae'r adran hon yn cynnig arweiniad ar sut i ateb cwestiwn 1(c), 2(c) a 3(c) o Uned 3. Mae'n ymwneud â deall newid/parhad trwy gymharu dwy ffynhonnell a defnyddio'ch gwybodaeth eich hun. Mae'r cwestiwn yn werth 6 marc.

Cwestiwn (c) – deall newid/parhad trwy gymharu dwy ffynhonnell

Edrychwch ar y ddwy ffynhonnell hon am ddiwydiant yng Nghymru yn hanner cyntaf yr ugeinfed ganrif ac atebwch y cwestiwn sy'n dilyn.

FFYNHONNELL A

Pwll glo yng Nghwm Cynon yn ne Cymru pan oedd cynhyrchu glo yn ei anterth

FFYNHONNELL B

Erbyn 1932, roedd 37.5% o weithwyr Cymru yn ddi-waith. Mewn rhai trefi diwydiannol, roedd diweithdra hyd yn oed yn uwch. Yn 1934, roedd 74% o'r gweithlu ym Mryn-mawr, 73% yn Nowlais a 66% ym Merthyr Tudful yn ddi-waith. Dyma'r dynion di-waith tymor hir, nad oedd ganddynt obaith o ddod o hyd i waith yn lleol.

Ffigyrau diweithdra yng Nghymru yn ystod yr 1930au

Defnyddiwch Ffynonellau A a B a'ch gwybodaeth eich hun i egluro pam yr oedd diwydiant yng Nghymru wedi newid yn ystod hanner cyntaf yr ugeinfed ganrif.

[6 marc]

Cyngor ar sut i ateb

Mae'r cwestiwn hwn yn gofyn i chi nodi unrhyw newid ac i ddefnyddio'ch gwybodaeth eich hun i helpu i ddisgrifio ac egluro'r newid hwn, gan roi pob ffynhonnell yn ei chyd-destun. Er mwyn cyflawni hyn, bydd angen i chi wneud y canlynol:

● **Disgrifio** beth sydd ym mhob ffynhonnell, gan wneud defnydd o'r capsiwn sydd wrth ymyl y ffynhonnell;

● **Cyfeirio'n uniongyrchol** at bob ffynhonnell, e.e. *Mae Ffynhonnell A yn dangos … Mae hyn yn cyferbynnu â Ffynhonnell B, sy'n dweud …*;

- Ceisio **croesgyfeirio**, gan nodi beth sydd yr un fath a beth sy'n wahanol ym mhob ffynhonnell;

- Cofio cynnwys **manylion ffeithiol penodol** o'ch gwybodaeth eich hun er mwyn helpu i osod pob ffynhonnell o fewn ei chyd-destun hanesyddol;

- Os byddwch yn defnyddio'ch **gwybodaeth eich hun yn unig**, heb gyfeirio'n benodol at y ffynonellau, ewch chi ddim pellach na hanner marciau;

- Er mwyn cyrraedd y lefel uchaf, bydd angen i chi sicrhau eich bod wedi disgrifio ac egluro'r ddwy ffynhonnell, eich bod wedi **canolbwyntio'n glir ar y mater allweddol o newid**, a'ch bod wedi cefnogi hyn gyda'ch gwybodaeth eich hun am y pwnc.

Ymateb ymgeisydd un

Ar ddechrau'r ugeinfed ganrif, roedd y gwaith o gynhyrchu glo wedi cyrraedd ei uchafbwynt. Y rheswm am hyn oedd bod angen glo ager Cymru ar y Llynges Frenhinol i bweru ei llongau, ac roedd yr angen am arfau yn ystod y Rhyfel Byd Cyntaf wedi parhau'r galw am lo a dur o Gymru. Erbyn yr 1930au, roedd diwydiant trwm Cymru wedi cael ergyd drom gan y Dirwasgiad Mawr, a chollodd llawer o bobl eu gwaith gan fod Cymru'n dibynnu'n drwm ar swyddi yn y diwydiannau glo a dur.

Sylwadau'r arholwr

Ateb disgrifiadol yw hwn, yn seiliedig bron yn gyfan gwbl ar wybodaeth yr ymgeisydd ei hun. Mae'r ffynonellau wedi cael eu defnyddio fel canllaw ac i ddod i gasgliad. Mae'r ymgeisydd wedi crybwyll beth sydd wedi newid ond nid oes yma gyfeiriad penodol at Ffynhonnell A na B. Mae'r marciau a roddir yn cael eu cyfyngu i Lefel 2 a'r ateb yn haeddu 3 marc.

Ymateb ymgeisydd dau

Erbyn yr 1930au, roedd diwydiant yng Nghymru wedi newid yn sylweddol. Mae Ffynhonnell A yn dangos pwll glo yng Nghwm Cynon yn ne Cymru pan oedd cynhyrchu glo yng Nghymru yn ei anterth. Mae'r safle'n fawr ac yn edrych yn gynhyrchiol iawn. Gan fod Cwm Cynon mewn ardal a oedd yn cynhyrchu glo ager, mae'n debygol y byddai'r pwll hwn wedi bod yn cynhyrchu glo ar gyfer pweru llongau ager. Roedd y Llynges Frenhinol yn defnyddio llawer iawn o lo ager Cymru. Parhaodd y cynhyrchu diwydiannol yng Nghymru drwy gydol y Rhyfel Byd Cyntaf, ond dechreuodd ddirywio yn yr 1920au. Cafodd Cymru ei tharo'n galed gan Streic Gyffredinol 1926. Bu'r glowyr ar streic am 8 mis ac nid agorodd rhai pyllau ar ôl y streic. Gwaethygodd pethau pan ddechreuodd y Dirwasgiad Mawr yn 1930. Mae Ffynhonnell B yn cyferbynnu â Ffynhonnell A. Mae'n dangos bod diweithdra mawr – hyd at 74% – mewn trefi fel Bryn-mawr, Dowlais a Merthyr Tudful, lle roedd y diwydiannau glo a dur yn tra-arglwyddiaethu. Mae'r ffynhonnell hon yn dweud mai'r bobl ddi-waith tymor hir oedd y rhain. Nid oedd ganddynt waith am fod diwydiant trwm Cymru wedi dymchwel rhwng 1910 a'r 1930au. Roedd 'Oes Aur' diwydiant trwm Cymru wedi dod i ben.

Mae'r ymgeisydd wedi rhoi ateb strwythuredig, da. Mae yma ymgais glir i egluro a dadansoddi cynnwys y ddwy ffynhonnell, ac mae'r ymgeisydd wedi ehangu ar y pwyntiau trwy gynnwys ei wybodaeth ei hun. Mae yma ymdrech i groesgyfeirio ac mae'r casgliad yn egluro'n fanwl yr hyn sydd wedi newid ac yn nodi rheswm am y newid hwn. Mae'r ateb yn cyd-fynd â gofynion Lefel 3 ac yn haeddu'r marciau llawn (6 marc).

Rhowch gynnig arni

Edrychwch ar y ddwy ffynhonnell hon am brotestio diwydiannol yng Nghymru yn hanner cyntaf yr ugeinfed ganrif ac atebwch y cwestiwn sy'n dilyn.

FFYNHONNELL C

Digwyddodd Terfysgoedd Tonypandy yn 1910. Roedd cyflogwyr a glowyr ym Mhwll Elái wedi cweryla oherwydd cyflogau. Aeth miloedd o lowyr yn ne Cymru ar streic. Pan drefnodd y perchenogion glo fod gweithwyr eraill ('blaclegs') yn gwneud y gwaith, bu'r glowyr a'r heddlu'n ymladd. Roedd y streicwyr wedi ymgasglu yng nghanol Tonypandy a chafodd nwyddau eu dwyn o siopau a ffenestri eu torri.

Disgrifiad o Derfysgoedd Tonypandy yn 1910

FFYNHONNELL Ch

Gorymdaith newyn yng Nghwm Rhondda yn yr 1930au

Defnyddiwch Ffynonellau C ac Ch a'ch gwybodaeth eich hun i egluro pam yr oedd dulliau protest diwydiannol wedi newid yng Nghymru rhwng 1910 a'r 1930au.

[6 marc]

BETH OEDD PRIF NODWEDDION Y PATRWM CYFLOGAETH YNG NGHYMRU YNG NGHANOL A DIWEDD YR UGEINFED GANRIF?

EFFAITH GWLADOLIAD AR GYFLOGAETH

Cafodd y Blaid Lafur fuddugoliaeth ysgubol dros y Blaid Geidwadol yn etholiad cyffredinol 1945. Caniataodd hyn i Lafur gyflwyno polisïau newydd radical, megis gwladoli. Roedd gwladoli yn golygu y byddai'r llywodraeth yn cymryd drosodd y diwydiannau allweddol gan berchenogion preifat.

Roedd y llywodraeth [Lafur newydd yn 1945] eisiau cyflwyno mesurau radicalaidd i sicrhau y byddai diwydiant Prydain yn y dyfodol yn effeithiol a chystadleuol. Credai Attlee [y Prif Weinidog] mai'r unig ffordd i'r llywodraeth gyrraedd y nod oedd drwy wladoli neu gymryd gofal o'r holl ddiwydiannau allweddol ym Mhrydain – glo, nwy, trydan, cludiant, gwasanaeth awyrennau, haearn a dur. Dadleuai fod angen llawer o fuddsoddiad i foderneiddio'r diwydiannau hyn.

Yr hanesydd Roger Turvey yn ysgrifennu yn Cymru a Phrydain 1906-1951 *(1997)*

Sut y cafodd gwladoliad effaith ar ddiwydiannau megis glo, dur a chludiant

Roedd y Blaid Lafur bob amser wedi cefnogi gwladoliad am nifer o resymau. Teimlai:

- ei bod yn anghywir i lond llaw o berchenogion a rhanddeiliaid elwa ar ddiwydiannau allweddol;
- mai prif bwrpas y diwydiannau allweddol oedd i ddarparu gwasanaethau da i bobl yn hytrach na gwneud elw;
- y byddai'r gweithwyr yn ffafrio cael eu cyflogi mewn diwydiannau ym meddiant y wlad gan y byddent yn teimlo eu bod yn gweithio er mwyn y genedl a nhw'u hunain;
- y byddai iawnderau'r gweithwyr yn cael eu gwarchod gan ganllawiau cenedlaethol wedi'u gwarantu gan y llywodraeth.

Roedd y pyllau glo a'r rheilffyrdd yn henffasiwn ac roedd angen llawer o fuddsoddiad os oeddent i'w moderneiddio, felly ychydig iawn oedd yn gwrthwynebu gwladoli'r diwydiannau hyn. Fodd bynnag, roedd dur yn cael ei ystyried yn ddiwydiant cymharol fodern, ac roedd yn ffynnu mewn dwylo preifat. Oherwydd hyn roedd y Blaid Geidwadol yn daer yn erbyn ei wladoli. Er hynny, cafodd dur ei wladoli ac erbyn 1950 roedd y llywodraeth yn rheoli tuag 20% o ddiwydiant Prydain. Roedd y Blaid Lafur wedi gwladoli'r diwydiant glo yn 1946, cludiant yn 1948 a haearn a dur yn 1949, yn ogystal â nifer o ddiwydiannau eraill.

Y diwydiant glo

Mae'r problemau yr oedd y llywodraeth yn eu hwynebu wrth geisio gwladoli nifer o'r diwydiannau pwysig yn cael eu hamlygu yn y broses o wladoli'r diwydiant glo. Ar 12 Gorffennaf 1946, roedd Deddf Gwladoli'r Diwydiant Glo wedi creu'r Bwrdd Glo Cenedlaethol (NCB – *National Coal Board*). Ar 1 Ionawr 1947, roedd y Bwrdd Glo wedi cymryd drosodd mwy na 1,500 o byllau glo, 800 o gwmnïau a gweithlu o dros 700,000. Bu'n rhaid i'r llywodraeth ddigolledu'r cwmnïau ac roedd y broses gyfan yn gymhleth a drud iawn. Bu'n rhaid gwario miliynau o bunnau ar ddigolledu a buddsoddi. Yn rhanbarth de Cymru yn unig, cafodd £32 miliwn ei fuddsoddi mewn pyllau glo rhwng 1948 ac 1952. Roedd aildrefnu'r diwydiant glo yn golygu bod maes glo de Cymru yn ffurfio crynswth Rhanbarth De Gorllewinol y Bwrdd Glo, ac roedd maes glo gogledd Cymru yn cael ei gynnwys yn Rhanbarth Gogledd Gorllewinol y Bwrdd.

FFYNHONNELL 2

Y mesur mwyaf poblogaidd yn sicr o'r holl fesurau gwladoli oedd yr un a oedd yn gysylltiedig â'r pyllau glo. Pan ddaeth y pyllau yn eiddo i'r cyhoedd ar 1 Ionawr 1947, roedd dathlu mawr yng nghymoedd de Cymru. I'r glowyr a'u teuluoedd, roedd gwladoli yn gwireddu breuddwyd hanner can mlynedd.

Yr hanesydd K. O. Morgan yn ysgrifennu yn Rebirth of a Nation: Wales 1880-1980 *(1981)*

FFYNHONNELL 3

Yn y Rhondda, awr cyn toriad gwawr heddiw, aeth gwragedd y glowyr â'u plant i fyny'r ffordd yng ngolau'r sêr i Bwll Glo Penalltau i ddangos rhywbeth iddynt y byddent yn ei gofio weddill eu bywydau. Gwelsant gadwynau o 'bryfed tân', cannoedd o lowyr yn gwisgo helmedau dur a dillad y pwll glo, yn dadau, brodyr, cefndryd, pob un yn cario ei lamp, yn cerdded allan o iard y pwll. Roedd band yn chwarae. Am y tro cyntaf, cafodd baner las y Bwrdd Glo Cenedlaethol ei chodi a chlywyd y floedd, 'Mae menter breifat wedi mynd i'r gwellt.' Roedd y cwm yn atseinio i'r bonllefau.

Detholiad o bapur newydd y Daily Herald, 1 Ionawr 1947; sylwch mor ddiofal oedd y wasg yn Llundain wrth ysgrifennu adroddiadau ar Gymru – roedd Pwll Glo Penalltau yng Nghwm Rhymni, nid yn y Rhondda

Roedd y glowyr yn falch bod eu pyllau bellach yn eiddo i'r cyhoedd. Aeth y dathlu ymlaen am beth amser.

FFYNHONNELL 4

Hysbysiad wrth fynedfa pwll glo, 2 Ionawr 1947: 'Mae'r pwll hwn bellach yn cael ei reoli gan y Bwrdd Glo Cenedlaethol ar ran y bobl'

Cafodd y glowyr gontractau cyflogaeth newydd ac wythnos waith bum niwrnod. Yn yr 1950au, cafodd pyllau eu moderneiddio a'u hailadeiladu. Agorwyd pwll newydd yn Nantgarw ger Caerffili; yn ddiweddarach, cafodd pyllau cyfoes nodedig eu hagor, megis Cynheidre ger Llanelli, a Phwll Aber-nant yng Nghwm Tawe.

Fodd bynnag, roedd y Bwrdd Glo newydd yn ei chael hi'n anodd llwyddo mewn diwydiant a oedd, yn y bôn, yn dirywio. Erbyn canol yr 1950au, roedd absenoliaeth yn y diwydiant glo (17% yng Nghymru, a oedd yn llawer uwch na'r cyfartaledd yn y DU), gwrthdaro oherwydd targedau cynhyrchu, a sôn am gau pyllau, yn llesteirio datblygiad llwyddiannus y diwydiant glo. Roedd cwsmeriaid yn symud at danwyddau eraill, yn arbennig olew, ac, yn yr 1960au, roedd mwy a mwy o byllau glo yn cau.

FFYNHONNELL 5

Pwll glo Naval, Pen-y-graig, yn cael ei ddatgymalu, 1960

Cafodd y diwydiant glo hwb dros dro wrth i brisiau olew godi'n sylweddol yn 1973 ac 1974. Fodd bynnag, yn y tymor hir, roedd y diwydiant yn dirywio'n gyflym. Enillodd Undeb Cenedlaethol y Glowyr (NUM – *National Union of Mineworkers*) yr hyn roedden nhw wedi ei fynnu wedi i streiciau yn 1972 ac 1974 arwain at doriadau yn y cyflenwad trydan ac wythnos waith dri diwrnod i ddiwydiannau. Arweiniodd hyn at wrthdaro pan ddaeth llywodraeth Geidwadol newydd i rym yn 1979, a bu toriadau mawr i'r diwydiant glo yn yr 1980au, nes bron â'i ddifa'n llwyr.

TASGAU

1. Defnyddiwch Ffynhonnell 1 i egluro pam y cafodd gwladoliad ei gyflwyno.
2. Pa mor bwysig oedd gwladoliad i'r glowyr?
3. Eglurwch pam yr oedd y diwydiant glo yn dirywio yn yr 1950au.
4. Beth mae Ffynhonnell 5 yn ei ddweud wrthych am y diwydiant glo yn 1960?

Y diwydiant trafnidiaeth

Bwriadwyd i'r gwladoli ar y diwydiannau trafnidiaeth greu system drafnidiaeth integredig, lle byddai'r holl ddulliau cludo yn gysylltiedig. Dyma nod Deddf Trafnidiaeth 1947. Trwy'r ddeddf hon, cafodd Comisiwn Trafnidiaeth Cenedlaethol ei sefydlu gyda chyfrifoldeb am bum agwedd wahanol ar drafnidiaeth: rheilffyrdd, trafnidiaeth ar y ffyrdd, dociau, dyfrffyrdd mewndirol a thrafnidiaeth Llundain. Y Comisiwn oedd bellach yn gyfrifol am 632,000 o weithwyr.

fod wedi bod yn gymharol hawdd. Roedd nifer y cwmnïau rheilffyrdd wedi gostwng i bedwar erbyn 1945. Y rhain oedd y *Great Western Railway* (GWR), y *London Midland and Scottish* (LMS), y *London and North-East Railway* (LNER) a'r *Southern Railway* (SR).

Cafodd y pedwar cwmni rheilffordd a restrwyd yn Ffynhonnell 6 eu cyfuno yn 1947 â'r *London Transport Board* i ffurfio'r 'Rheilffyrdd Prydeinig'.

FFYNHONNELL 6

TRANSPORT ACT 1947

**GREAT WESTERN RAILWAY COMPANY
LONDON MIDLAND & SCOTTISH RAILWAY COMPANY
LONDON & NORTH EASTERN RAILWAY COMPANY
SOUTHERN RAILWAY COMPANY
LONDON PASSENGER TRANSPORT BOARD**

Notice is hereby given that in pursuance of the above Act the Undertakings of the above named bodies vest in the British Transport Commission on 1st January, 1948, and that on and after the said date all Byelaws, Regulations and Notices published by any of the said bodies and in operation immediately before the said date and all tickets, consignment notes and other documents issued or used on and after the said date and which bear the name of any of the said bodies shall be deemed to be published and issued by and in the name of the Railway Executive or the London Transport Executive (as the case may be) constituted under the said Act.

BY ORDER

31st December, 1947

Poster yn hysbysu teithwyr o'r newidiadau a fyddai'n dod yn sgil Deddf Trafnidiaeth 1947

Roedd y rheilffyrdd wedi cael eu rheoli'n llym yn ystod yr Ail Ryfel Byd, felly dylai gwladoli'r system rheilffyrdd

FFYNHONNELL 7

Logo'r Rheilffyrdd Prydeinig

Roedd locomotifau'r Rheilffyrdd Prydeinig yn falch iawn o arddangos eu logo a'u lifrau newydd. Yn y gorffennol, cwmnïau rheilffyrdd y GWR a'r LMS oedd wedi gwasanaethu Cymru'n bennaf. Byddai cyffro wedi bod yr adeg hon ynglŷn â bod yn rhan o sefydliad cenedlaethol llawer mwy, ac roedd nifer o swyddi'n cael eu creu yn y diwydiant rheilffyrdd hefyd.

Prin fu'r gwrthwynebiad i wladoli'r rheilffyrdd gan eu bod wedi mynd rhwng y cŵn a'r brain. Er bod y Rheilffyrdd Prydeinig wedi etifeddu 20,000 o locomotifau ager yn 1948, roedd rhai o'u cerbydau yn dyddio o oes Victoria. Yn wir, roedd y system rheilffyrdd mewn cyflwr dychrynllyd, heb ddim wedi'i fuddsoddi ynddi.

Gorsaf Reilffordd Abergele a Phensarn yng ngogledd Cymru, 1962

Erbyn i'r llun yn Ffynhonnell 8 gael ei dynnu yn 1962, roedd y Rheilffyrdd Prydeinig yn dioddef o golledion ariannol enfawr. Roedd ehangu trafnidiaeth ar y ffyrdd yn yr 1950au wedi denu teithwyr a nwyddau oddi ar y rheilffyrdd ac felly bu'n rhaid i'r llywodraeth ostwng cost rhedeg y Rheilffyrdd Prydeinig. Penodwyd Dr Richard Beeching yn gadeirydd y cwmni yn 1963 a chyhoeddodd adroddiad o'r enw 'The Reshaping of British Railways'.

Bwriad Adroddiad Beeching oedd moderneiddio rheilffyrdd Prydain a chau rhai llinellau hefyd, yn ogystal â nifer o orsafoedd. Yn wir, cafodd mwy na

6,000 cilometr (25% o'r holl linellau rheilffordd) a 3,000 o orsafoedd (50% o'r holl orsafoedd) eu cau yn y degawd wedi Adroddiad Beeching. Cafodd rheilffyrdd Prydain eu moderneiddio ond mae 'Toriadau Beeching' neu 'Fwyell Beeching' yn dal i fod yn ddadleuol, ac er yr 1990au ailagorwyd rhai o'r rheilffyrdd a'r gorsafoedd a gafodd eu cau.

Erbyn yr 1970au, dim ond 1,381 cilometr o gledrau rheilffordd oedd ar gael yng Nghymru, o'i gymharu â 3,500 cilometr yn 1914. Cafodd y Rheilffyrdd Prydeinig eu preifateiddio eto yn 1994, ac yn dilyn ad-drefniad yn 2004, GWR sydd bellach yn rhedeg gwasanaethau trên Cymru yn y de, Virgin Trains yn y gogledd a Threnau Arriva yng nghymoedd y de a'r rhan fwyaf o ganolbarth a gorllewin Cymru.

Roedd agweddau eraill ar wladoli'r system drafnidiaeth yn cynnwys creu 'Gwasanaethau Ffyrdd Prydain'. Cafodd hwn ei greu er mwyn cymryd drosodd lorïau'r cwmnïau halio nwyddau pellter hir. Sefydlwyd depos ledled Prydain a châi ei ystyried yn wasanaeth cyhoeddus.

Daeth bysiau hefyd i fod yn rhan o rwydwaith y Comisiwn Trafnidiaeth Cenedlaethol. Cyn hynny, roedd ychydig o gwmnïau mawr wedi tra-arglwyddiaethu ar y gwasanaethau bysiau yng Nghymru, gyda dwsinau o gwmnïau llai yn darparu gwasanaethau mwy lleol. Yng ngogledd Cymru, Cwmni Bysiau Crossville ddaeth yn gyfrifol am ddarparu'r mwyafrif o'r gwasanaethau o dan y system wladoledig. Yn y de, roedd Cwmni Trafnidiaeth De Cymru, United Welsh a'r Western Welsh yn darparu gwasanaethau bysiau. Roedd pob un o'r cwmnïau hyn yn falch o arddangos ei lifrai ei hun, gyda'r gyrwyr a'r tocynwyr yn eu gwisgoedd priodol.

Cafwyd newidiadau amrywiol i'r system fysiau yng Nghymru yn y blynyddoedd wedi hynny, nes i ddadreoli (math ar ddadwladoli) yn yr 1980au arwain at ddiwedd tra-arglwyddiaeth y cwmnïau bysiau mawr. Gan fod mwy a mwy o bobl wedi dod yn berchen ar gar ers hynny, mae hyn wedi golygu bod

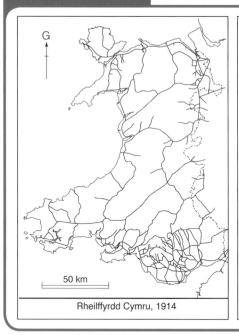

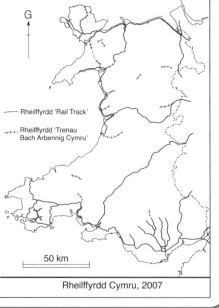

Rheilffyrdd 'Rail Track'

Rheilffyrdd 'Trenau Bach Arbennig Cymru'

Rheilffyrdd Cymru, 1914

Rheilffyrdd Cymru, 2007

Mapiau'n dangos sut y bu i hyd a nifer y rheilffyrdd ym Mhrydain gael eu lleihau rhwng 1914 a 2007

llai a llai o bobl yn defnyddio'r system fysiau. Serch hynny, bu cynnydd yn nifer y bobl sy'n defnyddio'r bws yn y deuddeng mlynedd diwethaf o ganlyniad i bolisi Llywodraeth Cymru o ddarparu tocyn bws am ddim i bobl dros 60 oed a phobl anabl.

TASGAU

1. Disgrifiwch brif nodweddion Deddf Trafnidiaeth 1947.
2. Eglurwch pam nad oedd llawer o wrthwynebiad i wladoli'r rheilffyrdd.
3. Beth mae'r mapiau yn Ffynhonnell 9 yn ei ddangos i chi am y newidiadau i'r system rheilffyrdd yng Nghymru?
4. Beth oedd 'dadreoli'?

Y diwydiant dur

Roedd y diwydiant dur yng Nghymru wedi cael ei daro'n galed gan y Dirwasgiad Mawr. Cafodd Merthyr Tudful ei daro'n ddrwg pan gaewyd Gwaith Dowlais yn 1930. Pan gaewyd Gwaith Brymbo dros dro yn 1931, achosodd hyn ddiweithdra enfawr yn ardal Wrecsam. Er bod gwelliant yn y diwydiant dur yng Nghymru o ganol yr 1930au, roedd gwneuthurwyr dur yn teimlo'n gynyddol bod angen y math o adrefnu a moderneiddio a oedd yn trawsnewid y diwydiant dur yn UDA.

Er mwyn moderneiddio'r diwydiant dur yng Nghymru, cytunoddd y pedwar prif gwmni dur a thunplat yn ne Cymru – Richard, Thomas a Baldwin (RTB), Guest Keen a Baldwin, John Lysaght o Gasnewydd a Chwmni Tunplat Cysylltiedig Llanelli – i gyfuno. O ganlyniad, cafodd Cwmni Dur Cymru ei greu yn 1947 a chrëwyd gwaith dur cwbl fodern ym Mhort Talbot.

Yn erbyn y cefndir hwn, cafodd y Ddeddf Haearn a Dur ei chyflwyno yn y senedd ym mis Hydref 1948, er mwyn gwladoli'r diwydiant dur. Gan fod y gwaith o foderneiddio wedi bod yn digwydd mewn rhannau eraill o Brydain, yn cael ei ariannu gan fuddsoddiad preifat, roedd gwrthwynebiad i wladoli. Y Ddeddf (Gwladoli) Haearn a Dur oedd y ddeddf wladoli fwyaf amhoblogaidd i gael ei phasio gan y llywodraeth Lafur. Roedd Tŷ'r Arglwyddi wedi dal y ddeddf yn ôl am flwyddyn nes, yn y diwedd, i 107 o gwmnïau yn cyflogi 200,000 o weithwyr gael eu trosglwyddo i ddwylo'r cyhoedd yn 1949. Fodd bynnag, byrhoedlog fu hanes y gwladoli: yn 1953, aeth y diwydiant dur yn ôl i ddwylo preifat. Yn ystod y cyfnod hwn mewn dwylo preifat (1949-1953) yr agorodd Gweithfeydd Dur Abbey ym Mhort Talbot, yn 1952.

Hefyd yn ystod y cyfnod hwn, moderneiddiwyd Gwaith Dur Shotton ar Lannau Dyfrdwy yng ngogledd Cymru. Roedd yr un mor enfawr â Gwaith Dur Port Talbot ac, erbyn 1960, roedd yn cyflogi 10,000 o weithwyr.

FFYNHONNELL 10

Gwaith Dur Margam, Port Talbot, 1956

Yn draddodiadol, roedd gweithgynhyrchu tun wedi bod yn digwydd yng ngorllewin Cymru. Yn dilyn y moderneiddio ar Waith Dur Port Talbot, cafodd gwaith tun newydd ei agor yn Nhrostre, Llanelli yn 1953 ac yn Felindre, Abertawe yn 1956. Gweddnewidiwyd gweithgynhyrchu dur a thunplat yng Nghymru o ganlyniad i'r newidiadau hyn. Llwyddodd gweithwyr o'r niferoedd o felinau llaw henffasiwn a gaeodd yn yr 1950au i gael gwaith yn y gweithfeydd enfawr newydd. Erbyn yr 1960au roedd 18,000 o weithwyr ym Mhort Talbot, 2,700 yn Nhrostre a 2,500 yn Felindre.

Yn 1967, cafodd y diwydiant dur ei ailwladoli gan y llywodraeth Lafur wedi iddynt ennill etholiad cyffredinol 1966. Cafodd Gweithfeydd Dur Abbey ym Mhort Talbot eu hamsugno i'r Gorfforaeth Ddur Brydeinig ac roeddent yn cyflogi 21,000 o weithwyr. Serch hynny, cafodd y diwydiant dur ei breifateiddio unwaith eto yn 1988 – un o nifer o ddiwydiannau a gafodd ei ddadwladoli gan lywodraeth Thatcher rhwng 1979 ac 1990.

TASGAU

1. Pam y cafodd Cwmni Dur Cymru ei greu yn 1947?
2. Eglurwch pam yr oedd gwrthwynebiad i wladoli'r diwydiant dur.
3. Pa mor llwyddiannus oedd y diwydiannau dur a thunplat yng Nghymru yn yr 1950au a'r 1960au?

NEWIDIADAU I'R ECONOMI WLEDIG

Effeithiau mecaneiddio a gwell trafnidiaeth ar amaethyddiaeth a melinau

Roedd y Rhyfel Byd Cyntaf wedi bod yn drobwynt yn hanes amaethyddiaeth Cymru. Gwelwyd llewyrch cynyddol wrth i'r galw am laeth, ŷd a da byw gynyddu'n gyflym. Roedd y llywodraeth wedi bod yn awyddus i wella cyflenwadau bwyd, ac felly wedi pasio mesurau megis Deddf Cynhyrchu Ŷd 1917, a oedd yn gwarantu prisiau uchel am geirch a gwenith. Roedd y ddeddf hon hefyd yn rhoi pris gwarantedig i ffermwyr a chyflog gwarantedig i weithwyr fferm. Am y tro cyntaf, golygai hyn fod gweithwyr fferm yn medru mwynhau gwell a thecach safon byw.

Yn ystod yr 1920au, roedd rhai o ffermwyr yr uwchdiroedd wedi mwynhau elw parhaol wrth ffermio defaid, ond roedd prisiau da byw eraill wedi gostwng. Roedd cefnogaeth y llywodraeth wedi dod i ben ac, o ganlyniad, roedd llai o dir âr yn cael ei drin. Mae llawer o dir Cymru wedi bod yn anodd ei drin erioed; roedd llawer o ffermydd ar y pryd yn fach a heb eu **mecaneiddio**. Roedd hyn yn creu problemau i ffermwyr Cymru. Yn yr 1930au, roedd ffermwyr Cymru yn dioddef oherwydd tlodi a phobl yn symud i ffwrdd.

FFYNHONNELL 11

Ymyriad y llywodraeth oedd yr unig beth a wellodd y sefyllfa yn ystod blynyddoedd y Dirwasgiad. Yn 1933, cafodd y Bwrdd Marchnata Llaeth ei sefydlu. Roedd hwn yn sicrhau pris i ffermwyr am eu llaeth o ganlyniad i warant o gymhorthdal gan y llywodraeth. Canlyniad hyn oedd bod nifer y ffermydd godro wedi dyblu i bron 20,000 erbyn 1939.

Yr hanesydd Gareth Elwyn Jones yn ysgrifennu yn Modern Wales: A Concise History *(1984)*

Roedd aneffeithlonrwydd sylweddol mewn rhai rhannau o orllewin Cymru hefyd, er gwaetha'r ffaith bod ffermwyr wedi dod ynghyd i ffurfio cwmnïau cydweithredol amaethyddol. Roedd hyn yn caniatáu iddynt rannu adnoddau i brynu neu werthu nwyddau neu wasanaethau, e.e. i brynu hadau, gwerthu cnydau neu laeth, storio grawn ac ati. Roedd defnydd gwael o gyfleusterau trafnidiaeth wedi arwain y diwydiant amaeth yng nghanolbarth Ceredigion i gynhyrchu menyn a hufen gan na allai fanteisio ar y farchnad fwy proffidiol ar gyfer llaeth ffres. Roedd angen cludiant cyflym a dibynadwy ar y diwydiant llaeth ffres. Roedd y cwmnïau cydweithredol amaethyddol yn dymuno annog y farchnad mewn llaeth ffres, ond ychydig iawn o ffermwyr canolbarth Ceredigion oedd yn gallu fforddio peiriannau godro, ac yn yr 1920au, dim ond 15% o ffermydd y rhanbarth oedd â thrydan.

Gyda sefydlu'r Bwrdd Marchnata Llaeth yn 1933, aethpwyd ati i gasglu, dosbarthu a marchnata llaeth mewn ffordd fwy trefnus ac ar raddfa fwy. Gwelwyd gwelliannau eraill yn y cludo pan adeiladwyd ffatri fodern, wedi'i chysylltu â'r rheilffordd, ym Mhontllanio yng nghanol Ceredigion wledig yn 1937.

FFYNHONNELL 12

Gorsaf Reilffordd Pontllanio, gyda'r ffatri laeth y tu ôl iddi

Roedd lorïau'r Bwrdd Marchnata Llaeth yn casglu'r llaeth mewn caniau ar ochr y ffordd ac yn eu cludo i'r ffatri laeth ym Mhontllanio. Roedd y ffatri'n gallu delio gyda'r llaeth hylif, gwahanu'r llaeth, a gwneud menyn a llaeth powdr. Câi'r cynnyrch wedyn ei gludo ar y rheilffyrdd i'r marchnadoedd. Roedd y ffatri'n cyflogi 120 o weithwyr mewn ardal anghysbell lle roedd cyfleoedd gwaith yn brin, a pharhaodd i gynhyrchu nes caeodd y ffatri a'r rheilffordd yn 1970.

Mae'r un enghraifft hon yn adlewyrchu sut yr oedd cefnogaeth y llywodraeth a defnydd o'r rheilffyrdd wedi cyfuno i greu gwaith mewn ardal bellennig o Gymru mewn cyfnod a welodd broblemau economaidd mawr.

Arweiniodd dechrau'r rhyfel yn 1939, fel gyda Rhyfel Byd Cyntaf 1914-1918, at fwy o lewyrch i ffermwyr Cymru wrth i'r galw am fwyd cartref gynyddu. Dyblodd incwm ffermwyr yn ystod y rhyfel a dyblodd swm y tir a gâi ei aredig hefyd. Yn 1944, roedd swm y tir o dan yr aradr yng Nghymru yn fwy nag erioed o'r blaen. Creodd y cynnydd cyflym hwn yn nifer yr erwau o dir âr alw am beiriannau. Roedd llai na 2,000 o dractorau ar ffermydd Cymru yn 1938, ond erbyn 1946 roedd y nifer wedi codi i fwy na 13,000. Roedd yr Ail Ryfel Byd wedi hebrwng 'oes y ffermio mecanaidd' ac yn y cyfnod wedi'r rhyfel, roedd cynnydd yn y galw am beiriannau fferm.

FFYNHONNELL 13

Byrnwr gwair cynnar wedi'i gynhyrchu gan Jones Balers Cyf o'r Wyddgrug yng ngogledd Cymru

Yn wahanol i bob rhyfel cyn hynny, ni chafwyd dirwasgiad mewn amaethyddiaeth wedi i'r Ail Ryfel Byd ddod i ben. Y rheswm am hyn yn rhannol oedd bod angen am fwyd yn dal i fod oherwydd prinder, ond roedd Deddf Amaeth 1947, a oedd yn gwarantu marchnad a phrisiau sefydlog, hefyd wedi cadw dirwasgiad o'r trothwy. Roedd y ddeddf hon hefyd yn gychwyn ar y system o grantiau a chymorthdaliadau a fu'n gymorth enfawr i ffermwyr Cymru.

Cafwyd newidiadau mawr ym myd amaeth o ddiwedd yr 1940au ymlaen. Roedd y cynnydd yn incwm ffermwyr, yn rhannol o ganlyniad i gefnogaeth gan y llywodraeth, yn caniatáu i ffermwyr brynu peiriannau modern. Daeth pob ffermwr i fod yn berchen ar dractor, yn ogystal â pheiriannau eraill. Newidiodd dulliau ffermio yn sylweddol. Fodd bynnag, roedd mecaneiddio wedi achosi gostyngiad yn nifer y llafurwyr yr oedd eu hangen. Gyda'r peiriannau arbed llafur hyn, roedd ffermwyr yn gallu gweithio ardaloedd ehangach o dir ar eu pennau eu hunain. Gwnaed gwell defnydd o'r peiriannau mewn caeau mwy, felly cafodd perthi eu tynnu, gan newid golwg cefn gwlad Cymru yn llwyr.

Hanerodd nifer y ffermydd yng Nghymru rhwng 1951 ac 1991. Erbyn 2001, roedd nifer y rhai a oedd yn gweithio'n llawn amser ar y tir wedi lleihau i 26,000. 12% yn unig o'r rhain oedd yn weithwyr cyflogedig. Roedd 8% o boblogaeth gyflogedig Cymru yn gweithio mewn amaethyddiaeth yn 1951; erbyn 2002, roedd y canran wedi gostwng i 1%. Serch hynny, gwelwyd cynnydd yn nifer y ffermwyr rhan amser, o 12,000 yn 1992 i 22,000 yn 2001. O ganlyniad i fecaneiddiad, roedd y rhan fwyaf o adeiladau fferm traddodiadol bellach yn segur. Mae nifer ers hynny wedi'u haddasu'n lety ymwelwyr, tra bo ffermydd wedi codi seilos uchel ac adeiladau eraill sy'n gwneud iddynt edrych fel ffatrïoedd.

Y diwydiant gwlân

Roedd y diwydiant gwlân wedi hen sefydlu yng Nghymru ers o leiaf yr unfed ganrif ar bymtheg. Mae hinsawdd a thirwedd Cymru yn addas iawn ar gyfer magu defaid, ac felly roedd ffermio defaid wedi dod i dra-arglwyddiaethu ar y diwydiant amaeth mewn sawl rhan o Gymru.

Fel gyda mathau eraill o amaethyddiaeth, bu newid radical a chrebachu yn hanes y diwydiant gwlân yng Nghymru hefyd. Calon y diwydiant ar un adeg oedd ar hyd Dyffryn Hafren – yn Llanidloes, y Drenewydd a'r Trallwng yng nghanolbarth Cymru, ond roedd yr ardal hon yn dirywio ar ddechrau'r ugeinfed ganrif.

Ar yr un pryd, roedd y diwydiant gwlân yn Nyffryn Teifi yng ngorllewin Cymru yn ehangu. Yn ei anterth, roedd gan Gymru 250 o felinau gwlân. Roedd gan Dre-fach Felindre yn unig, yn Nyffryn Teifi, 23 o felinau pan oedd y cynhyrchu ar ei uchaf. Yma câi crysau gwlanen, dillad isaf a blancedi eu cynhyrchu ar gyfer y boblogaeth a oedd yn tyfu ym maes glo de Cymru.

Dechreuodd y diwydiant gwlân yng Nghymru ddirywio ar ddechrau'r ugeinfed ganrif. Gostyngodd nifer y melinau o 250 yn 1926 i 81 yn 1947, ac i 23 yn 1967, fel y gwelir ar y map isod, ac yna i ddim ond hanner dwsin ar ddechrau'r unfed ganrif ar hugain. Erbyn heddiw, dim ond gronyn o'i faint yn ystod blynyddoedd ei lewyrch yw'r diwydiant gwlân, ac mae'r melinau sy'n dal i fodoli yn aml ar lwybrau twristiaeth.

Melin Dre-fach Felindre, cartref Amgueddfa Wlân Cymru

Dyserth
Treffynnon
Trefriw
Betws-y-Coed
Penmachno
Bryncir

Meirion
Dinas Mawddwy

Allwedd
● Melin wlân
● Siop wehyddu

Leri
Talybont

Capel Dewi
Troed-yr-aur
Maes-llyn
Cambrian Dyffryn
Alltcafan
Cambrian
Llanwrtyd
Tregwynt
Derw
Elfed
Llanpumsaint
Bronwydd
Melin Ganol
Solfach
Login
Cwm Llwchwr
Rhydaman
Rhaglan
Penfro

Abaty
Castell-nedd
Pen-y-bont
ar Ogwr
Esgair Moel

Melinau gwlân Cymru yn 1967

Newidiadau mewn ffermio a chymunedau gwledig

Ers yr 1950au, cafodd ffermydd lleiaf Cymru eu cyfuno ag unedau mwy. Fodd bynnag, am wahanol resymau ni ddigwyddodd hyn gymaint yng Nghymru ag yn Lloegr. O ganlyniad, parhaodd ffermydd Cymru i aros yn gymharol fach, ac roedd bron eu hanner yn cael eu gweithio yn rhan amser yn unig. Roedd hyn yn dynodi nad oedd y ffermydd hyn yn gwneud llawer o elw, os o gwbl. Parhaodd y boblogaeth i symud oddi ar y tir, ac effeithiodd y toriadau i'r rheilffyrdd yn dilyn Adroddiad Beeching yn 1963 ar gefn gwlad a'i wneud yn fwy diarffordd.

Achosodd y dirywiad yn nifer y rhai oedd â chyswllt uniongyrchol â ffermio at newid mawr yn natur cymunedau gwledig. Yn draddodiadol, roedd cefn gwlad wedi cynnwys tri grŵp o bobl:
● Y boblogaeth wledig gynradd – y rhai a oedd yn gweithio'r tir;
● Y boblogaeth wledig eilaidd – y rhai a oedd yn darparu gwasanaethau ar gyfer y boblogaeth wledig;
● Y rhai nad oedd ganddynt rôl economaidd uniongyrchol yng nghefn gwlad ond a oedd yn dewis byw yno.

Yn ystod ail hanner yr ugeinfed ganrif, daeth pedwerydd grŵp i'r amlwg – pobl a oedd yn prynu tai haf yng nghefn gwlad Cymru, ond a oedd yn byw yno am gyfnodau byr yn unig. Erbyn yr unfed ganrif ar hugain, y trydydd a'r pedwerydd grŵp oedd y rhai mwyaf.

Er gwaethaf y gostyngiad yn y gweithlu amaethyddol yng Nghymru, mae cynnydd amlwg wedi bod yn y cynnyrch amaethyddol. Rhwng 1950 ac 1980, cynyddodd nifer y defaid yng Nghymru o 3.8 miliwn i 8.2 miliwn. Yn 1950, roedd y Bwrdd Marchnata Llaeth wedi prynu cyfanswm o 820 miliwn litr o laeth gan ei 30,000 o gyflenwyr yng Nghymru; yn 1980, dim ond 8,000 o gyflenwyr oedd ar gael, ond roeddent yn cynhyrchu bron i 1,600 miliwn litr o laeth. Roedd cynnydd tebyg o ran cynhyrchu grawn hefyd.

Mae amaethyddiaeth yng Nghymru ers yr Ail Ryfel Byd wedi bod yn gymharol ffyniannus ond mae wedi cyflogi llai o bobl. Mae diboblogaeth wedi golygu bod gan gefn gwlad Cymru boblogaeth fwy Seisnig wrth i dwristiaid a pherchenogion ail gartrefi symud i mewn. Mae'r mudo mewnol hwn wedi tanseilio cymdeithas amlwg Gymreig.

Yr hanesydd Gareth Elwyn Jones yn ysgrifennu yn Modern Wales: A Concise History *(1984)*

Heddiw, caiff ffermwyr Cymru eu hannog i ffermio'n organig ac i gynhyrchu bwydydd ar gyfer eu hadwerthu, a hynny ar ben eu rolau mwy traddodiadol. Yn ogystal â chynhyrchu bwyd, maen nhw'n cael eu hannog yn gynyddol i geisio gwarchod ac amddiffyn cefn gwlad.

Hefyd, yn fwy na dim, cymhellir ffermwyr Cymru i arallgyfeirio er mwyn cadw'u diwydiant ar fynd. Enghreifftiau o hyn yw'r nifer cynyddol o ffermydd sy'n cynnig Gwely a Brecwast neu fythynnod hunanarlwyol i dwristiaid, a phoblogrwydd marchnadoedd y ffermwyr.

TASGAU

1. Eglurwch pam yr oedd Cymru'n addas iawn ar gyfer y diwydiant gwlân.

2. Beth mae Ffynhonnell 15 yn ei ddangos i chi am y diwydiant gwlân heddiw?

3. Disgrifiwch rai o'r newidiadau sydd wedi digwydd yng nghymunedau gwledig Cymru heddiw.

4. Darllenwch frawddeg gyntaf Ffynhonnell 16. Ydy'r sefyllfa hon wedi parhau ers cyhoeddi'r llyfr yn 1984?

5. Darllenwch yr ail a'r drydedd frawddeg yn Ffynhonnell 16. Ydy'r sefyllfa hon wedi parhau ers cyhoeddi'r llyfr yn 1984?

TWF Y DIWYDIANNAU YSGAFN A MWY O GYFLEOEDD I FENYWOD MEWN GWAITH

Datblygiad stadau diwydiannol

Yn 1934, roedd y Ddeddf Ardaloedd Arbennig yn caniatáu i stadau diwydiannol a masnachol a gâi eu hariannu gan y llywodraeth gael eu hadeiladu mewn ardaloedd a oedd wedi cael eu taro waethaf gan y Dirwasgiad. Rhoddwyd cymorth ariannol i sefydlu busnesau ar y stadau diwydiannol hyn a châi rhenti ffafriol eu cynnig. Sefydlwyd stad ddiwydiannol gyntaf Cymru yn Nhrefforest ger Pontypridd yn 1936 gan Stadau Masnachol Cyfyngedig De Cymru a Sir Fynwy.

FFYNHONNELL 17

Cychwynnodd y ffatri gyntaf weithredu yn Nhrefforest yn 1938. Erbyn diwedd 1939 roedd chwe deg i saith deg o gwmnïau yn cynhyrchu yn Nhrefforest, rhai ohonynt yn cael eu rhedeg gan ffoaduriaid Iddewig a oedd wedi dianc rhag erledigaeth yn yr Almaen. At ei gilydd, roedd 2,500 o weithwyr yn cael eu cyflogi yn Nhrefforest erbyn mis Medi 1939, ac roedd cyfleoedd gwaith newydd yn agor i ddynion a menywod.

Yr hanesydd K. O. Morgan yn ysgrifennu yn Rebirth of a Nation: Wales 1880-1980 *(1981)*

Erbyn 1938, roedd mwy o stadau diwydiannol wedi cael eu creu yng Nghwmbrân, Cyfarthfa, Dowlais a Llantarnam, a hefyd yn y Porth, Treorci ac Ynys-wen yn smotyn du diweithdra'r Rhondda. Yn anffodus, fodd bynnag, roedd swyddi newydd yn araf yn dod i'r ardaloedd hyn.

Yn ystod yr Ail Ryfel Byd, cafodd Stad Ddiwydiannol Trefforest ei thrawsnewid. Cafodd nifer o'r unedau diwydiannol eu cymryd drosodd gan y llywodraeth ar gyfer cynhyrchu at y rhyfel. Cafodd ffatrïoedd eu hehangu ac unedau newydd eu hadeiladu fel bod 11,000 o bobl yn cael eu cyflogi mewn busnesau amrywiol yno erbyn 1947, ffigur a gyrhaeddodd uchafbwynt o 20,000 yn y pen draw.

Roedd Deddf Dosbarthu Diwydiant 1945 yn parhau'r polisi o ddatblygu stadau diwydiannol. Y nod oedd creu gweithgynhyrchu mwy amrywiol ac osgoi gorddibyniaeth ar ddiwydiannau trwm traddodiadol a oedd wedi dioddef cymaint yn ystod y Dirwasgiad Mawr. Cafodd Ffatrïoedd Arfau'r Goron ym Mhen-y-bont ar Ogwr, Hirwaun a Marchwiail (Wrecsam), a oedd wedi bod yn cynhyrchu arfau ar gyfer y rhyfel, eu troi yn stadau diwydiannol.

Roedd Ffatri Arfau'r Goron Marchwiail wedi cael ei chodi yn fuan wedi i'r Ail Ryfel Byd gychwyn yn 1939. Yn ystod y rhyfel, roedd yn cyflogi 13,000 o weithwyr i wneud cordeit, sef elfen ffrwydrol mewn sieliau. Roedd y ffatri wedi'i hymestyn dros ardal eang er mwyn lleihau'r perygl o ddifrod o ymosodiadau o'r awyr, ac mae nifer o'r adeiladau gwreiddiol yn dal mewn bodolaeth. Roedd nifer o fusnesau amrywiol wedi'u lleoli yn rhai o'r adeiladau hyn yn yr 1950au, a daethpwyd i alw'r ardal yn Stad Fasnachol Wrecsam.

Ymhen amser, datganodd Awdurdod Datblygu Cymru yn swyddogol fod yr ardal yn stad ddiwydiannol, a rhoddodd gymorthdaliadau i fusnesau ymsefydlu yno. Erbyn heddiw, mae dros 300 o fusnesau ym Marchwiail, yn cynnwys Kellogg's a JCB, ac mae tua 7,000 o bobl yn cael eu cyflogi yno.

Ffatri Kellogg's ar Stad Ddiwydiannol Marchwiail

Cafodd stadau diwydiannol newydd eu hadeiladu mewn rhannau eraill o Gymru yn fuan wedi i'r rhyfel ddod i ben. Roedd Stad Ddiwydiannol Fforest-fach yn Abertawe yn un enghraifft. Yma, yn 1949, agorwyd ffatri nodedig newydd, Ffatri Deganau Mettoy. Fel rhai o'r unedau ffatri yn Nhrefforest, cafodd y ffatri hon ei chychwyn gan ffoaduriaid Iddewig a oedd wedi dianc o'r Almaen yn 1934.

Ffatri Mettoy ar Stad Ddiwydiannol Fforest-fach

Newidiodd sail weithgynhyrchu Cymru yn y stadau diwydiannol hyn wrth i nwyddau diwydiannol ysgafn o bob math gael eu cynhyrchu. Roedd y ffatrïoedd hyn yn cynhyrchu popeth o finlliw i sipiau, o offer deintyddol i setiau radio. Roedd Stad Ddiwydiannol Hirwaun yn cynhyrchu setiau teledu ac yn cyflogi gweithlu mawr o fenywod.

Cafodd gweithwyr newydd eu denu i rannau gwahanol o Gymru, yn arbennig yr ardaloedd hynny a oedd wedi dioddef yn ddifrifol yn ystod blynyddoedd y Dirwasgiad. Cododd Cwmni Hoover ffatri fawr newydd ym Merthyr Tudful yn 1948, ac am 60 mlynedd bu'n cynhyrchu sugnwyr llwch a pheiriannau golchi. Roedd yn cyflogi bron i 8,000 o bobl, yn cynnwys nifer fawr o fenywod.

Ffatri Hoover ym Merthyr Tudful

Roedd gweithwyr benywaidd yn fedrus ac yn gweithio'n galed, a menywod oedd yn cael eu cyflogi fwyaf mewn rhai diwydiannau ysgafn, megis dillad. Ar ddechrau'r 1960au, menywod oedd 85% o'r gweithlu mewn ffatrïoedd diwydiannol ysgafn. Roedd llawer o'r menywod yn cael eu cyflogi yn syth o'r ysgol a'u hyfforddi wrth eu gwaith. Fodd bynnag, roedd cyflog menywod yn isel, yn aml cyn ised â hanner cyflog y dynion.

Menywod yn gweithio mewn ffatri deganau ym Merthyr Tudful yn 1951

Yn yr 1970au, roedd polisïau'r llywodraeth a chymelliadau ariannol yn parhau i ddod â diwydiannau ysgafn newydd amrywiaethol i Gymru. Yn yr 1970au, perswadiwyd Cwmni Modur Ford i sefydlu gwaith peiriannau ym Mhen-y-bont ar Ogwr a dechreuwyd cynhyrchu yno yn 1980. Mae'n parhau i fod yn llwyddiannus ac yn cyflogi bron i 2,000 o weithwyr, llawer ohonynt yn fenywod yn gweithio ar y llinell gydosod.

Mae cwmnïau Japaneaidd wedi'u hannog i sefydlu busnesau yng Nghymru hefyd, ac mae nifer o'u ffatrïoedd yn cyflogi menywod i gynhyrchu rhannau ar gyfer setiau teledu, ac yn fwy diweddar, y diwydiant cyfrifiadurol. Ar y cyfan, mae nifer y menywod yng ngweithlu Cymru wedi cynyddu'n gyflym ers yr 1970au. Daeth menywod yn rhan o'r gweithlu mewn niferoedd heb eu tebyg o'r blaen ac maent wedi dod yn rhan hanfodol ohono. Fodd bynnag, mae gwaith menywod yn aml yn rhan amser, ac mewn gormod o swyddi, maen nhw'n tueddu i ennill llai na dynion sy'n gwneud yr un gwaith â nhw o hyd.

Mae model cyflogaeth y stad ddiwydiannol bellach wedi dod yn fodel cyffredin ledled Cymru. Sefydlwyd Bwrdd Datblygu Cymru Wledig yn 1977 gyda'r nod o ddatblygu diwydiant ac economi canolbarth Cymru (Powys, Meirionnydd a Cheredigion). Roedd y Bwrdd yn annog busnesau newydd i gychwyn

yng nghanolbarth Cymru trwy ddarparu ffatrïoedd parod, grantiau a rhenti rhad. Roedd mwyafswm ei waith cychwynnol yn canolbwyntio ar ddatblygu'r Drenewydd, tref fwyaf Powys. Yn ddiweddarach, cafodd stadau diwydiannol bach eu sefydlu ledled ardal y Bwrdd, mewn trefi fel Aberhonddu, Llandrindod, Llanidloes a Machynlleth.

Pan sefydlwyd Cynulliad Cenedlaethol Cymru yn 1999, cafodd gwaith Bwrdd Datblygu Cymru Wledig ei ddisodli gan Awdurdod Datblygu Cymru. Roedd yr asiantaeth hon yn parhau i ddenu datblygiad diwydiannol i Gymru mewn ymgais i greu gwaith i ddynion a menywod, nes iddo gael ei ddileu yn 2006. Cafodd ei waith wedyn ei drosglwyddo i Lywodraeth Cynulliad Cymru.

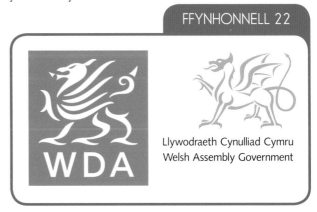

FFYNHONNELL 22

Logo Awdurdod Datblygu Cymru

TASGAU

1. Pa mor bwysig oedd Deddf Ardaloedd Arbennig 1934 i Gymru?
2. Beth oedd prif nodweddion Deddf Dosbarthu Diwydiant 1945?
3. Beth mae Ffynhonnell 20 yn ei ddangos i chi ynglŷn â ffatrïoedd wedi'r rhyfel a grëwyd yng Nghymru?
4. Pa mor llwyddiannus oedd polisïau'r llywodraeth yn yr 1970au a'r 1980au yn creu gwaith yng Nghymru?
5. Disgrifiwch waith Bwrdd Datblygu Cymru Wledig.

Swyddi gwasanaeth

Mae newidiadau yn strwythur diwydiannol Cymru, yn arbennig ers yr 1970au, wedi golygu bod llawer o swyddi i ddynion wedi'u colli yn y diwydiannau trwm a gweithgynhyrchu. Mewn cyferbyniad, bu twf aruthrol yn y sector gwasanaeth – gwestai ac arlwyo, trin gwallt, adwerthu, uwchfarchnadoedd, gwaith swyddfa, bancio a thwristiaeth – sydd wedi bod o fantais yn bennaf i fenywod. Mae twf swyddi rhan amser wedi arwain at fwy o fenywod mewn gwaith hefyd.

Nid oes nwyddau'n cael eu cynhyrchu yn y diwydiant gwasanaeth; yn hytrach, mae'n darparu gwasanaethau ar gyfer busnesau a defnyddwyr. Hwn bellach yw sector mwyaf yr economi yn y byd gorllewinol a'r un sy'n tyfu gyflymaf. Mae menywod wedi elwa'n fawr ar y swyddi hyn o fewn y diwydiant gwasanaeth newydd, swyddi sy'n dibynnu'n helaeth ar sgiliau iaith a chyfathrebu, cydweithredu, trefnu, hyblygrwydd a chymdeithasgarwch.

1. Pa mor llwyddiannus y mae'r sector gwasanaeth wedi bod yng Nghymru?
2. Astudiwch eich ardal leol. Disgrifiwch yn gryno y swyddi sector gwasanaeth sydd ar gael yno.

Ymarfer at yr arholiad

Mae'r adran hon yn darparu canllawiau ar sut i ateb cwestiwn 1(ch), 2(ch) a 3(ch) o Uned 3. Mae'r cwestiwn yn ymwneud â dewis eich gwybodaeth eich hun a dadansoddi cysyniadau allweddol. Mae'r cwestiwn yn werth 8 marc.

Cwestiwn (ch) – dethol gwybodaeth a dadansoddi cysyniadau allweddol

Pa mor bwysig y mae diwydiant ysgafn wedi bod ar gyfer gwaith yng Nghymru ers yr 1950au?

[8 marc]

Cyngor ar sut i ateb

- Mae'r cwestiwn hwn yn gofyn i chi **werthuso pwysigrwydd** pwnc neu fater penodol.
- Mae'n rhaid i chi **ddadansoddi a gwerthuso'r** rhesymau dros y pwysigrwydd hwn.
- Ni fydd atebion disgrifiadol yn rhoi mwy na hanner marciau i chi – **mae'n rhaid i chi ddadansoddi** (archwilio'n fanwl).
- Mae'n rhaid i chi ategu'ch sylwadau gyda **manylion ffeithiol penodol**.
- Cofiwch fod y cwestiwn hwn yn gofyn i chi **roi barn**, sy'n golygu bod angen i chi roi rhesymau penodol dros gredu bod y pwnc neu'r mater yn bwysig.

Ymateb ymgeisydd un

Cafodd y diwydiant ysgafn ei sefydlu gyntaf yng Nghymru ar ddiwedd yr 1930au. Er 1945, roedd ffatrïoedd a oedd wedi bod yn creu arfau ar gyfer y rhyfel bellach yn cael eu trawsnewid yn stadau diwydiannol ysgafn. Roedd llawer o gynhyrchion gwahanol yn cael eu gweithgynhyrchu yno. Roedd nifer o fenywod yn cael eu cyflogi yn y diwydiant ysgafn ar y stadau hyn ac mae'r syniad o stadau diwydiannol ysgafn bellach wedi dod yn ffordd gydnabyddedig o greu ffurf arall ar waith i'r diwydiant trwm.

Sylwadau'r arholwr

Mae'r ymgeisydd yn cydnabod bod y diwydiant ysgafn yn bwysig am ei fod wedi creu gwaith yng Nghymru. Cyfeirir at y ffaith fod menywod yn cael eu cyflogi a bod ffurf arall ar waith i'r diwydiant trwm wedi'i greu. Fodd bynnag, ni cheir enghreifftiau o ddiwydiant ysgafn. Oherwydd diffyg manylion penodol, mae'r ateb yn un Lefel 2 a dyfarnwyd 4 marc iddo.

Cafodd y diwydiant ysgafn ei sefydlu yng Nghymru ar ddiwedd yr 1930au, o ganlyniad i'r Dirwasgiad. Y nod oedd creu gwaith mewn ardaloedd a oedd yn dioddef o ddiweithdra uchel. Cafodd stadau diwydiant ysgafn eu creu, gan gychwyn yn Nhrefforest ger Caerffili. Yn 1945, parhaodd y Ddeddf Dosbarthu Diwydiant â'r polisi o ddatblygu stadau diwydiannol ysgafn. Roedd yn bwysig creu amrywiaeth o weithgynhyrchu yng Nghymru ac osgoi gorddibynnu ar y diwydiannau trwm traddodiadol. Cafodd Ffatrïoedd Arfau'r Goron ym Mhen-y-bont ar Ogwr, Hirwaun a Marchwiail (Wrecsam), a oedd wedi cynhyrchu arfau ar gyfer y rhyfel, eu trawsnewid yn ffatrïoedd diwydiant ysgafn. Cafodd miloedd o bobl eu cyflogi i weithgynhyrchu pob math o gynhyrchion fel minlliw, sipiau, offer deintyddol, setiau radio ac, yn ddiweddarach, setiau teledu.

Cafodd swyddi newydd eu denu i Gymru trwy'r stadau diwydiannol ysgafn hyn. Sefydlodd Hoover ffatri ym Merthyr Tudful yn 1948. Roedd yn cynhyrchu sugnwyr llwch ac oergelloedd. Creodd y ffatri swyddi am 60 mlynedd, hyd nes iddi gau. Roedd ffatrïoedd o'r fath yn bwysig am eu bod yn cyflogi nifer cynyddol o fenywod. Yn yr 1970au, roedd polisïau'r llywodraeth a grantiau deniadol yn parhau i ddenu diwydiant ysgafn newydd amrywiol i Gymru. Yn 1980, sefydlodd Ford ei ffatri peiriannau ceir enfawr ym Mhen-y-bont ar Ogwr. Anogwyd ffatrïoedd Japaneaidd i sefydlu yng Nghymru. Daeth model diwydiant ysgafn y stad ddiwydiannol yn norm cydnabyddedig a chafodd Bwrdd Datblygu Cymru Wledig ei sefydlu yn 1977 i greu swyddi yng nghanolbarth Cymru. Trosglwyddwyd ei waith i Awdurdod Datblygu Cymru yn 1999, gan adlewyrchu pwysigrwydd creu diwydiant ysgafn ledled Cymru.

Sylwadau'r arholwr

Mae hwn yn ateb manwl sydd wedi'i strwythuro'n dda. Mae'r ymgeisydd yn mynd i'r afael â'r prif fater drwyddo draw ac yn darparu nifer o enghreifftiau i ddangos sut y bu'r diwydiant ysgafn yn bwysig yng Nghymru. Mae'r casgliad yn rhoi barn ac yn gwerthuso pwysigrwydd y diwydiant ysgafn ledled Cymru. Mae'r ateb yn cwrdd â gofynion Lefel 3 ac yn haeddu'r marciau llawn (8).

Rhowch gynnig arni

Pa mor bwysig oedd gwladoli ar gyfer y diwydiannau glo a dur?

[8 marc]

SUT MAE ECONOMI CYMRU WEDI LLWYDDO YN OES PREIFATEIDDIO A GLOBALEIDDIO?

DIRYWIAD Y DIWYDIANNAU TRWM ER 1985

Hyd yn oed erbyn diwedd yr 1950au, roedd y galw am lo yn dirywio ac roedd rhaglen o gau'r pyllau wedi cychwyn. Erbyn yr 1970au, nid oedd pyllau glo ar ôl mewn ardaloedd mawr o faes glo de Cymru, yn cynnwys cymoedd Afan and Tawe yn y gorllewin. Roedd y 118 o byllau a'r 87,000 o lowyr yn 1960 wedi gostwng i 51 pwll a 35,000 o lowyr erbyn 1973. Yng ngogledd Cymru, roedd prif bwll glo Llai wedi cau yn 1966 a phwll Gresffordd yn 1972.

Peidiodd y pyllau glo â chau am gyfnod yn yr 1970au yn ystod argyfwng olew, a oedd wedi arwain at gynnydd enfawr ym mhris olew, ond aeth y cau ymlaen unwaith yr aeth yr argyfwng heibio. Aeth y glowyr ar streic yn 1972 ac 1974. Cafodd y glowyr gyflogau uwch o ganlyniad i'r streiciau, a chollodd llywodraeth Geidwadol 1970-1974 ei grym.

Erbyn 1980, dim ond 36 pwll glo oedd ar ôl yn ne Cymru, y mwyafrif yn colli arian. Roedd undeb llafur y glowyr, Undeb Cenedlaethol y Glowyr, yn undeb cryf iawn ar yr adeg hon, ac yn 1984 penderfynodd alw am streic genedlaethol yn erbyn y parhad i gau'r pyllau. Bu'r canlyniadau'n drychinebus.

Streic y glowyr, 1984-1985

FFYNHONNELL 1

Roedd streic y glowyr 1984-1985 yn un o'r anghydfodau diwydiannol mwyaf chwerw a welwyd ym Mhrydain erioed. Gwelwyd caledi a thrais yn ystod blwyddyn y streic wrth i gymunedau glofaol o dde Cymru i'r Alban ymladd i gadw eu pyllau lleol ar agor – sef yr unig ffynhonnell incwm i lawer.

O wefan Archives Hub

Pan ddychwelodd y llywodraeth Geidwadol i rym yn 1979, paratôdd ar gyfer **preifateiddio** y diwydiant glo yn raddol. Cadeirydd y Bwrdd Glo Cenedlaethol ar y pryd oedd Syr Ian MacGregor, a benodwyd gan y Prif

Weinidog Ceidwadol, Margaret Thatcher, ym mis Medi 1983, i dorri 65,000 o swyddi o'r diwydiant glo. Y nod oedd lleihau colledion. Roedd y glowyr bellach yn poeni am eu swyddi, eu teuluoedd a'u cymunedau pe byddai preifateiddio yn cael ei weithredu.

Ar 6 Mawrth 1984, cyhoeddodd y Bwrdd Glo ei fwriad i gynhyrchu 4 miliwn tunnell yn llai o lo ledled Prydain ac i gau 20 pwll aneconomaidd, a fyddai'n golygu colli 20,000 o swyddi. Roedd Pwll Glo Cortonwood yn Swydd Efrog i gau ar unwaith. Roedd hon yn sioc go iawn i'r glowyr gan mai maes glo Swydd Efrog oedd y mwyaf ym Mhrydain.

Ar 12 Mawrth 1984, galwodd Arthur Scargill, Llywydd Undeb Cenedlaethol y Glowyr, am streic genedlaethol yn erbyn cau'r pyllau. Fodd bynnag, roedd y penderfyniad i fynd ar streic yn un technegol anghyfreithlon gan nad oedd pleidlais genedlaethol i fynd ar streic wedi cael ei chynnal i aelodau Undeb y Glowyr. Roedd hwn, felly, yn gychwyn gwael i'r glowyr a byddai'r cyfryngau yn tynnu sylw at hyn drwy gydol yr anghydfod.

Glowyr ar streic oherwydd y bygythiad i gau pyllau

Mae degau o filoedd o lowyr Prydain wedi rhoi'r gorau i weithio, a hynny mewn brwydr yn erbyn colli swyddi, brwydr sy'n debygol o fod yn un hir.

Mae mwy na hanner y 187,000 o lowyr bellach ar streic. Glowyr Swydd Efrog a Chaint oedd y cyntaf i roi'r gorau i weithio y bore 'ma – erbyn heno, roedd cydweithwyr yn yr Alban a de Cymru wedi ymuno â nhw.

... Mae Arthur Scargill, Llywydd Undeb Cenedlaethol y Glowyr, yn galw ar aelodau ledled Prydain i ymuno yn y gweithredu. Mae'n dibynnu ar bicedwyr gwib i gasglu cefnogaeth.

O wefan BBC News

Ar y cychwyn, nid oedd pob un o'r 28 pwll yn ne Cymru yn awyddus i fynd ar streic, ond roedd teyrngarwch i Undeb y Glowyr yn gryf, a chyn bo hir, roedd glowyr de Cymru yn **picedu**'r defnyddwyr glo mawr lleol – y gorsafoedd trydan a'r gweithfeydd dur – yn ogystal â'r pyllau glo. Cafodd '**picedwyr gwib**' o Gymru hefyd eu hanfon i feysydd glo Lloegr. Cawsant eu defnyddio i atal torwyr y streic (neu'r 'bradwyr' fel y'u gelwid yn y cymunedau glofaol) rhag gweithio. Roedd y gwrthdaro rhwng y streicwyr a'r heddlu yn

dreisgar ar brydiau; ym mis Mehefin 1984, ym Mhwll Glo Orgreave yn Swydd Efrog, daeth piced enfawr o 10,000 o streicwyr wyneb yn wyneb â heddlu mewn gwisgoedd terfysg, ceffylau a chŵn. Roedd y digwyddiad yn dreisgar dros ben ac fe gyfeiriwyd ato fel 'Brwydr Orgreave'.

Yn ne Cymru, roedd y glowyr yn picedu Gwaith Dur Port Talbot, lle meddiannodd rhai ohonynt dri chraen 120 troedfedd o uchder. Roeddent hefyd yn picedu'r confois o fwy na chant o lorïau mawr a oedd yn gyrru'n ddyddiol ar hyd yr M4 o'r harbwr dŵr dwfn ym Mhort Talbot i'r gwaith dur yn Llan-wern ger Casnewydd, er mwyn mynd â chyflenwadau o lo a golosg yno.

Glowyr yn picedu y tu allan i Waith Dur Port Talbot, 3 Ebrill 1984

Bu trychinebau yn ystod yr anghydfod hir hwn. Cafodd gyrrwr tacsi, David Wilkie, ei ladd gan floc concrit a ollyngwyd o bont wrth iddo fynd â thorrwr streic i'w waith ym Mhwll Glo Ynysowen ar fore 30 Tachwedd. Disgrifiwyd ei farwolaeth gan un arweinydd eglwysig fel 'diwrnod duaf y streic'.

Yr hyn a wnaeth Ynysowen yn gymaint o fflachbwynt oedd ei leoliad ar riniog hanesyddol Aberfan, lle digwyddodd trychineb 1966. Roedd rhwystrau ffyrdd yr heddlu yn dwysáu'r broblem gan eu bod yn atal glowyr Ynysowen rhag teithio i'w pwll eu hunain i bicedu. Er hynny, nid oedd marwolaeth y gyrrwr tacsi ifanc, ymddangosiad disymwth Margaret Thatcher ar y teledu i gondemnio'r 'llofruddiaeth' ac arestiad dilynol tri glöwr ifanc (gyda dau ohonynt yn sefyll eu prawf am lofruddiaeth yn ddiweddarach) wedi gwneud llawer i wanhau'r streic yn ne Cymru, yn syml am

> fod y digwyddiad mor anghyffredin. Fodd bynnag, llwyddodd i dawelu rhywfaint ar y sefyllfa ar y maes glo.

Yr hanesydd Hywel Francis yn ysgrifennu yn History on our Side: Wales and the 1984-85 Miners' Strike *(2009); daeth Hywel Francis yn AS Llafur yn 2001*

Roedd gan y streicwyr gefnogaeth sylweddol o fewn eu cymunedau lleol, yn arbennig o du'r menywod. Cynhaliwyd Rali Genedlaethol y Menywod am y tro cyntaf ar 12 Mai 1984. Daeth gwragedd a phartneriaid glowyr de Cymru o'r rali yn benderfynol o chwarae eu rhan yn llawn yn y frwydr a oedd yn datblygu.

Grŵp Cefnogi Menywod y Maerdy

Sefydlodd gwragedd a phartneriaid y glowyr ganolfannau bwyd, ac ym mis Mehefin aethant ati i greu Grŵp Cefnogi Menywod De Cymru er mwyn cydlynu eu gweithgareddau a lobïo a phicedu'r Swyddfa Gymreig ynglŷn â budd-daliadau ar gyfer teuluoedd y streicwyr. Parhawyd i godi arian a chasglu bwyd, ac roedd canolfannau dosbarthu bwyd, fel yr un yn y Maerdy yn y Rhondda Fach, yn weithredol iawn.

Er mwyn arbed arian, cafodd Gala'r Glowyr, Eisteddfod y Glowyr a'r Gynhadledd Flynyddol i gyd eu gohirio yn 1984 am y flwyddyn. Yn eu lle, gwnaethpwyd ymdrech arbennig i sicrhau bod plant pob glöwr yn cael gwyliau. Erbyn dechrau mis Awst, roedd plant y streicwyr yn cael eu hanfon ar wyliau i Wlad Belg, Ffrainc, y Swistir ac Iwerddon. Trefnodd Cymdeithas yr Iaith fod 27 o blant yn cael mynd ar daith mewn bws i'r Eisteddfod Genedlaethol. Roedd cefnogaeth ryngwladol i deuluoedd y streicwyr hefyd. Daeth lorïau o'r Almaen, Gwlad Belg a Ffrainc â theganau Nadolig i'r plant, ac aeth rhai o'r plant i Ewrop i dreulio'r Nadolig.

Roedd gwragedd y glowyr yn Sefydliad Glowyr y Maerdy yn paratoi pecynnau bwyd ar gyfer teuluoedd y streicwyr

Fodd bynnag, erbyn mis Tachwedd 1984, roedd y streic wedi dechrau gwanhau. Dim ond dau bwll oedd ar agor yng ngogledd Cymru erbyn hyn, a hynny ym Mersham a'r Parlwr Du. Roeddent yn cyflogi llai na 2,000 o ddynion. Roedd y gefnogaeth i'r streic yng ngogledd Cymru wastad yn amrywio a dymchwelodd dros nos fwy neu lai ym mis Tachwedd. Gydol yr anghydfod arhosodd llawer o lowyr pyllau glo canolbarth Lloegr yn y gwaith.

Cynhaliwyd ralïau yng Nghaerdydd a Wrecsam ar gychwyn y streic, ond ar 13 Tachwedd, cynhaliwyd rali dan do fwyaf y streic yn Lido Afan ym Mhort Talbot. Dangosodd y rali fod yna benderfyniad y byddai'r streic yn parhau. Cefnogwyd hyn gan orymdeithiau trefnedig, fel yr un gan Gyfrinfa Glo Fernhill yn y Rhondda i Lundain ym mis Chwefror 1985.

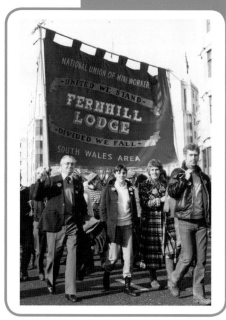

Gorymdaith Cyfrinfa Fernhill i Lundain, Chwefror 1985; dyma eiriad y faner: 'National Union of Mineworkers, South Wales Area, Fernhill Lodge. United we stand – divided we fall'

Fodd bynnag, roedd y streic ledled Prydain yn dechrau gwanhau yn barod erbyn mis Ionawr 1985. Roedd y glowyr yn gorfod wynebu cyni ariannol cynyddol, ac roedd y Bwrdd Glo wedi cynnig cymhellion i'r glowyr ddychwelyd i'r gwaith erbyn y Nadolig. Roedd Undeb y Glowyr wedi methu ennill cefnogaeth undebau llafur diwydiannol allweddol eraill, ac roedd arweiniad cenedlaethol Arthur Scargill yn aml yn cael ei feirniadu, a hynny o fewn Undeb y Glowyr hefyd.

Ar Ddydd Gŵyl Dewi 1985, penderfynodd Cynhadledd Ardal De Cymru, gyda mwyafrif mawr, gyhoeddi galwad genedlaethol i ddychwelyd i'r gwaith heb gytundeb. Roedd y streic wedi cychwyn o dan gyfarwyddyd yr arweinwyr a theimlid bod yn rhaid iddi fynd yn ôl o dan gyfarwyddyd yr arweinwyr, ac nid mewn dull anhrefnus. Ar 3 Mawrth, flwyddyn ers cychwyn y streic, pleidleisiodd y Weithrediaeth Genedlaethol 98-91 o blaid dychweliad trefnus i'r gwaith.

FFYNHONNELL 8

Y STREIC DROSODD. Grŵp cefnogi glowyr o Hampshire oedd y picedwyr ar y gât y bore 'ma, ac roedd menywod yn eu plith. Roedden nhw'n cymeradwyo ac yn canu wrth i'r dynion ddychwelyd i'r gwaith. Gorymdeithiodd y dynion i mewn, mewn trefn, tua 6.25 y.b. Es i i gwrdd â sifft y dydd yn y ffreutur a'u croesawu'n ôl i'r gwaith. Roedd yr hwyl yn ardderchog.

Detholiad o ddyddiadur rheolwr Pwll Glo Aberpergwm yng Nghwm Nedd, 3 Mawrth 1985, o History on our Side: Wales and the 1984-85 Miners' Strike, *Hywel Francis (2009)*

Dychwelodd y glowyr i'w gwaith gan gerdded yn herfeiddiol y tu ôl i fandiau'r pyllau a baneri'r cyfrinfeydd, fel yn y Maerdy yn y Rhondda Fach. Wrth eu hochr cerddai'r menywod a'r plant a oedd wedi rhoi cymaint o gefnogaeth iddynt.

FFYNHONNELL 9

Glowyr yn dychwelyd i weithio ym Mhwll Glo'r Maerdy, pwll glo olaf y Rhondda

Beth oedd streic 1984-1985 y glowyr wedi'i gyflawni?

Roedd gorymdaith glowyr y Maerdy yn ôl i'w gwaith yn nodweddu diwedd cyfnod yng Nghymru. Caeodd pwll y Maerdy yn fuan wedyn, fel bron pob pwll arall a oedd yn weddill yng Nghymru. Roedd streic y glowyr wedi para am flwyddyn ac wedi bod yn un o'r anghydfodau diwydiannol hiraf ac, o bosibl, mwyaf niweidiol a welwyd erioed ym Mhrydain. Erbyn dechrau'r unfed ganrif ar hugain, roedd diflaniad y diwydiant glo, i bob pwrpas, yn golygu nad oedd gan y Bwrdd Glo Cenedlaethol, a fu unwaith mor ddylanwadol yng Nghymru, bellach fawr o arwyddocâd.

Fodd bynnag, honnir bod rhai agweddau cadarnhaol i streic y glowyr. Roedd Cymdeithas yr Iaith, Cyngor Eglwysi Cymru, CND Cymru, Mudiad Rhyddid Merched a grwpiau cydlyniad hoyw a lesbiaidd wedi cefnogi'r streic yng Nghymru. Sylweddolwyd bod y glowyr yn ymladd dros ddyfodol Cymru a'i chymunedau. Nid oedd a wnelo'r streic yng Nghymru â phicedu torfol yn unig. Roedd yn ymwneud â sut y bu i bobl ddechrau rheoli eu bywydau eu hunain. Y pamffledyn mwyaf effeithiol a gynhyrchwyd yn ystod y streic oedd un a ddatganai '*Close a Pit, Kill a Community*'/'Cau Pwll, Lladd Cymuned'. Roedd hyn yn adlewyrchu cynnydd mewn undod o fewn Cymru.

FFYNHONNELL 10

Daethom ar draws rhywbeth arall yn ne Cymru: sef ein bod yn rhan o genedl real sy'n ymestyn i'r gogledd y tu hwnt i'r maes glo, i ganol mynyddoedd Powys, Dyfed a Gwynedd. Am y tro cyntaf ers y chwyldro diwydiannol yng Nghymru, daeth dau hanner y genedl at ei gilydd mewn cydgefnogaeth. Teithiodd picedwyr o'r de i'r gorsafoedd niwclear a phŵer dŵr yn y gogledd. Daeth grwpiau cefnogi o'r gogledd â bwyd, arian a dillad i'r de. Blodeuodd cyfeillgarwch a chynghrair; gwanhaodd yr hen wahaniaethau mewn agwedd ac acen.

Kim Howells, cydlynydd ymgyrchoedd Cymru ar gyfer streic y glowyr, Mawrth 1985, yn cael ei ddyfynnu yn History on our Side: Wales and the 1984-85 Miners' Strike, *Hywel Francis (2009); daeth Kim Howells yn AS Llafur Pontypridd yn 1989*

Ym mis Mehefin 1988, lansiodd y llywodraeth Geidwadol Raglen y Cymoedd (a elwir fel arfer yn Fenter y Cymoedd). Cafodd £500 miliwn o arian cyhoeddus, ynghyd â £1,000 miliwn o arian preifat, ei roi at ei gilydd i ddarparu swyddi newydd a gwell amgylchedd yn ardal cymoedd y de. Roedd angen mawr am hwn gan fod Pwll Glo'r Tŵr yn Hirwaun, y pwll glo dwfn olaf yn ne Cymru, wedi cau yn 1994. Fodd bynnag, ailagorodd y pwll dan berchenogaeth y gweithwyr ym mis Ionawr 1995.

Parhaodd Llywodraeth Cynulliad Cymru i roi pwyslais ar adfywiad economaidd yng nghymunedau'r cymoedd, gan ganolbwyntio i ddechrau ar Raglen Blaenau'r Cymoedd yn 2004, yna'r strategaeth Syniadau Blaengar yn 2006, yn cael ei dilyn wedyn gan Strategaeth Gorllewin Cymru a'r Cymoedd. Mae'r cynnydd canfyddedig mewn undod o fewn Cymru o ganlyniad i streic hir y glowyr, a all fod wedi arwain at agwedd fwy cadarnhaol tuag at ddatganoli yn 1997, wedi golygu bod Cymru bellach yn cymryd mwy o gyfrifoldeb am ei datblygiad ei hun. Mae hyn wedi bod yn ganlyniad cadarnhaol i streic 1984-1985.

TASGAU

1. Defnyddiwch Ffynonellau 1 a 2 i egluro pam yr aeth y glowyr ar streic yn 1984.
2. Pam oedd Ynysowen, y cyfeirir ato yn Ffynhonnell 4, yn fflachbwynt yn streic y glowyr?
3. Disgrifiwch ran menywod yn streic y glowyr.
4. Pa mor llwyddiannus oedd streic y glowyr 1984-85?

CWYMP Y DIWYDIANT GLO A CHOLLI SWYDDI YN Y DIWYDIANNAU DUR, TUNPLAT A GWEITHGYNHYRCHU

Y diwydiant glo

O'r 28 pwll a oedd yn weithredol yng Nghymru cyn streic y glowyr, roedd eu hanner wedi cau erbyn 1987 a chyfanswm y gweithlu wedi disgyn i 10,200. Roedd pwll olaf y Rhondda wedi cau erbyn 1991.

FFYNHONNELL 11

Olion Pwll Glo'r Maerdy yn 1991

Yn 1994, cafodd y diwydiant glo ei breifateiddio i ffurfio Corfforaeth Glo Prydain. Roedd tranc y diwydiant glo yng Nghymru ar y gorwel. Caeodd Pwll Glo'r Tŵr yn Hirwaun, Rhondda Cynon Taf ym mis Ebrill 1994, ond o dan arweiniad ysgrifennydd cangen leol Undeb Cenedlaethol y Glowyr, Tyrone O'Sullivan, aeth y gweithlu ati i ddefnyddio'u taliadau diswyddo i brynu'r pwll a'i redeg eu hunain. Hwn oedd y pwll dwfn olaf yn ne Cymru a bu'n gweithio'n llwyddiannus nes ei gau yn 2008.

FFYNHONNELL 12

Cau Pwll Glo'r Tŵr am y tro olaf yn 2008; mae'r tyrfaoedd yn dechrau ymgasglu, gyda Tyrone O'Sullivan yn y tu blaen

Nid oedd graddfa'r diwydiant glo erioed mor fawr yng ngogledd Cymru ag yr oedd yn y de. Erbyn yr 1970au, roedd cynhyrchu glo yn y gogledd wedi gostwng i 0.5 miliwn tunnell (o uchafbwynt o 3.55 miliwn tunnell yn 1913). Pan gaewyd Pwll Glo Bersham yn 1984, y Parlwr Du oedd yr unig bwll ar ôl yn y gogledd. Yn dilyn preifateiddio yn 1994, cafodd y Parlwr Du ei gau hefyd.

Yn 2004, roedd llai na 400 o lowyr yn gweithio tan ddaear yng Nghymru. Roeddent yn gweithio mewn pyllau bach, preifat. Roedd tua 360 o weithwyr yn cael eu cyflogi i gloddio am lo brig hefyd. Mewn oes o breifateiddio a **globaleiddio**, mae'r diwydiant glo fel prif gyflogwr yng Nghymru fwy neu lai wedi diflannu erbyn hyn. Heddiw, mae'r diwydiant glo wedi dod yn rhan o dreftadaeth ddiwydiannol a diwydiant twristiaeth y wlad, gyda chanolfannau ymwelwyr i'w cael ym Mhwll Mawr, Parc Treftadaeth y Rhondda ac Afan Argoed, i gyd yn ne Cymru.

Y diwydiant dur

Cafodd y diwydiant dur ei wladoli yn 1967 a ffurfiwyd y Gorfforaeth Ddur Brydeinig. Er mwyn goroesi mewn marchnad fyd-eang gynyddol gystadleuol, roedd yn rhaid i'r gorfforaeth gyflwyno gwelliannau technolegol a lleihau ei gweithlu. Cafodd gwelliannau eu gwneud ym Mhort Talbot a Llan-wern yn yr 1980au, gan arwain at gynnydd mewn cynhyrchedd. Fodd bynnag, yr agwedd negyddol i'r cynhyrchedd uwch hwn oedd colli swyddi. Rhwng 1980 ac 1985, diswyddodd y Gorfforaeth Ddur Brydeinig 32,000 o weithwyr yng Nghymru. Yn 1970, roedd bron i 80,000 o weithwyr wedi cael eu cyflogi yn y diwydiant dur yng Nghymru; roedd y rhif hwn wedi gostwng i 22,000 erbyn 1985 ac i 8,000 yn unig erbyn 2004.

Cafodd y Gorfforaeth Ddur Brydeinig ei thrawsnewid a'i hailenwi yn Dur Prydeinig CCC, a gafodd ei breifateiddio yn 1988. Ddeng mlynedd yn ddiweddarach, cafodd ei uno â chwmni Iseldiraidd i ffurfio'r Corus Group, mewn ymgais i gynorthwyo'r diwydiant dur i fod yn fwy cystadleuol yn y farchnad fyd-eang. Cafwyd mwy o doriadau ariannol a lleihad yn y gweithlu yn 2001. Yn 2002 cafodd Gwaith Dur Glynebwy, a oedd yn cyflogi dim ond 450 o weithwyr (o'r mwyafswm o 14,500 yn yr 1960au), ei gau.

Gwaith Dur Glynebwy yn 1969, yn anterth y cynhyrchu

Yng ngogledd Cymru, roedd Gwaith Dur Shotton wedi cau yn 1979, ond roedd ffatri caenu â dur yn parhau yno, yn cyflogi 700 o weithwyr. Yn 2007, prynwyd Corus gan y cwmni Indiaidd, Tata Steel. Mae buddsoddiad enfawr wedi'i wneud mewn ffwrnais chwyth newydd ym Mhort Talbot, sy'n awgrymu bod gwneud dur yn mynd i barhau yno yn y dyfodol, hyd y gellir rhag-weld.

Gweithgynhyrchu tunplat

Yn 1970, roedd Gwaith Tunplat Trostre ger Llanelli yn cyflogi 2,700 o weithwyr. Fodd bynnag, bu dirywiad sylweddol yn y gweithle o ganlyniad i newidiadau mewn technoleg. Yn dilyn cau ffatri Glynebwy yn 2002, Trostre oedd yr unig wneuthurwr tun ym Mhrydain, yn cynhyrchu tua 7,000 tunnell o dunplat y flwyddyn.

Gwaith Tunplat Trostre heddiw

Roedd Gwaith Tunplat Felindre ger Abertawe yn llai ffodus. Er cyflogi 2,500 o weithwyr yn 1970, dirywiodd ei lwyddiant ac fe'i caewyd yn 1989.

Mewn oes o breifateiddio a globaleiddio, mae'r diwydiannau trwm yng Nghymru wedi dirywio er 1985. Mae'r diwydiant glo wedi diflannu fel prif gyflogwr. Mae gwneud dur wedi'i grebachu i Waith Dur Port Talbot yn unig. Mae gweithgynhyrchu tunplat hefyd wedi'i leihau, ond mae ffatri Trostre yn elwa ar y ffaith mai hi yw'r unig wneuthurwr tunplat ym Mhrydain. Gan fod y niferoedd mawr o weithwyr yn y diwydiannau trwm wedi cael eu torri i'r bôn, mae wedi dod yn hanfodol dod o hyd i ffynonellau eraill o waith.

TASGAU

1. Eglurwch pam yr oedd Pwll Glo'r Tŵr yn wahanol i byllau glo eraill wedi 1994.
2. Disgrifiwch beth ddigwyddodd i faes glo gogledd Cymru.
3. Beth mae Ffynhonnell 13 yn ei ddweud wrthych am y diwydiant dur yn 1969?
4. Pa mor bwysig i economi Cymru yw Gwaith Tunplat Trostre?

Diwydiannau eraill

Yng ngogledd-ddwyrain Cymru, mae ffatri Airbus ym Mrychdyn, Sir y Fflint yn llwyddiannus iawn. Adeiladodd y llywodraeth ffatri ym Mrychdyn rhwng 1937 ac 1939 i adeiladu awyrennau bomio Wellington a Lancaster ar gyfer yr Ail Ryfel Byd. Yn union ar ôl y rhyfel, newidiodd Brychdyn ei waith cynhyrchu i dai alwminiwm parod. Yn yr 1950au, dychwelodd y ffatri at y gwaith o gynhyrchu awyrennau ac, yn yr 1960au, daeth yn rhan o British Aerospace.

Prif swyddogaeth ffatri Brychdyn heddiw yw adeiladu adenydd ar gyfer awyrennau Airbus Ewrop. Mae'r ffatri'n cyflogi 5,000 o weithwyr mewn peirianneg a gweithgynhyrchu ac mae'r gweithlu yn un hynod fedrus. Yn dilyn cydosod gofalus gan dechnegwyr ym Mrychdyn, mae'r adenydd Airbus enfawr yn cael eu cludo i Harbwr Mostyn, ac oddi yno ar fferi i dde Ffrainc. Trwy ymaddasu i newid, mae Brychdyn wedi llwyddo i gynnal diwydiant gweithgynhyrchu llwyddiannus.

Yn ne-orllewin Cymru, mae Doc Penfro yn Sir Benfro hefyd wedi dangos bod ymaddasu i newid yn gallu cynnal cyfleoedd gwaith. Crëwyd Doc Penfro yn gynnar yn y bedwaredd ganrif ar bymtheg fel doc llynges. Nid yw'n ardal adeiladu llongau bellach, ond mae'n hytrach yn gweithredu fel gorsaf ar gyfer Irish Ferries, sy'n hwylio ddwywaith y dydd rhwng Doc Penfro a Rosslare yn Iwerddon.

Roedd tref gyfagos Aberdaugleddau yn ganolfan i'r diwydiant pysgota tan yr 1950au. Fodd bynnag, wrth i'r diwydiant ddirywio, ymaddasodd yr ardal i newid yn yr 1960au pan adeiladwyd purfa olew i'r gorllewin o'r dref gan Esso. Erbyn 1973, roedd BP, Texaco, Gulf ac Amoco hefyd wedi adeiladu purfeydd olew o gwmpas Dyfrffordd Aberdaugleddau. Erbyn yr unfed ganrif ar hugain, roedd hyd yn oed y diwydiant olew wedi dirywio yn yr ardal, gyda dim ond un burfa yn parhau i weithredu. Achubwyd swyddi pan adeiladwyd terfynfa nwy naturiol hylifedig (LNG) yno yn 2009. Bellach, mae tancer LNG enfawr o'r Gwlff yn dod i Aberdaugleddau'n rheolaidd i ddadlwytho nwy, sydd wedyn yn cael ei gludo mewn piblinell ar draws Cymru i Loegr.

FFYNHONNELL 15

Tancer LNG 'Tembek' yn cyrraedd Aberdaugleddau

TASGAU

1. Eglurwch pam y mae ffatri Brychdyn wedi bod yn llwyddiannus.
2. Disgrifiwch sut y mae ardal Aberdaugleddau wedi ymaddasu i newid.

TWF TWRISTIAETH

Gyda'i arfordir garw a'i dirweddau bryniog trawiadol, mae Cymru wedi bod yn atynfa i ymwelwyr a thwristiaid ers talwm.

Parciau Cenedlaethol a gweithgareddau awyr agored

Yn 1949, pasiodd y llywodraeth Ddeddf Seneddol i greu nifer o Barciau Cenedlaethol ledled Prydain. Roedd tri o'r rhain yng Nghymru: Eryri, a grëwyd yn 1951; Arfordir Penfro, a grëwyd yn 1952; a Bannau Brycheiniog, a grëwyd yn 1957. Gyda'i gilydd, maent yn gorchuddio 20% o arwynebedd Cymru.

Mae statws Parc Cenedlaethol yn rhoi rhywfaint o amddiffyniad amgylcheddol a chynllunio i rai o dirweddau harddaf Cymru – o fynyddoedd garw Eryri yn y gogledd, i fryniau tonnog Bannau Brycheiniog a chlogwyni trawiadol Sir Benfro yn y gorllewin. Mewn gwirionedd, mae llawer o'r tir o fewn y parciau yn eiddo i berchenogion preifat, ond rhoddwyd mynediad i'r cyhoedd pan basiwyd y Ddeddf Cefn Gwlad a Hawliau Tramwy yn 2000. Erbyn 2006, amcangyfrifwyd bod Parciau Cenedlaethol Cymru yn darparu 12,000 o swyddi ac yn cyfrannu £177 miliwn i economi Cymru bob blwyddyn.

i) Rheilffordd yr Wyddfa

ii) Traeth Marloes ar arfordir Sir Benfro

iii) Pen y Fan ym Mannau Brycheiniog

Lleoliad Parciau Cenedlaethol Cymru a grëwyd yn yr 1950au

Yn ogystal â'r Parciau Cenedlaethol, mae gan Gymru bum ardal ddynodedig o Harddwch Naturiol Eithriadol, sef Penrhyn Gŵyr, Pen Llŷn, Bryniau Clwyd, arfordir Ynys Môn a Dyffryn Gwy. Penrhyn Gŵyr oedd yr ardal gyntaf ym Mhrydain i ennill statws Ardal o Harddwch Naturiol Eithriadol.

Bae'r Tri Chlogwyn, Penrhyn Gŵyr

Mae'r ardaloedd hyn yn parhau i gynnig gwyliau traddodiadol ond maent hefyd yn cynnig gweithgareddau awyr agored, e.e. syrffio barcud, sgio dŵr, tonfyrddio, gyrru cychod pŵer, hwylio, rafftio dŵr gwyn, bordhwylio, caiacio, canŵio, abseilio, dringo creigiau, cerdded ceunentydd, ogofa, cyfeiriannu, pledu paent, tirgertio, ralïo ac arforgampau.

Hyd at ryw dri deg mlynedd yn ôl, byddai bron pob un a fyddai'n mynd ar wyliau yn gwneud hynny unwaith y flwyddyn. Mae pethau'n wahanol iawn erbyn hyn; er bod lleiafswm bach sydd byth yn mynd ar wyliau o hyd, mae mwyfwy o bobl yn mynd ar wyliau ac yn mynd i ffwrdd am benwythnosau sawl gwaith y flwyddyn. Mae hyn yn cynnig digon o gyfleoedd i'r diwydiant twristiaeth yng Nghymru.

FFYNHONNELL 19

i) Arforgampau ar arfordir Sir Benfro

ii) Canolfan Chwaraeon Dŵr Plas Menai ar Gulfor Menai

TASGAU

1. Defnyddiwch y delweddau yn Ffynhonnell 17 i egluro pam y mae twristiaid yn cael eu denu i Gymru.
2. Beth yw Ardal o Harddwch Naturiol Eithriadol?
3. Disgrifiwch ffyrdd y mae gweithgareddau gwyliau yng Nghymru wedi newid yn ystod y blynyddoedd diwethaf.

Cyrchfannau glan môr: gwestai a llety

Yn 2007, roedd y diwydiant twristiaeth wedi cyfrannu dros £3 biliwn i economi Cymru ac wedi darparu gwaith ar gyfer 76,000 o bobl. Mae'r diwydiant wedi parhau i dyfu, ac erbyn hyn twristiaeth yw un o ddiwydiannau mwyaf Cymru.

Cychwynnodd twristiaeth fodern yng Nghymru yn y ddeunawfed ganrif, ac arweiniodd hyn at ymddangosiad cyrchfannau glan môr fel Dinbych-y-pysgod ar gychwyn y bedwaredd ganrif ar bymtheg. Gyda dyfodiad y rheilffyrdd yng nghanol y bedwaredd ganrif ar bymtheg, cafodd cyrchfannau glan môr fel Llandudno ac Aberystwyth eu creu, ynghyd â sbas mewndirol fel Llandrindod a Llanwrtyd.

FFYNHONNELL 20

Un o'r gwestai hynaf yn Ninbych-y-pysgod – yr Imperial – wedi'i adeiladu ym muriau'r hen dref

Daeth y cyrchfannau gwyliau ar arfordir deheuol Cymru – Ynys y Barri, Porthcawl, Aberafan, y Mwmbwls (Abertawe) a Phentywyn – yn fwyfwy poblogaidd wrth i'r rheilffyrdd dyfu a chaniatáu i weithwyr a'u teuluoedd fynd yno ar ymweliadau undydd. Arweiniodd datblygiad diwydiannol maes glo de Cymru, a sefydlu gwyliau blynyddol i weithwyr, at dwf pellach yn y cyrchfannau hyn. Roedd 'Pythefnos y Glowyr' yn wyliau penodedig ym mis Awst pan fyddai miloedd o lowyr a'u teuluoedd yn edrych ymlaen at wyliau glan y môr a lletya fforddiadwy. O ganlyniad i hyn datblygwyd safleoedd carafannau enfawr, fel y rhai yn Kiln Park ger Dinbych-y-Pysgod a Trecco Bay ym Mhorthcawl.

Yng ngogledd Cymru, aeth y teulu Mostyn ati i ddatblygu cyrchfan wyliau ffasiynol yn Llandudno o'r 1850au ymlaen. Gosododd y teulu ganllawiau llym ar gyfer datblygiad pensaernïol y dref. Yn ogystal â'r pier, mae gan Landudno theatrau, gerddi cyhoeddus, maes golff a thramffordd i gopa Penygogarth. Mae yno hefyd amrywiaeth eang o westai.

FFYNHONNELL 21

Y promenâd a'r gwestai crand yn Llandudno

Ymhellach i'r dwyrain ar hyd arfordir gogledd Cymru, datblygodd Prestatyn a'r Rhyl fel cyrchfannau ar gyfer amrywiaeth ehangach o ymwelwyr. Datblygodd Prestatyn fel cyrchfan glan môr o'r 1880au, ac roedd yno wersyll gwyliau pwrpasol yn gynnar iawn. Fodd bynnag, oherwydd newidiadau ym mhatrymau twristiaeth, mae Prestatyn bellach yn lle i ymddeol iddo yn hytrach nag i fynd ar wyliau.

Mae'r Rhyl wedi'i leoli hanner ffordd rhwng Prestatyn a Llandudno. Wedi'i gysylltu i'r rhwydwaith rheilffordd mor gynnar ag 1848, daeth yn gyrchfan gwyliau poblogaidd yn fuan iawn. Erbyn 1894, roedd gan y dref boblogaeth breswyl o 6,500, a oedd yn codi i 50,000 yn ystod tymor yr haf. Yn anterth ei boblogrwydd, roedd y Rhyl yn gyrchfan gwyliau deniadol iawn, gyda phromenâd 3 cilometr o hyd, pier, pyllau nofio,

sinemâu, theatrau a pheiriannau chwarae o bob math. Er gwaethaf codi'r Heulfan ar ddiwedd yr 1970au, mae'r Rhyl hefyd wedi dioddef oherwydd newid yn chwaeth pobl. Cafodd y ffair bleser enwog, Ocean Beach, a sefydlwyd yn 1911, ei chau i lawr yn 2007. Mae nifer o'r lletyau wedi cael eu haddasu yn fflatiau a rhandai, ac mae rhan helaeth o'r promenâd mewn cyflwr gwael erbyn hyn.

FFYNHONNELL 22

i) Castell Harlech, Gwynedd

ii) Plas Erddig, Wrecsam

iii) Abaty Tyndyrn, Gwent

iv) Drenched ym Mharc Thema Oakwood, Sir Benfro

Yn yr 1960au a'r 1970au, bu dyfodiad y 'gwyliau pecyn' fforddiadwy ar awyren i wledydd tramor mwy heulog yn ergyd drom i ddiwydiant twristiaeth Cymru, a chafodd ei orfodi i ailwerthuso'i hun.

Y sefydliad cenedlaethol cyntaf ar gyfer twristiaeth yng Nghymru oedd Bwrdd Twristiaeth a Gwyliau Cymru a grëwyd yn 1948. Yn 1969, newidiodd i fod yn Fwrdd Twristiaeth Cymru. Ei rôl oedd hysbysebu gwyliau yng Nghymru ac annog twristiaid i ymweld. Roedd yn rhaid iddo hefyd wneud yn siŵr fod digon o gyfleusterau ar gyfer ymwelwyr a'u bod wedi gwella. O 1992 ymlaen, caniatawyd i'r Bwrdd Twristiaeth farchnata dramor, ond fe'i beirniadwyd am fod yn araf i ymaddasu i anghenion newidiol twristiaeth yng Nghymru. Fodd bynnag, erbyn dechrau'r unfed ganrif ar hugain, roedd yn llwyddo i hysbysebu gwyliau byr poblogaidd (gwyliau byrrach na phedair noson). Roedd y rhain yn cynnwys gwyliau arbennig ar gyfer pobl â diddordeb mewn gweithgareddau diwylliannol ac awyr agored, yn ogystal â thwristiaeth chwaraeon, e.e. golff, beicio a physgota.

Erbyn 2003, roedd y Bwrdd Twristiaeth yn derbyn grant o £22 miliwn gan Lywodraeth Cynulliad Cymru er mwyn gwneud ei waith. Gellir cymharu hyn â'i incwm o £30,000 pan ddechreuodd yn 1969. Hyd yn oed wedi ystyried y gwahaniaeth yng ngwerthoedd arian yn 1969 a 2003, mae hyn yn adlewyrchu'n glir bwysigrwydd y diwydiant twristiaeth i economi Cymru. Yn 2006, daeth y Bwrdd Twristiaeth yn rhan o Lywodraeth Cynulliad Cymru, gyda theitl newydd, Croeso Cymru.

Yn 2006, roedd 4,800 o westai a lletyau gwely a brecwast yng Nghymru. Roedd y rhan fwyaf o'r rhain yn sefydliadau graddfa fach, yn cynnwys llai na deg ystafell wely, ond roeddent hefyd yn cynnwys gwestai mwy a oedd yn perthyn i gadwyni rhyngwladol, megis Hilton a Marriot. Roedd yna hefyd y cyrchfan golff pum seren a'r cyfadeilad sba yn y Celtic Manor ger Casnewydd, a Gwesty a Sba Dewi Sant, sy'n bum seren, ym Mae Caerdydd.

Yn 1950, dim ond 50 safle a ddiffinid fel 'atyniadau twristaidd' oedd yng Nghymru; erbyn 2006, roedd dros 500 ohonynt. Mae atyniadau traddodiadol yn parhau i fod yn boblogaidd gydag ymwelwyr sydd am brofi diwylliant a threftadaeth y wlad, ac mae'r rhain, ynghyd ag atyniadau mwy modern, wedi creu diwydiant twristiaeth pwysig iawn yng Nghymru sy'n dal i dyfu.

Er 1997, mae argaeledd arian y Loteri Genedlaethol, ynghyd â Chronfa Datblygu Rhanbarthol Ewrop, wedi galluogi i atyniadau ymwelwyr graddfa fawr gael eu datblygu yng Nghymru. Mae'r rhain yn cynnwys Gardd Fotaneg Genedlaethol Cymru, Llwybr Arfordirol y Mileniwm (yn cysylltu Llanelli â Phen-bre), Canolfan y Mileniwm ym Mae Caerdydd, adfer Rheilffordd Eryri yng Ngwynedd a phentref gwyliau'r Garreg Las ger Parc Oakwood yn Sir Benfro.

Mae'r diwydiant twristiaeth yn dod â thua £5 biliwn y flwyddyn i economi Cymru ar hyn o bryd ac mae bellach yn brif gyflogwr yng Nghymru. Er y gall hyn ateb nifer o broblemau economaidd Cymru, honnir bod rhai o'r swyddi a geir o fewn twristiaeth yn aml â thâl gwael ac yn dymhorol.

TASGAU

1. Sut gwnaeth dyfodiad y rheilffyrdd gynorthwyo twristiaeth yng Nghymru?
2. Disgrifiwch y gwahaniaethau rhwng cyrchfannau arfordirol Llandudno a Phrestatyn.
3. Disgrifiwch waith Bwrdd Twristiaeth Cymru.
4. Eglurwch yn gryno bwysigrwydd y diwydiant twristiaeth i Gymru.

TWF YR ECONOMI GWASANAETH

Dinasoedd Cymru fel canolfannau ar gyfer gwasanaethau adwerthu ac ariannol

O ganlyniad i ddirywiad y diwydiannau trwm yng Nghymru yn yr ugeinfed ganrif, bu'n rhaid chwilio am ffynonellau eraill o waith.

Datblygodd Caerdydd fel canolfan ariannol ac adwerthu wrth i ddiwydiannau trwm ddiflannu o'r ardal. Gyda llawer o'i ddociau'n segur, lansiwyd y gwaith o ailddatblygu Bae Caerdydd yn yr 1980au, a chrëwyd gwell delwedd ar gyfer prifddinas Cymru. Roedd gwasanaethau ariannol yn awyddus i sefydlu eu hunain yno. Mae Admiral Insurance yn enghraifft glasurol o sefydliad ariannol a ddewisodd Gaerdydd fel ei bencadlys. Cychwynnodd y cwmni yn 1993 ac mae bellach yn cyflogi mwy na 3,000 o bobl; mae ganddo fwy na miliwn o gwsmeriaid, ac roedd ei drosiant blynyddol yn 2009 yn £1.09 biliwn. Mae Caerdydd hefyd wedi gwneud cynnydd fel canolfan adwerthu. Agorwyd Canolfan Siopa Dewi Sant 2 yn 2009. Mae 88 o siopau ynddi a hi yw'r unfed ganolfan siopa ar ddeg fwyaf yn y DU.

FFYNHONNELL 23

Bae Caerdydd

Mae ail ddinas Cymru, Abertawe, hefyd wedi symud ymlaen o'i chyfnod diwydiannol. Roedd treftadaeth y ddinas fel 'Copperopolis' wedi gadael ardal enfawr o dir yng Nghwm Tawe Isaf yn wenwynig a llygredig. Dyma oedd yr ardal fwyaf o dir diffaith yn Ewrop, a chredid na fyddai'n bosibl ei hailddefnyddio fyth eto. Fodd bynnag, llwyddwyd i glirio ac adennill y tir, a datblygwyd gwasanaethau adwerthu ar y safle er mwyn creu swyddi yn lle'r rhai a gollwyd yn sgil dirywiad y diwydiannau trwm. Mae Canolfan Siopa'r Cwadrant, a ddatblygwyd yn yr 1970au yng nghanol y ddinas, a'r gwaith o ddatblygu Marina Abertawe yn yr Hen Ddoc yn yr 1980au, hefyd wedi rhoi hwb i economi'r ddinas.

FFYNHONNELL 24

Erbyn 1989, roedd economi Abertawe wedi'i ailsiapio. Bellach, roedd llai nag un swydd ym mhob chwech mewn gweithgynhyrchu. Yn llawer mwy pwysig o ran dod ag arian i mewn i'r ddinas erbyn hyn oedd y gwasanaethau modern a oedd yn cwrdd ag anghenion cenedlaethol, gan gynnwys addysg uwch, darpariaeth hamdden a thwristiaeth, a'r DVLA. Roedd Abertawe hefyd yn elwa ar ddarparu gwasanaethau fel ysbyty, siopau a gweinyddiaeth ar lefel sirol i'r ardal oddi amgylch.

Dyfyniad o
Swansea: an Illustrated History (1990)

Bellach, mae Cwm Tawe Isaf yn gartref i Barc Menter Abertawe. O fewn Abertawe, hon yw'r ardal fasnach a siopa fwyaf ar gyrion y dref, gyda mynediad cyfleus i draffordd yr M4.

Yng ngogledd Cymru, bu dirywiad y diwydiannau trwm yn ergyd drom i Wrecsam, tref fwyaf yr ardal. Fodd bynnag, gwelodd **awdurdod lleol** Wrecsam yr angen i ddatblygu swyddi gwahanol. Yn ddiweddarach yn yr ugeinfed ganrif, roedd twf diwydiannau gwasanaeth a gweithgynhyrchu cyffredinol, a oedd yn cael eu hybu gan gysylltiadau Wrecsam â llwybrau trafnidiaeth da, yn golygu bod y dref wedi dod yn eithaf llwyddiannus. Mae'r ffyniant hwn wedi cynyddu eto o ganlyniad i agor Canolfan Siopa Dôl yr Eryrod yn 2008. Mae'r ganolfan hon, gyda 40 o unedau adwerthu, yn ffurfio rhan o ganol tref Wrecsam ac yn ymgais i atal y tuedd i godi siopau ar gyrion trefi.

FFYNHONNELL 25

Canolfan Siopa Dôl yr Eryrod yn Wrecsam

Swyddi mewn gweinyddu

Ar lefel llywodraeth leol, cafodd yr wyth sir a gafodd eu creu yn 1974 – Gwynedd, Clwyd, Powys, Dyfed, Gwent, a Chanol, De a Gorllewin Morgannwg – eu dileu yn 1996, a sefydlwyd 22 o awdurdodau unedol yn eu lle. Câi'r awdurdodau unedol hyn eu galw'n siroedd neu'n fwrdeistrefi sirol, ac roedd gan bob un ei neuadd sirol ei hun ar gyfer yr adrannau gwahanol a oedd yn angenrheidiol i lywodraeth leol redeg yn effeithlon. Roedd yr awdurdodau unedol hyn yn darparu amryw o swyddi ac mewn rhai ardaloedd, fel y Rhondda, yr awdurdod lleol yw'r cyflogwr mwyaf. Serch hynny, er 2013, o ganlyniad i doriadau mewn gwariant cyhoeddus, bu toriadau yn yr hyn y gall cynghorau ei gynnig a nifer y bobl a gyflogir ganddynt.

Ar lefel genedlaethol, cafodd Cynulliad Cenedlaethol Cymru ei greu o ganlyniad i'r bleidlais ar ddatganoli yn 1997 [Gweler Pennod 3]. Agorodd y Cynulliad Cenedlaethol yn 1999, mewn adeilad dros dro yng Nghaerdydd, ac yna symud i'w gartref parhaol ym Mae Caerdydd yn 2006.

Gan fod y Cynulliad Cenedlaethol yn gyfrifol am nifer o feysydd polisi mewn perthynas â Chymru – amaethyddiaeth, datblygiad economaidd, addysg, iechyd, tai, diwydiant, llywodraeth leol, gwasanaethau cymdeithasol, twristiaeth, trafnidiaeth a'r iaith Gymraeg – mae llawer o swyddi wedi cael eu creu mewn meysydd fel TG, gwasanaethau cyfreithiol a chyfathrebu. Yn ogystal â'i brif adeilad ym Mae Caerdydd, mae gan y Cynulliad Cenedlaethol dri adeilad arall, yn Aberystwyth, Merthyr Tudful a Chyffordd Llandudno.

Swyddi mewn iechyd ac addysg

Ers creu'r Gwasanaeth Iechyd Gwladol (GIG) yn 1948, mae ei strwythur gweinyddol wedi cael ei ad-drefnu sawl gwaith. Yn 1999, daeth y cyfrifoldeb am iechyd yng Nghymru yn gyfrifoldeb y Cynulliad Cenedlaethol. O ganlyniad i ad-drefnu pellach yn 2003, cafodd 13 ymddiriedolaeth GIG eu creu, yn ogystal ag un Ymddiriedolaeth Ambiwlans ar gyfer Cymru gyfan. Ar yr un pryd, cafodd 22 o fyrddau iechyd lleol eu creu, gan adlewyrchu'r 22 o awdurdodau unedol oedd yn bodoli yng Nghymru. Yn 2009, cafwyd mwy o ad-drefnu pan grëwyd saith sefydliad iechyd lleol sy'n gyfrifol am gyflawni'r holl wasanaethau gofal iechyd o fewn ardaloedd daearyddol gwahanol. Yn ychwanegol at hyn, mae tri Ymddiriedolaeth GIG yn gwasanaethu Cymru gyfan, yn cynnwys Ymddiriedolaeth Gwasanaethau Ambiwlans Cymru ac Ymddiriedolaeth Felindre ar gyfer gofal canser.

Mae bron i 40% o gyllideb y Cynulliad Cenedlaethol yn cael ei wario ar ofal iechyd. Roedd y gyllideb iechyd yn 2013-2014 yn £5.3 biliwn. Mae 75,000 o bobl yn cael eu cyflogi yn y GIG yng Nghymru.

FFYNHONNELL 26

Ysbyty Cyffredinol Bronglais, Ceredigion

Ar lefel leol, mae cymhareb y meddygon teulu i'r boblogaeth yn uwch yng Nghymru nag yn unman arall yn y DU, ond nid ydynt wedi'u dosbarthu'n gyfartal. Erbyn hyn, mae meddygon teulu yn aml yn gweithio fel aelodau o Ganolfannau Iechyd Teulu, lle mae amrywiaeth o weithwyr iechyd yn cael eu cyflogi.

Ar lefel ranbarthol, mae gan Gymru 17 Ysbyty Cyffredinol Dosbarth, gydag un ar gael yn y rhan fwyaf o ardaloedd Cymru, ar wahân i Bowys. Mae pob un o'r rhain yn gyflogwr mawr. Mae 36 ysbyty 'cymunedol' yng Nghymru hefyd, ond mae dyfodol rhai o'r rhain dan fygythiad.

Mae addysg hefyd yn un o'r meysydd polisi y mae'r Cynulliad Cenedlaethol yn gyfrifol amdano. Yn 2012, roedd 22 meithrinfa, 1,412 ysgol gynradd a 221 o ysgolion uwchradd yn y sector cyhoeddus yng Nghymru, gyda 461 ysgol gynradd a 55 ysgol uwchradd yn rhai cyfrwng Cymraeg. Roedd sector annibynnol bychan o 66 ysgol hefyd. Rhyngddynt, roedd yr ysgolion hyn yn addysgu tua 465,943 o ddisgyblion ac yn cyflogi 24,600 o athrawon.

Mae 19 coleg a sefydliad addysg bellach yng Nghymru hefyd, ac 11 o brifysgolion a cholegau yn cynnig addysg uwch. Yn 2011-2012, roedd y sefydliadau addysg uwch yn cyflogi 20,175 o staff, gyda 9,250 ohonynt yn staff academaidd.

Mae'r Cynulliad Cenedlaethol yn gweithio gyda'r 22 awdurdod lleol unedol, sydd, yn ôl traddodiad, â Chyfarwyddwr Addysg a staff cefnogi ar gyfer pob un. Yn 2011-2012, roedd yr awdurdodau lleol wedi gwario

£2.5 biliwn ar addysg, sef cyfran fwyaf eu cyllidebau o bell ffordd.

Er bod Cymru wedi dioddef yn ddrwg oherwydd dirywiad y diwydiannau trwm a'r effaith ddilynol ar swyddi, mae twf twristiaeth a'r sector gwasanaeth wedi gwneud iawn mewn rhai ffyrdd am golli swyddi. Mae mwy o fenywod mewn gwaith yng Nghymru nawr o ganlyniad i'r newidiadau cyflogaeth hyn. Mae hyn wedi helpu Cymru i ymdopi mewn oes o breifateiddio a globaleiddio. Serch hynny, Cymru yw'r wlad dlotaf yn y Deyrnas Unedig ac mae rhai ardaloedd ymysg y tlotaf o'r 28 o wledydd sy'n ffurfio'r Undeb Ewropeaidd. Mae rhai ardaloedd, megis Blaenau Gwent, Merthyr Tudful, Cwm Cynon a Chwm Rhondda, yn dal i ddioddef ar ôl colli diwydiannau trwm a gweithgynhyrchu rhwng yr 1970au a'r flwyddyn 2000.

TASGAU

1. Dewiswch Gaerdydd, Abertawe neu Wrecsam a dangoswch sut y mae'r dref neu'r ddinas honno wedi ymaddasu i gyfleoedd gwaith gwahanol.

2. Darganfyddwch sut y mae eich ardal leol wedi ymaddasu i gyfleoedd gwaith gwahanol yn ystod yr ugeinfed ganrif.

3. Disgrifiwch ffyrdd y mae swyddi mewn gweinyddu wedi cael eu creu yng Nghymru.

4. Eglurwch pam y mae'r GIG yn gyflogwr mor fawr yng Nghymru.

Ymarfer at yr arholiad

Mae'r adran hon yn darparu canllawiau ar sut i ateb cwestiwn 1(ch), 2(ch) a 3(ch) o Uned 3. Mae'r cwestiwn yn gofyn i chi ddethol eich gwybodaeth eich hun a dadansoddi cysyniadau allweddol. Mae'r cwestiwn yn werth 8 marc.

Cwestiwn (ch) – dethol gwybodaeth a dadansoddi cysyniadau allweddol

Pam yr oedd streic y glowyr 1984-1985 yn drobwynt yn economi Cymru?

[8 marc]

Cyngor ar sut i ateb

- Mae'r cyfeiriad at drobwynt yn y cwestiwn yn **golygu newid sydyn** mewn polisi neu gyfeiriad.
- Byrdwn y cwestiwn yw **newid** ac **achosion y newid hwnnw**.
- Mae angen i chi ystyried beth ddaeth cyn y digwyddiad a grybwyllir yn y cwestiwn, a'i gymharu â'r hyn ddaeth wedyn, **gan nodi'r newid a'r rhesymau dros y newid hwnnw**.
- Mae angen i chi gefnogi'ch sylwadau â **manylion ffeithiol penodol**.
- Cofiwch fod y cwestiwn hwn yn gofyn i chi **roi barn**, a bod angen i chi roi rhesymau penodol dros gredu bod y digwyddiad yn drobwynt.

Ymateb ymgeisydd un

Roedd streic y glowyr 1984-1985 yn un o'r anghydfodau mwyaf chwerw yn hanes diwydiant ym Mhrydain. Roedd yn brotest yn erbyn torri swyddi yn y diwydiant glo. Daeth y streicwyr i wrthdrawiad â'r heddlu a pharhaodd yr anghydfod am flwyddyn. Yn y diwedd, trechwyd y glowyr ac fe'u gorfodwyd i ddychwelyd i'w gwaith oherwydd cyni ariannol. Cafodd nifer o swyddi eu colli a pheidiodd y diwydiant glo â bod yn brif gyflogwr wedi mwy na chanrif o gynhyrchu glo.

Sylwadau'r arholwr

Mae'r ymgeisydd wedi rhoi trosolwg cyffredinol ond prin mae'n awgrymu bod y digwyddiad wedi bod yn drobwynt. Mae nifer o ffactorau wedi'u nodi ond maent yn wan o ran ffeithiau penodol. Mae'r ateb yn tueddu i fod yn ddisgrifiadol yn hytrach nag yn ddadansoddol a gwerthusol. Oherwydd hyn, mae prin yn cael Lefel 2, sef 5 marc.

Roedd glowyr wedi mynd ar streic yn 1972 ac yn 1974 ac wedi dymchwel y llywodraeth Geidwadol. Roedd y wlad mewn anhrefn, gydag wythnos waith yn dridiau'n unig. Pan ddychwelodd y Ceidwadwyr i rym yn 1979, o dan y Prif Weinidog Margaret Thatcher, roeddent yn benderfynol o breifateiddio'r diwydiant glo a dirymu grym y glowyr a'u hundeb llafur, Undeb Cenedlaethol y Glowyr. Roedd y glowyr yn poeni am eu swyddi. Ym mis Mawrth 1984, galwodd Arthur Scargill, Llywydd Undeb Cenedlaethol y Glowyr, am streic genedlaethol yn erbyn cau pyllau glo. Parhaodd y streic am flwyddyn a bu'n un o'r streiciau mwyaf chwerw yn hanes diwydiant ym Mhrydain. Ymladdodd glowyr yn erbyn yr heddlu; picedodd y glowyr weithfeydd a oedd yn defnyddio glo, megis Gwaith Dur Port Talbot, a bu trychineb pan laddwyd gyrrwr tacsi, David Wilkie, wrth iddo yrru 'bradwr' i'w waith ym Mhwll Glo Ynysowen. Bu hyn yn sioc i lawer o bobl. Dychwelodd y glowyr i'w gwaith ym mis Mawrth 1985.

Roedd y streic yn drobwynt am fod Undeb Cenedlaethol y Glowyr wedi cael ei drechu. O ganlyniad, dirywiodd undebau llafur. Heb gefnogaeth yr Undeb Cenedlaethol, caewyd nifer o byllau a chollodd miloedd o lowyr eu gwaith. Cafwyd diweithdra ar raddfa fawr yn ne Cymru, lle roedd y diwydiant glo wedi bod yn brif gyflogwr. Roedd y streic yn drobwynt mewn ffyrdd eraill hefyd. Roedd menywod yn fwy unedig a di-ildio yn eu cefnogaeth i'w gwŷr a'u partneriaid oedd ar streic. Cynhaliwyd Rali Genedlaethol y Menywod am y tro cyntaf ym mis Mai 1984. Roedd hyn yn rhoi llais i fenywod. Aethant ati i lobïo'r Swyddfa Gymreig yng Nghaerdydd (sef y Cynulliad Cenedlaethol erbyn hyn) a threfnu digwyddiadau codi arian a chasgliadau bwyd. Honnwyd hefyd fod y streic wedi creu undod yng Nghymru nad oedd yn bodoli cyn hynny, wrth i grwpiau amrywiol fel Cymdeithas yr Iaith, Cyngor Eglwysi Cymru, CND Cymru a'r grwpiau menywod uno yn eu cefnogaeth i Gymru a'i chymunedau a oedd dan fygythiad. Roedd y streic hefyd yn drobwynt am fod swyddi gwahanol wedi gorfod cael eu creu yng Nghymru yn lle'r swyddi a gollwyd yn y diwydiant glo. Yn 1988, lansiwyd Rhaglen y Cymoedd (Menter y Cymoedd) er mwyn darparu swyddi newydd a mwy amrywiol yn ardal fwyaf poblog Cymru. Efallai bod streic y glowyr wedi methu ond bu'n drobwynt yn economi Cymru.

Mae'r ymgeisydd wedi rhoi ateb manwl sy'n gywir a llawn gwybodaeth. Mae sylwadau'n cael eu hategu gan ffeithiau manwl. Mae'r ateb yn dangos beth ddigwyddodd cyn y streic a beth fu'r newidiadau o ganlyniad i'r streic. Mae rhan olaf yr ateb yn canolbwyntio'n llawn ar y mater o drobwynt ac mae'r casgliad terfynol yn dod i farn. Mae'r ateb yn cwrdd â gofynion Lefel 3 ac yn haeddu'r marciau llawn (8 marc).

Pam yr oedd creu Bwrdd Twristiaeth Cymru yn 1969 yn drobwynt yn niwydiant twristiaeth Cymru?

[8 marc]

BETH OEDD Y PRIF FFACTORAU A EFFEITHIODD AR Y FFORDD DRADDODIADOL GYMREIG O FYW YN HANNER CYNTAF YR UGEINFED GANRIF?

Y DIWYLLIANT TRADDODIADOL CYMREIG

Yn yr adran hon, byddwn yn edrych ar beth a olygwn wrth ddiwylliant traddodiadol Cymraeg. Byddwn yn archwilio sut y mae wedi dod dan fygythiad o ganlyniad i ddylanwadau mwy newydd a mwy poblogaidd a sut y mae wedi ymdopi â'r bygythiad hwn.

Rôl y capeli a'r eglwysi

Ar ddechrau'r ugeinfed ganrif, roedd llawer o Gymry yn bobl grefyddol iawn ac yn mynychu addoldy hyd at deirgwaith y Sul. Roedd dylanwad y capel yn gryf yn y cymunedau gwledig a diwydiannol, ac yn 1904 ac 1905 profodd Cymru ei diwygiad crefyddol olaf, dan arweiniad glöwr ifanc o Gasllwchwr, Evan Roberts. Byddai miloedd o Gymry cyffredin yn heidio i wasanaethau'r capel. Roedd dosbarthiadau darllen y Beibl a chyfarfodydd gweddi yn cael eu cynnal yng nghartrefi pobl, ar y strydoedd a hyd yn oed i lawr y pyllau glo ac yn y chwareli llechi.

Mewn oes cyn dyfodiad y radio a'r teledu, roedd y capeli yn darparu gweithgareddau adloniant a hamdden, yn arbennig ar gyfer menywod a phlant. Byddai'r capeli'n cael eu defnyddio yn ystod yr wythnos ar gyfer ymarferion côr, adrodd a bandiau pres, yn ogystal ag ar gyfer paratoi at eisteddfodau. Yn 1905 ac 1906 yn

unig, cynhaliwyd tua 300 o **gymanfaoedd canu** ledled Cymru.

Felly, i'r rhan fwyaf o bobl yng Nghymru, roedd y ffordd Gymreig o fyw yn llawn traddodiad – yn gysylltiedig â'r capel, y Beibl, siarad Cymraeg a'r gerddoriaeth a'r llenyddiaeth, yn enwedig barddoniaeth wedi'i hysgrifennu a'i chyfansoddi yn yr iaith Gymraeg.

Capel Caersalem Newydd, Tre-boeth, Abertawe; roedd deg addoldy yn ardal Tre-boeth ar ddechrau'r ugeinfed ganrif

Digwyddiadau wythnos mewn capel ym Methesda (1900)		
Dydd Sul	9 y.b.	Cyfarfod gweddi ar gyfer aelodau ifanc
	10 y.b.	Pregeth
	2 y.p.	Ysgol Sul
	5 y.p.	Ymarfer canu emynau
	6 y.p.	Pregeth
Dydd Llun		Cyfarfod gweddi
Dydd Mawrth		Cyfarfod o bwyllgor y capel
Dydd Mercher		Pum cyfarfod astudio
		Cymdeithas lenyddol
Dydd Iau		Pedwar cyfarfod astudio
Dydd Gwener		Y Gobeithlu

O Adroddiad Blynyddol Aelodau Capel Jerusalem, Bethesda, 1900

Dangosodd adroddiad yn 1907 fod gan gapeli ac eglwysi Cymru 750,000 o aelodau llawn – y nifer uchaf erioed. Roedd miloedd mwy, nad oeddent yn aelodau llawn, hefyd yn mynychu gwasanaethau capel yn rheolaidd. Gydol yr wythnos, roedd cymdeithasau a chyfarfodydd amrywiol yn trefnu rhaglen lawn o weithgareddau ar gyfer yr aelodau.

Adroddiad ar bresenoldeb mewn capeli ac eglwysi yng Nghymru; roedd gan Gymru boblogaeth o 2.42 miliwn yn ôl ffurflen gyfrifiad 1911

Ffotograff o Gôr Meibion Treorci a'r Ardal, 1917

Corau, bandiau ac eisteddfodau

Cyfeirir at Gymru'n aml fel 'gwlad y gân', ac, yn draddodiadol, mae'r Cymry wedi cael pleser mawr mewn canu, cerddoriaeth a barddoniaeth. Un o'r delweddau gorau o Gymru yw'r côr, yn arbennig y côr meibion. Roedd y corau hyn yn boblogaidd ledled y Gymru ddiwydiannol ar ddechrau'r ugeinfed ganrif. Roedd ganddynt yn aml gyswllt agos â'r capel, a byddent yn canu emynau Cymraeg yn ogystal â gweithiau cyfansoddwyr clasurol megis Handel a Mendelssohn. Roedd bandiau pres hefyd yn ganolbwynt pwysig ar gyfer mwynhad ac adloniant, yn arbennig yn y cymunedau diwydiannol. Mae gan lawer o'r bandiau hyn hanes sy'n dyddio'n ôl dros gan mlynedd, megis Band Llanrug yng Ngwynedd a Band Melingruffudd yng Nghaerdydd.

Delwedd arall adnabyddus o Gymru yw'r eisteddfod, yr ŵyl Gymraeg ei hiaith sy'n dathlu llenyddiaeth a cherddoriaeth ac sy'n trefnu cystadlaethau ysgrifennu, canu a chwarae cerddoriaeth.

Ar ddechrau'r ugeinfed ganrif, roedd eisteddfodau lleol yn cael eu cynnal yn rheolaidd mewn pentrefi a threfi ledled Cymru; mae nifer fach yn parhau hyd heddiw. Mae'r traddodiad eisteddfodol o gystadlu llenyddol a cherddorol yn deillio'n ôl i'r ddeuddegfed ganrif, ond yn y bedwaredd ganrif ar bymtheg y cafodd yr Eisteddfod Genedlaethol y gwyddom ni amdani heddiw ei hatgyfodi. Rhan bwysig ohoni yw'r seremonïau a drefnir gan **Orsedd y Beirdd**, pan fydd dawnswyr a ffanfferau utgyrn, a beirdd yn eu gwisgoedd gwyn, glas a gwyrdd, yn anrhydeddu'r llenorion buddugol.

Cynhaliwyd yr Eisteddfod Genedlaethol 'fodern' gyntaf yn Aberdâr yn 1861 ac mae wedi symud rhwng lleoliadau yn ne a gogledd Cymru bron bob blwyddyn er 1880, ar wahân i 1914 pan na chafodd ei chynnal oherwydd y Rhyfel Byd Cyntaf, ac 1940, pan gafodd eisteddfod radio ei chynnal o Fangor.

*Yr Archdderwydd yn derbyn y goronbleth
o flodau yn seremoni Gorsedd y Beirdd,
Eisteddfod Genedlaethol Aberpennar, 1946*

*Y Gadair Ddu a ddyfarnwyd i Hedd Wyn yn
Eisteddfod Penbedw, 1917*

Yn 1952, daeth yn ŵyl uniaith Gymraeg. Roedd y gwaharddiad rhag gwerthu alcohol ar faes yr eisteddfod, a gafodd ei godi yn 2004, hefyd yn gyswllt arall â dylanwad y capeli ar ddechrau'r ugeinfed ganrif.

Y dafarn a'r institiwt

Roedd ymweliad â'r dafarn yn rhan hanfodol o adloniant nifer o weithwyr yng Nghymru ar ddechrau'r ugeinfed ganrif. Câi hyn ei ystyried yn weithgaredd i'r dynion yn bennaf, a gallai'r rhan fwyaf o weithwyr ymweld â'u clybiau eu hunain hefyd, a oedd ar agor i'r aelodau yn unig. Roedd amrywiaeth o adloniant yn cael ei gynnig, a byddai timau chwaraeon yn aml yn defnyddio tafarnau neu glybiau fel pencadlys. Byddai amryw o fudiadau, fel y Mudiad Dirwestol, a sefydlwyd yn y bedwaredd ganrif ar bymtheg, yn gwneud eu gorau glas i gadw gweithwyr draw o'r lleoedd hyn ac o beryglon alcohol.

Roedd yr institiwt yn cael ei ystyried yn fan arall i fynd iddo yn lle'r capel, y dafarn neu'r clwb. Erbyn 1914 y Stiwt, fel y'i gelwid, oedd un o'r adeiladau amlycaf yn y rhan fwyaf o drefi a phentrefi diwydiannol Cymru. Arian a godwyd drwy danysgrifiadau wythnosol gan y gweithwyr fyddai'n talu am eu codi a'u cynnal, ac roeddent yn darparu sawl gwahanol fath o weithgaredd. Câi cyfarfodydd gwleidyddol ac undebau llafur eu cynnal yno, a llawer iawn o ddosbarthiadau nos. Roedd gan bron bob un institiwt lyfrgell, ystafelloedd darllen ac ystafelloedd chwaraeon. Byddai'r rhai mwyaf yn cynnal cyngherddau, dramâu gan gwmnïau drama amatur a phroffesiynol ac operâu. Ar ben hyn câi dawnsfeydd, ymarferion côr, cymdeithasau dadlau ac eisteddfodau eu cynnal ynddynt. Erbyn canol yr 1930au roedd sinemâu mewn tua 30 institiwt.

TASGAU

1. Defnyddiwch Ffynonellau 1, 2 a 3 a'ch gwybodaeth eich hun i egluro pam yr oedd capeli ac eglwysi yn bwysig i bobl Cymru ar ddechrau'r ugeinfed ganrif.

2. Beth mae Ffynhonnell 4 yn ei ddangos i chi am gorau meibion ar ddechrau'r ugeinfed ganrif?

3. I ba raddau y mae Ffynhonnell 5 yn cefnogi'r farn fod yr Eisteddfod Genedlaethol yn ddathliad o ddiwylliant ac arferion Cymreig?

4. Astudiwch Ffynhonnell 6. Gwnewch waith ymchwil i ddarganfod pam na dderbyniodd Hedd Wyn (Ellis Humphrey Evans) y Gadair yn bersonol yn dilyn ei lwyddiant yn Eisteddfod Genedlaethol 1917.

5. Darganfyddwch a oedd institiwt yn eich ardal chi. Beth ddigwyddodd iddo a pham?

FFURFIAU NEWYDD AR ADLONIANT YN YR 1920au A'R 1930au

Erbyn yr 1920au yng Nghymru roedd y neuaddau cerddoriaeth, a fu mor boblogaidd ym mlynyddoedd olaf y bedwaredd ganrif ar bymtheg a dechrau'r ugeinfed ganrif, yn cael eu disodli'n raddol gan y sinema fel yr hoff ffurf ar adloniant. Ers yr 1870au, roedd y rhan fwyaf o weithwyr yn gyfarwydd â pheidio â gweithio ar brynhawn Sadwrn a byddai llawer yn tueddu i dreulio'r amser hwn yn chwarae ac yn gwylio chwaraeon. Roedd adloniant yn y cartref hefyd yn bosibilrwydd pan ddatblygwyd setiau radio, a ddechreuodd ymddangos mewn cartrefi yn yr 1920au.

Y sinema yn yr 1920au a'r 1930au

Y sinema gyntaf yng Nghymru i gael ei hadeiladu'n bwrpasol oedd y Carlton Cine De Luxe yn Abertawe, a agorwyd ym mis Ionawr 1914. Y sinema un sgrin hynaf yng ngogledd Cymru yw'r Scala ym Mhrestatyn, a agorwyd yn 1913. Fodd bynnag, yn yr 1920au a'r 1930au y dechreuodd sinemâu ddod i fri o ddifrif, a daethant yn boblogaidd iawn gyda phobl y dosbarth gwaith yng Nghymru. Yn ystod yr 1920au, datblygodd y sinema o ffilmiau du a gwyn mud i ffilmiau llafar ac yna, yn ddiweddarach, i ffilmiau lliw.

Erbyn 1934, roedd 321 sinema yng Nghymru. Roedd 20 yng Nghaerdydd yn 1928 ac roedd gan Gaernarfon dair – y Majestic, yr Empire a Neuadd y Dref.

Sinema'r Scala ym Mhrestatyn, 1933 – roedd y ciw ar gyfer y dangosiad cyntaf o'r ffilm King Kong *yn mynd hanner y ffordd i fyny'r Stryd Fawr*

TASGAU

1. Beth y mae Ffynhonnell 7 yn ei ddweud wrthych am sinemâu yng Nghymru yn yr 1930au?

2. Gwnewch waith ymchwil i ddarganfod:
   - Am ba fath o ffilmiau yr oedd Charlie Chaplin yn enwog? Enwch ddwy o'i ffilmiau.
   - Disgrifiwch ffilmiau mud.
   - Beth oedd y ffilm lafar gyntaf?
   - Dewch o hyd i deitl 3 ffilm 'epig' boblogaidd yn yr 1930au.
   - Disgrifiwch rôl Hollywood yn natblygiad y diwydiant ffilmiau yn yr 1920au a'r 1930au.

3. Rhowch gynnig ar wneud gwaith ymchwil lleol:
   - Sawl sinema oedd yn eich tref neu bentref lleol yn 1930?
   - Beth oedd eu henwau?
   - A ydynt ar agor o hyd? Os nad ydynt, ceisiwch ddarganfod beth ddigwyddodd iddynt a phryd y peidiasant â bod yn sinemâu.

Beth oedd atyniad y sinema?

Roedd bywyd yn yr 1920au a'r 1930au yn galed iawn i nifer o Gymry'r dosbarth gwaith, gyda diweithdra, streiciau a'r **Dirwasgiad** yn gwneud bywyd yn hynod anodd.

Roedd y sinema yn ddatblygiad newydd a chyffrous ac, oherwydd ei fod yn weledol, gwnaeth argraff fawr ar bobl, yn arbennig pobl gyffredin y dosbarth gwaith. Cofiai James Roberts, a alwai ei hun yn Saronie ac a sefydlodd y Scala ym Mhrestatyn, sut yr oedd pobl yn codi o'u seddau ac yn rhedeg i gefn y neuadd wrth weld trên yn dod tuag atynt ar y sgrin.

Roedd yr adeiladau'n gynnes ac yn gyffordus, yn foethus hyd yn oed. Byddai pobl yn cyfeirio atynt fel palasau breuddwydion, ac roedd ganddynt enwau crand iawn yn aml, megis yr Empire, yr Odeon a'r Majestic.

Roedd y sinema yn apelio at bobl o bob oedran. Byddai plant yn mynychu **sioeau ceiniog** ar fore Sadwrn, byddai pobl ifanc yn 'gwneud oed' ynddynt a byddai'r bobl hŷn yn mwynhau adloniant rhad. Roedd ffilmiau'r 1930au yn cynnwys ffilmiau cowbois, ffilmiau gangsters, ffilmiau cerdd a chomedïau, ac roeddent yn ddihangdod i bobl y dosbarth gwaith a oedd yn byw ac yn gweithio dan amodau caled iawn.

Roedd nifer o'r ffilmiau a'r sêr yn Americanaidd – yn byw yn Hollywood gan amlaf. Roedd ffilmiau gyda sêr megis Fred Astaire, Errol Flynn, Clark Gable, Greta Garbo, Ginger Rogers, Jean Harlow a Mae West yn denu cynulleidfaoedd enfawr. Trwy'r ffilmiau Americanaidd hyn, gwelodd y Cymry ffordd o fyw a oedd yn hollol wahanol i'w bywydau hwy ac yn hudolus iawn. Daeth sêr y ffilmiau yn arwyr i nifer o bobl, yn arbennig y bobl ifanc, a oedd yn awyddus i'w hefelychu. Roedd y sinema hefyd yn peri dychryn i lawer oherwydd yr effeithiau negyddol ymddangosiadol. Roedd nifer o bobl yn ddig iawn oherwydd dillad crand a cholur y menywod, a'r ffordd yr oeddent yn ysmygu'n gyhoeddus.

Roedd y sinema yn fygythiad amlwg i'r ffordd draddodiadol Gymreig o fyw, yn arbennig yr iaith Gymraeg a'r capel.

FFYNHONNELL 8

Mi gostiai 1/9d (8c) i fynd i'r Empire a 2/3d (11c) i eistedd yn y galeri yn y Majestic. Mi fyddech chi'n teimlo fel lord. Mi oedd yna lolfa caffi yn y Majestic, a phe caech eich gweld yno, mi fyddech chi'n dipyn o rywun.

John Williams, o Lanrug ger Caernarfon, yn siarad am sinemâu'r dref yn yr 1930au; cafodd ei gyfweld gan ei wyres ar gyfer project ysgol yn 1999

FFYNHONNELL 9

Y seren ffilmiau Americanaidd, Ginger Rogers, yn yr 1930au

Sinemâu Cymru yn yr 1930au

Cyn bo hir, roedd Cymru a'r bywyd Cymreig ar y sgrin fawr. Roedd ffilmiau mud am Gymru wedi ymddangos eisoes, ac yn 1935, cafodd y ffilm sain Gymraeg gyntaf ei dangos, *Y Chwarelwr*. Bu'n ysgubol lwyddiannus yng ngogledd Cymru. Cynnyrch meddwl Syr Ifan ab Owen Edwards oedd y ffilm, a bu'n gyfrifol am y ffilmio a'r cynhyrchu cyffredinol. Dyma'i ffordd o ddangos i bobl ifanc Cymru nad oedd rhaid iddynt droi yn Saeson er mwyn gwylio ffilmiau llafar.

FFYNHONNELL 10

Yn ôl erthygl yn y *Cambrian News* yn 1935, dywedodd Syr Ifan, "Cefais y syniad o gynhyrchu ffilm Gymraeg beth amser yn ôl pan oeddwn ym Mhortiwgal. Yno gwelais a chlywais y ffilm Bortiwgeaidd gyntaf yn yr iaith frodorol. Os oedd Portiwgal yn gallu gwneud hyn, meddyliais, pam nid Cymru?

O wefan Focal International

FFYNHONNELL 11

Y Chwarelwr

Am y tro cyntaf ar DVD

Full English subtitles throughout

Yn cynnwys 4 rhaglen ddogfen yn olrhain hanes y ffilm, wedi'u cyflwyno gan Ifor ap Glyn

Clawr y fersiwn o'r Chwarelwr a ailolygwyd, 2000

Yn yr un cyfnod, cynhyrchodd Hollywood ffilmiau megis *How Green Was My Valley*, sy'n ddelwedd bwerus o urddas, gonestrwydd a hynawsedd yng nghymunedau glo de Cymru. Enillodd bum Osgar, gan gynnwys y ffilm orau. Dim ond un o'r actorion oedd yn dod o Gymru a rhan fechan yn unig oedd ganddo yn y ffilm. Roedd yr awyrgylch yn cael ei gyfoethogi gan ganu corawl Cymreig hardd. Mewn ffilm arall, *The Proud Valley*, mae'r actor, y canwr a'r ymgyrchydd cymdeithasol, Paul Robeson, yn chwarae rhan glöwr arwrol a ddaw i weithio ym mhyllau glo de Cymru. Mae'n ymuno â chôr ac yn aberthu'i fywyd i achub ei gydweithwyr tan ddaear. Bu ffilmiau rhyngwladol fel y rhain yn gymorth i ddatblygu'r syniad o Gymru fel gwlad y gân a chymuned agos.

TASGAU

1. Defnyddiwch Ffynhonnell 8 a'ch gwybodaeth eich hun i egluro pam y daeth sinemâu yn fwy poblogaidd yng Nghymru yn yr 1920au a'r 1930au.
2. Astudiwch Ffynhonnell 9. Pam ydych chi'n meddwl bod gan rai pobl farn mor negyddol am y sinema?
3. Defnyddiwch Ffynonellau 11 a 12 a'ch gwybodaeth eich hun i ddangos pam nad oedd Syr Ifan ab Owen Edwards o'r un farn negyddol â llawer o bobl ac nad oedd yn ofni effeithiau'r sinema.

Radio

Roedd y radio hefyd yn her newydd i'r ffordd Gymreig o fyw; roedd yn dod ag adloniant a gwybodaeth yn uniongyrchol i'r cartref. Daeth y setiau radio cyntaf, a elwid yn setiau di-wifr, i gartrefi Cymru yn yr 1920au. Roeddent yn ddrud iawn ar y cychwyn, ond daeth prisiau i lawr wrth iddynt gael eu masgynhyrchu, gan olygu bod llawer o deuluoedd wedi gallu fforddio set ymhen fawr o dro. Erbyn 1935, roedd gan hanner cartrefi Cymru setiau radio, a byddai teuluoedd yn eistedd o'u hamgylch i wrando ar y rhaglenni gyda'i gilydd.

Roedd y BBC yn cynnig amrywiaeth eang o adloniant dyddiol – dramâu, cerddoriaeth ysgafn a chlasurol, sgyrsiau a chyfweliadau. Mae'r BBC wedi bod yn darlledu bwletinau newyddion er 1922, ac roeddent wedi cydio yn y cyhoedd gyda'r sylw a roddwyd i ddigwyddiadau megis marwolaeth ac angladd y Brenin George V yn 1936 ac ymddiorseddiad y Brenin Edward VIII yn yr un flwyddyn.

Roedd y rhaglenni wedi'u hanelu at ddiwallu anghenion sectorau gwahanol o'r gymdeithas, yn cynnwys menywod a phlant, ffermwyr a garddwyr. Roedd darllediadau chwaraeon byw, fel y Ras Gychod a'r Derby, yn ogystal â sylwebaeth fyw ar gemau pêl-droed a rygbi'r undeb, a gwasanaeth canlyniadau ar brynhawniau Sadwrn, yn boblogaidd iawn. Yn 1937, sefydlodd y BBC wasanaeth 'rhanbarth Cymru'. Mae'n werth nodi bod y mwyafrif helaeth o raglenni radio oedd ar gael yng Nghymru yn Saesneg eu hiaith.

FFYNHONNELL 12

Rwy'n ysgrifennu i ddweud cymaint mae'r radio yn ei olygu i mi ac i filoedd tebyg i mi. Dyma'n carped hud ni. Cyn i mi gael wythnos yn y Rhyl, dyna'r unig deithio oeddwn i wedi'i wneud nad oedd ar dram. Gallaf rŵan glywed y Ras Gychod a'r Derby a'r cadwyni'n cael eu newid ar Bont Menai. Rwy'n gallu clywed pêl-droed ar brynhawniau Sadwrn a sgyrsiau gan ddynion a menywod enwog sydd wedi teithio ac yn gallu dweud wrthym am leoedd.

Gwrandawr o ogledd Cymru, yn ysgrifennu mewn llythyr a gyhoeddwyd yng nghylchgrawn y Radio Times, *1928*

Chwaraeon trefnedig

Tra bod chwaraeon trefnedig megis pêl-droed, rygbi a bocsio eisoes yn boblogaidd, daethant yn fwyfwy rhan o fywyd cymdeithasol yn ystod yr 1920au a'r 1930au. Oherwydd yr elfen broffesiynol ym myd rygbi ar ddiwedd y bedwaredd ganrif ar bymtheg roedd y gamp wedi ei hollti'n ddwy garfan ar wahân: roedd rygbi'r undeb yn dal i gael ei chwarae yng Nghymru, ond daeth rygbi'r gynghrair, gyda'i reolau a'i dimau ei hun ac, yn fwy pwysig, y cyflog, yn boblogaidd iawn yn ardaloedd dosbarth gwaith gogledd Lloegr. Yn ystod Dirwasgiad yr 1920au a'r 1930au, aeth llawer o chwaraewyr talentog rygbi'r undeb o Gymru 'i'r Gogledd' i ymuno â thimau rygbi'r gynghrair yn Lloegr. Dioddefodd rygbi yng Nghymru oherwydd hyn, a methodd tîm Cymru, sef y tîm gorau yn y byd rhwng 1900 ac 1914 mae'n siŵr, ag ennill y Goron Driphlyg rhwng y ddau ryfel.

Byddai llawer o wrandawyr yn gwrando ar y radio am 5 o'r gloch ar brynhawn Sadwrn i wrando ar y canlyniadau pêl-droed, gan obeithio eu bod wedi ennill ffortiwn ar y pyllau pêl-droed. Roedd pum tîm o Gymru yn chwarae yng nghynghrair Lloegr yn yr 1920au: Cardiff City, Swansea Town, Newport County, Merthyr Town, Aberdare Athletic a Wrecsam. Enillodd Cardiff City Bencampwriaeth y Brif Gynghrair yn 1924, cyrraedd rownd derfynol Cwpan y Gymdeithas Bêl-droed yn 1925, ac ennill y gwpan honno yn 1927. Fodd bynnag, effeithiodd cyni economaidd a diwethdra yr 1930au ar bob un o dimau Cymru. Gostyngodd Cardiff City i adran is ddwywaith, ac yn nhrefn'r cymoedd, roedd llawer o'r ffans yn rhy dlawd i fforddio mynd i'r gemau ac o ganlyniad, aeth Aberdare Athletic a Merthyr Town i'r wal.

Roedd criced yn gêm boblogaidd hefyd ac roedd y gemau prawf yn denu tyrfaoedd mawr. Cafodd Morgannwg statws sir dosbarth cyntaf yn 1921. Roedd campau a chwaraeon eraill, fel rasio cŵn a beicio, hefyd yn dod yn fwy poblogaidd yn y cyfnod hwn.

Yn gyffredinol, dynion oedd yn chwarae ac yn gwylio chwaraeon wedi'u trefnu. Os oedd menywod yn cymryd rhan mewn chwaraeon ar yr adeg hon, roedd hynny fel arfer mewn gemau unigol megis tennis a nofio; roedd cryn wrthwynebiad i fenywod gael caniatâd i chwarae chwaraeon megis pêl-droed. Fodd bynnag, roedd eu niferoedd yn cynyddu yn y cynulleidfaoedd a oedd yn gwylio chwaraeon.

Roedd newidiadau mewn patrymau gwaith yn golygu bod prynhawniau Sadwrn a gwyliau banc yn ddiwrnodau di-waith, gan felly roi amser i dyrfaoedd fwynhau chwaraeon o bob math. Roedd cystadlaethau a chynghreiriau hefyd yn denu cynulleidfaoedd i wylio.

Ar ben hyn, daeth y papurau newydd tabloid, nofelau clawr meddal rhad a cherddoriaeth Americanaidd yn boblogaidd iawn rhwng y ddau ryfel, gan gynyddu'r defnydd o Saesneg – yn enwedig ymysg y bobl ifanc.

Tîm Dinas Caerdydd a enillodd Gwpan y Gymdeithas Bêl-droed yng Ngêm Gwpan 1927 – y gêm bêl-droed gyntaf i gael ei darlledu'n fyw ar y radio

TASGAU

1. Defnyddiwch Ffynhonnell 12 a'ch gwybodaeth eich hun i egluro pam yr oedd y radio yn ffurf boblogaidd ar adloniant yn yr 1920au a'r 1930au.

2. Ysgrifennwch baragraff i ddangos sut oedd adloniannau'r 1930au yn bygwth y 'ffordd Gymreig o fyw'.

   Mae'n bwysig eich bod yn cynllunio'ch ateb yn ofalus.
   • Rhowch eglurhad byr o beth a olygir wrth 'ffordd Gymreig o fyw';
   • Nodwch y mathau newydd o adloniannau, a dangoswch sut yr oeddent yn fygythiad i'r 'ffordd Gymreig o fyw'.

EFFAITH YR AIL RYFEL BYD AR Y DIWYLLIANT CYMREIG

Roedd yr Ail Ryfel Byd yn mynd i roi mwy o bwysau ar y ffordd Gymreig o fyw. Digwyddodd hyn ar sawl ffurf.

Yr ysbryd Prydeinig adeg y rhyfel

Yn ystod blynyddoedd y rhyfel, roedd y llywodraeth yn sylweddoli pwysigrwydd tynnu 'pob Prydeiniwr' at ei gilydd os oedd y rhyfel i'w ennill. Felly, roedd 'Prydeindod' yn cael ei bwysleisio ar draul 'Cymreictod'. Digwyddodd hyn mewn sawl ffordd.

Yn y sinema:
Pan gychwynnodd y rhyfel yn 1939, gorchmynnwyd bod pob sinema yn cael ei gau rhag ofn i fomiau'r Almaenwyr daro adeiladau poblog. Ni pharhaodd y

gwaharddiad yn hir gan i'r llywodraeth sylweddoli bod gan y sinema ran hanfodol i'w chwarae yn ystod y rhyfel.

Roedd ymweliadau rheolaidd â'r sinema yn helpu i gadw morâl ac yn galluogi pobl i ymlacio yng nghanol straen y rhyfel. Cynhyrchodd Hollywood ffilmiau mawr drud, megis *Gone with the Wind*, a oedd yn ddihangdod llwyr. Roedd ffilmiau Americanaidd eraill, megis *Mrs Miniver*, *Casablanca* a *The Great Dictator* yn rhai gwrth-Natsïaidd ac yn aml yn gwneud hwyl am ben Hitler.

Roedd sinemâu hefyd yn ffordd bwysig o drosglwyddo gwybodaeth i'r cyhoedd. Roedd ffilmiau gwybodaeth gyhoeddus yn cael eu dangos mewn sinemâu er mwyn egluro dulliau gweithredu yn ystod cyrchoedd awyr a sut i ddarparu ymlaen llaw ar gyfer blacowt.

Charlie Chaplin fel Hitler yn y ffilm Hollywood,
The Great Dictator, *1940*

Ar y radio:

Roedd y llywodraeth yn sylweddoli potensial y radio, yn ogystal â'r sinema, fel ffordd o drosglwyddo propaganda Prydeinig, a châi ei ddefnyddio i reoli newyddion yn ystod y rhyfel. Roedd Gwasanaeth Cartref y BBC yn cael ei ddarlledu o Lundain a daeth rhaglenni rhanbarthol i ben am y tro. Felly, roedd pob darllediad yn Saesneg. Byddai pobl yn gwrando ar y radio bob dydd i glywed hynt y milwyr Prydeinig.

Y Prif Weinidog Prydeinig, Winston Churchill, yn darlledu ei araith 'Diwrnod Buddugoliaeth yn Ewrop' ar radio'r BBC yn 1945

Yn y papurau newydd Saesneg:

Tro anffodus arall i ddyfodol y ffordd Gymreig o fyw oedd y ffaith fod darllen mawr ar y papurau newydd Saesneg eu hiaith yn ystod yr Ail Ryfel Byd. Roedd y papurau hyn yn rhoi mwy o wybodaeth am gynnydd y rhyfel nag y gallai unrhyw bapur newydd Cymraeg ei wneud. Roedd y papurau newydd Saesneg, fel ffilmiau newyddion y sinemâu a'r darllediadau radio, hefyd wedi'u sensro'n llym. Roedd unrhyw anffawd i'r Prydeinwyr yn ystod y rhyfel yn cael ei fychanu, tra oedd eu llwyddiannau'n cael eu pwysleisio. Roedd ymgiliad y Prydeinwyr o draethau Dunkirk ym misoedd Mai a Mehefin 1940 yn cael ei bortreadu fel gwyrth.

Pennawd tudalen flaen y Daily Sketch *yn dilyn ymgiliad Dunkirk yn 1940*

TASGAU

1. Defnyddiwch Ffynonellau 15 ac 16 a'ch gwybodaeth eich hun i egluro sut yr oedd llywodraeth Prydain yn defnyddio'r cyfryngau i'w mantais ei hun yn ystod blynyddoedd yr Ail Ryfel Byd.
2. Sut y cynyddodd y bygythiad i'r ffordd Gymreig o fyw yn ystod yr Ail Ryfel Byd?

Effaith y Faciwîs

Roedd y llywodraeth yn ofni y byddai awyrennau bomio Hitler yn lladd miloedd o bobl yn ninasoedd mwyaf Prydain ac y byddai hyn yn tanseilio ysbryd y wlad yn ddifrifol. Mewn ymgais i osgoi trychineb o'r fath, penderfynwyd symud cymaint o fenywod a phlant â phosibl o'r dinasoedd i ardaloedd diogel. Roedd llawer o ardaloedd yng Nghymru'n cael eu hystyried yn ddiogel gan eu bod yn wledig ar y cyfan, ac nid oedd cymaint o safleoedd milwrol, trefi a dinasoedd mawr yng Nghymru o'i gymharu â Lloegr a'r Alban. Cafodd miloedd o blant eu symud i Gymru o ddinasoedd mawr Lloegr, megis Llundain, Birmingham a Lerpwl. Cawsant eu rhoi yng ngofal teuluoedd Cymraeg yn ystod y cyfnod pan oedd eu cartrefi'n cael eu hystyried yn rhy beryglus. Cafodd y faciwîs effaith enfawr ar y teuluoedd a'r ardaloedd lletyol, yn arbennig yng nghefn gwlad Cymru lle siaredid Cymraeg yn bennaf. Bu'n rhaid i gymunedau cwbl Gymraeg eu hiaith droi i'r Saesneg oherwydd y newydd-ddyfodiaid. Er hynny, roedd achosion o faciwîs yn dysgu'r Gymraeg yn gwbl rugl hefyd, a naill ai'n peidio â dychwelyd i Loegr neu'n dod yn ôl i Gymru i fyw wedi'r rhyfel.

FFYNHONNELL 17

Faciwîs o Benbedw yn cyrraedd gorsaf reilffordd y Drenewydd ym mis Medi 1939

FFYNHONNELL 18

Mae'r llywodraeth wedi gwneud cynlluniau i symud plant ysgol o leoedd anniogel i leoedd mwy diogel. Mae aelwydydd croesawgar wedi cynnig cartrefi i'r plant. Bydd gan y plant eu hathrawon a bydd eu haddysg yn parhau.

O daflen 'Gwybodaeth Gyhoeddus' a gyhoeddwyd gan y llywodraeth a'i dosbarthu i bob cartref yn nhrefi a dinasoedd Prydain, Gorffennaf 1939

FFYNHONNELL 19

Cafodd fy chwaer a finnau ein symud o Camberwell, Llundain yn 1940 i bentref bychan ar arfordir gorllewinol Cymru. Roeddwn i'n bedair a hithau'n bump. Arhoson ni hyd nes 1945 a dim ond unwaith neu ddwy y gwelson ni'n rhieni yn ystod y rhyfel. Aethon ni i ysgol fechan cyfrwng Cymraeg a dychwelyd adref yn fwy o Gymry na Saeson. Wnaeth o ddim drwg i ni. Mae'n siŵr ein bod yn ffodus i ddianc rhag y bomio yn Llundain.

Harry Rogers o Camberley, Caint yn hel atgofion am ei brofiadau fel faciwî yng Nghymru yn ystod yr Ail Ryfel Byd

FFYNHONNELL 20

Symudodd tua 200,000 o bobl i Gymru o Loegr yn 1939-41. Roedd rhai o'r rhain yn Gymry alltud, yn ddynion a menywod, ond roedd eraill yn faciwîs answyddogol a oedd yn chwilio am waith mewn rhan ddiogelach o Brydain. Dywedodd un dyn wrth y *National Geographic* fod Cymru wedi dod yn 'noddfa i'r hen Loegr fach', ac erbyn 1941 roedd poblogaeth Cymru bron â bod yr un faint ag yr oedd ar gychwyn y dirwasgiad mawr ugain mlynedd ynghynt.

Roedd gwrthdaro o ran ffordd o fyw yn anochel er gwaethaf y dosbarthiadau a gynhelid mewn trefi gwledig i alluogi gweision sifil a hwyrddyfodiaid eraill i ddysgu Cymraeg. Anfonwyd Pabyddion o Lerpwl i ganol Anghydffurfwyr gogledd Cymru, ac roeddent wedi'u siomi heb nac eglwys na thafarn: 'Delfrydau Bohemaidd wyneb yn wyneb â moeseg Biwritanaidd' fel y dywedodd un papur newydd. Yn yr un modd, cwynodd uwch swyddog heddlu yn Sir Gaerfyrddin fod faciwîs a gweithwyr rhyfel benywaidd o Loegr yn 'dysgu'r menywod lleol i yfed'. Efallai mai Bangor gafodd y sioc fwyaf pan adleolwyd tîm rhaglen radio'r BBC, *Variety Department*, yno. Dywedodd un papur newydd fod y ddinas 'wedi colli'i diniweidrwydd dros nos gydag un llond trên o actorion'. Ond, yn raddol, daeth y dref i oddef y 'merched paentiedig' a'r dynion Bohemaidd ac i fwynhau'r cyngherddau lleol a'r angen cyson am gynulleidfaoedd stiwdio.

Gwelodd rhai o'r Cymry ddynion duon am y tro cyntaf pan gafodd Americanwyr eu gorsafu mewn trefi a phentrefi gwledig a diwydiannol yng Nghymru. Daeth y milwyr Americanaidd â bwyd, gwm a hosanau, ac arian i'w wario yn y tai tafarn. Roedd hyn yn eu gwneud yn boblogaidd ymysg y plant a'r menywod ifanc oedd wedi'u magu ar ffilmiau a hudoliaeth Americanaidd.

Yr hanesydd Martin Johnes yn ysgrifennu yn Wales since 1939 *(2012)*

1. Defnyddiwch Ffynonellau 17 ac 18 a'ch gwybodaeth eich hun i egluro effaith y faciwîs ar Gymru.

2. Yn ôl Ffynhonnell 20, pa effaith gafodd y faciwîs ar y gymuned fechan yng ngorllewin Cymru?

3. Gan ddefnyddio Ffynonellau 18, 19 a 20 ac unrhyw waith ymchwil o'ch eiddo eich hun, crëwch fwrdd gweledol sy'n dangos effeithiau symud pobl i Gymru yn ystod yr Ail Ryfel Byd.

Ymarfer at yr arholiad

Mae'r adran hon yn darparu canllawiau ar sut i ateb cwestiwn 1(b), 2(b) a 3(b) o Uned 3. Cwestiwn disgrifio yw hwn, sy'n werth 4 marc.

Cwestiwn (b) – deall nodwedd allweddol trwy ddethol gwybodaeth briodol

Disgrifiwch boblogrwydd y sinema yng Nghymru yn yr 1930au.

[4 marc]

Cyngor ar sut i ateb

- Sicrhewch mai dim ond gwybodaeth **uniongyrchol berthnasol** yr ydych yn ei chynnwys.

- Nodwch eich syniadau cychwynnol, gan **wneud rhestr fer** o'r pwyntiau rydych yn bwriadu sôn amdanynt.

- Wedi i chi orffen eich rhestr, ceisiwch osod y pwyntiau mewn **trefn gronolegol** trwy eu rhifo.

- Mae'n syniad da dechrau eich ateb trwy **ddefnyddio geiriad y cwestiwn**, e.e. 'Roedd y sinema yn boblogaidd yng Nghymru yn yr 1930au oherwydd …'

- Ceisiwch gynnwys **manylion ffeithiol penodol** megis dyddiadau, digwyddiadau ac enwau pobl allweddol. Po fwyaf gwybodus eich ateb, y mwyaf o farciau gewch chi.

Ymateb ymgeisydd un

Roedd y sinema yn boblogaidd yng Nghymru yn yr 1930au oherwydd ei fod yn 'ddihangdod' rhag caledi blynyddoedd y dirwasgiad. Mewn cymhariaeth â chartrefi pobl, roedd sinemâu yn adeiladau moethus a chyfforddus.

Sylwadau'r arholwr

Mae'r ymgeisydd wedi nodi un rheswm cywir dros boblogrwydd y sinema yng Nghymru yn yr 1930au ac wedi ehangu arno. O ganlyniad, byddai hwn yn ateb Lefel 1 ac yn ennill 2 farc.

Ymateb ymgeisydd dau

Roedd y sinema yn yr 1930au yn brofiad newydd a chyffrous i bobl yng Nghymru. Roedd yn darparu palasau breuddwydion a dihangdod rhag y bywydau digalon yr oedd llawer o bobl yn ei fyw yn yr 1930au.

Yn 1934, roedd gan Gymru 321 o sinemâu a Chaerdydd 20. Roedd y sinema yn plesio pawb. Roedd plant yn mynychu'r sioeau ceiniog ar fore Sadwrn a byddai'r bobl ifanc yn 'gwneud oed' ynddynt. Roedd y sinemâu yn dangos ffilmiau Americanaidd gyda sêr hudolus fel Ginger Rogers a Clarke Gable, a ddaeth yn arwyr i'r bobl. Roedd y sinema hefyd wedi cyflwyno adloniant Seisnig, ysmygu cyhoeddus a menywod yn gwisgo colur am y tro cyntaf i'r cyhoedd yng Nghymru.

Sylwadau'r arholwr

Mae hwn yn ateb manwl a chywir o boblogrwydd y sinema yng Nghymru yn yr 1930au. Mae'r ymgeisydd yn rhoi gwybodaeth ffeithiol berthnasol dda iawn, sy'n amlwg yn cyfleu poblogrwydd y sinema yng Nghymru yn yr 1930au. Mae'r ateb yn gyflawn ac yn haeddu Lefel 2, sef 4 marc.

Rhowch gynnig arni

Disgrifiwch effeithiau'r Ail Ryfel Byd ar y diwylliant Cymraeg.

[4 marc]

YM MHA FFYRDD Y MAE DIWYLLIANT TORFOL POBLOGAIDD WEDI EFFEITHIO AR Y GYMDEITHAS GYMRAEG YN AIL HANNER YR UGEINFED GANRIF?

Y PWYSAU PARHAOL AR Y FFORDD GYMREIG O FYW

Dirywiad arferion crefyddol ac agor tai tafarn ar y Sul

Yn 1881, pasiodd Senedd **San Steffan** ei deddfwriaeth gyntaf ar gyfer Cymru'n unig ers Deddfau Uno 1536 ac 1543. Gyda phwysau o du'r capeli, gwleidyddion Rhyddfrydol a'r Mudiad Dirwest, pasiodd y llywodraeth Ddeddf Cau ar y Sul (Cymru), a oedd yn gwahardd gwerthu alcohol mewn tai tafarn yng Nghymru, ar wahân i Sir Fynwy, ar y Sul. Arhosodd y gwaharddiad mewn grym tan 1961, pan fu'n rhaid i bob awdurdod lleol gynnal **refferendwm** ar agor ar y Sul i weld a oedd pobl eisiau newid y gyfraith hon. Hyd yn oed cyn hyn, roedd llawer o bobl wedi darganfod ffyrdd o oresgyn y ddeddf. Gallai clybiau trwyddedig werthu diodydd ar y Sul o hyd. Dyma'r prif reswm pam mae cymaint o Glybiau Ceidwadwyr yn y rhannau hynny o Gymru lle nad oedd llawer o gefnogaeth wedi bod i'r Blaid Geidwadol mewn etholiadau.

Rhoddodd nifer o drefi a dinasoedd, megis Abertawe, Caerdydd a Merthyr, y gorau i'r gwaharddiad ar y cyfle cyntaf. Ond pleidleisiodd nifer o siroedd gwledig a Chymraeg eu hiaith dros aros yn 'sych' ar y Sul. Er bod llawer yn dadlau bod angen llacio'r ddeddf er mwyn y diwydiant twristiaeth, wynebodd wrthwynebiad ffyrnig yng nghadarnleoedd y Gymraeg, megis Pen Llŷn. Ni chaniataodd dosbarth Dwyfor ym Mhen Llŷn i dai tafarn agor ar y Sul hyd nes 1996.

Roedd y Sul 'sych' yn gymaint rhan o'r ddelwedd o'r ffordd Gymreig o fyw â'r capel, yr Eisteddfod, yr iaith Gymraeg neu'r côr meibion.

FFYNHONNELL 1

Ar un llaw, roedd pobl yn croesawu'r cyfle am beint pan oeddent i ffwrdd o'r gwaith, ond ar y llaw arall, roedd yn symbol o farwolaeth peth Cymreictod.

Robin Hughes, clerc Cyngor Tref Pwllheli, wedi i ddosbarth Dwyfor bleidleisio i agor tai tafarn yn refferendwm 1996

Deddf Masnachu ar y Sul 1994

Daeth **cadw'r Sul** dan fygythiadau pellach yn y blynyddoedd i ddilyn. Roedd llawer o ymgyrchoedd brwd i geisio cau sinemâu ar y Sul wedi methu'n llwyr. Roedd y Ddeddf Masnachu ar y Sul yn caniatáu i bob siop agor yn gyfreithlon ar y Sul. Ar y cyfan, roedd prynu a gwerthu ar y Sul yn anghyfreithlon cyn hynny.

Arwydd yn dangos oriau agor uwchfarchnad Morrisons yn Aberystwyth

Diboblogi gwledig a mudo mewnol

Roedd y Rhyfel Byd Cyntaf yn gyfnod ffyniannus i ffermwyr Cymru am ei bod yn anodd mewnforio bwyd o dramor. Fodd bynnag, newidiodd dulliau ffermio wedi'r rhyfel, a disodlwyd tyfu cnydau gan ffermio gwartheg godro mewn sawl ardal. Roedd ffermio'n mynd yn fwy a mwy mecanyddol, ac nid oedd angen cymaint o lafurwyr ar ffermydd. Roedd cyflogau gweision fferm yn isel iawn ac, o ganlyniad, gadael cefn gwlad oedd hanes llawer ohonynt, ynghyd â gweithwyr gwledig eraill, a mynd i chwilio am fywoliaeth well a mwy proffidiol mewn mannau eraill. Parhaodd hyn trwy gydol yr Ail Ryfel Byd a chyrraedd penllanw yn fuan wedyn.

Felly, daeth diboblogi gwledig i fod yn broblem fawr yn y Gymru fodern. Pobl ifanc yn chwilio am well cyfleoedd gwaith oedd y mwyafrif o'r mudwyr, ac aethant i'r dinasoedd, y tu allan i Gymru yn bennaf, gan adael poblogaeth yn heneiddio yng nghefn gwlad.

Roedd llif cyson o bobl ddi-Gymraeg wedi dod i Gymru ers y bedwaredd ganrif ar bymtheg wrth i fudwyr, o Loegr yn bennaf, ddod i chwilio am waith yn yr ardaloedd diwydiannol. Ym mlynyddoedd canol yr ugeinfed ganrif, roedd y mewnlif o fudwyr o Loegr i gadarnleoedd yr iaith Gymraeg, megis Ynys Môn a

Phen Llŷn, wedi newid natur y cymunedau Cymraeg eu hiaith. Daeth nifer cynyddol o bobl o Ganolbarth Lloegr i drefi arfordirol megis Harlech a Thywyn. Roedd pobl o Loegr yn dewis ymddeol mewn cyrchfannau fel Abergele a Llandudno, ac mewn ardaloedd gwledig hardd. Yn 1901, roedd 49.9% o boblogaeth Cymru yn siarad Cymraeg; erbyn 1951, roedd y ffigur wedi disgyn i 28.9%.

Nodwedd arall ar y mudo mewnol oedd y cynnydd yn nifer y Saeson a oedd yn prynu cartrefi gwyliau neu 'dai haf' yn rhai o gadarnleoedd y Gymraeg. Creodd hyn dipyn o wrthwynebiad, gan ysgogi mudiadau eithafol megis Meibion Glyndŵr, a losgodd tua 220 eiddo o'r fath yn y cyfnod rhwng 1979 ac 1994. Roedd y gwrthwynebiad yn canolbwyntio ar y modd yr oedd prynu tai haf yn gwthio prisiau tai y tu hwnt i gyrraedd y bobl leol ac yn newid y ffordd o fyw yn y cymunedau hynny.

Poblogaeth	1,109
16 oed ac iau	20.6%
17-63 oed	61.3%
64 oed a hŷn	18.7%
Ganwyd yng Nghymru	72%
Ganwyd yn Lloegr	27%
19% o'r tai yn gartrefi gwyliau	

Ffeithiau a ffigurau ar gyfer Aberdaron, ym mhen pellaf Pen Llŷn, o gyfrifiad 2001

Mae'r dirywiad yn nefnydd yr iaith Gymraeg ym Mhen Llŷn wedi'i briodoli i gynnydd ym mhrisiau tai. Mae mwy a mwy o Gymry Cymraeg lleol yn methu prynu tai yn yr ardal am fod y cynnydd ym mhrisiau tai wedi ennill y blaen ar gyflogau cyfartalog yng Nghymru. Ar y llaw arall, mae mewnlif o bobl ddi-Gymraeg wedi dod i'r ardal i brynu tai ar gyfer ymddeol neu fel cartrefi gwyliau. Mae'r ffaith fod pobl leol yn cael eu prisio allan o'r farchnad yn fater cyffredin i nifer o gymunedau gwledig ym Mhrydain, ond mae dimensiwn yr iaith yn cymhlethu'r sefyllfa fwy yng Nghymru gan nad yw llawer o'r preswylwyr newydd wedi dysgu'r Gymraeg.

O wefan Wikipedia: Pen Llŷn

Y frwydr i gadw cadarnleoedd y Gymraeg

Mae grwpiau pwyso, megis Cymuned, yn ymgyrchu'n weithredol i warchod cadarnleoedd y ffordd Gymreig o fyw. Maent yn mynnu bod materion megis y canlynol yn cael eu cyflwyno:

- cyfyngu'r hawl i adeiladu tai newydd i bobl leol;
- cynyddu'r dreth ar ail gartrefi;
- y defnydd o'r iaith Gymraeg fel yr iaith weinyddol mewn sefydliadau yn yr ardaloedd hyn.

Mae Cymdeithas yr Iaith, a sefydlwyd yn 1962, hefyd yn ymgyrchu dros hawl pobl leol i rentu neu brynu tai fforddiadwy, a thros gynllunio tai yn ofalus er mwyn osgoi datblygiadau a fyddai'n erydu'r gymuned leol neu'r iaith Gymraeg neu'r amgylchedd naturiol. Mae Cymdeithas yr Iaith hefyd yn ymgyrchu dros **statws swyddogol** y Gymraeg yng Nghymru, o fewn y sectorau cyhoeddus a phreifat fel ei gilydd, fel bod gan Gymry Cymraeg yr hawl i ddefnyddio'u hiaith ym mhob agwedd ar fywyd.

TASGAU

1. Yn eich barn chi, beth oedd Robin Hughes yn ei olygu gyda'i sylw "roedd yn symbol o farwolaeth peth Cymreictod" yn Ffynhonnell 1?

2. Beth mae Ffynhonnell 3 yn ei ddangos am Aberdaron yn 2001?

3. Defnyddiwch Ffynonellau 3 a 4 a'ch gwybodaeth eich hun i egluro'r bygythiad i'r ffordd Gymreig o fyw yn ei chadarnleoedd, megis Pen Llŷn?

4. Fel gwaith cartref, ewch ati i wneud gwaith ymchwil fel a ganlyn:
   - Beth yw refferendwm?
   - Ymchwiliwch i'r Mudiad Dirwest ar ddiwedd y bedwaredd ganrif ar bymtheg a dechrau'r ugeinfed ganrif. Dros beth yr oedd yn ymgyrchu a pham? Ystyriwch rôl menywod yn y mudiad hwn.

TWF Y CYFRYNGAU TORFOL A'R DIWYLLIANT POBLOGAIDD

Beth yw'r cyfryngau torfol?

Ystyr cyfryngau torfol yw cyfryngau poblogaidd sydd ar gael yn hawdd i fwyafrif y boblogaeth. Cyn yr Ail Ryfel Byd, roedd hyn yn cynnwys y radio, y sinema a newyddiaduriaeth, ond ers hynny, rydym wedi gweld y teledu, cerddoriaeth o bob math a'r rhyngrwyd yn dod yn boblogaidd iawn.

Teledu

Mae'r teledu yn gyfrwng pwerus yn ogystal â bod yn ffynhonnell o adloniant. Gwelwyd datblygiadau technolegol mawr ers ei ddyddiau cynnar ac mae wedi cael effaith enfawr ar ffordd pobl o fyw. Mae gan bron pawb yng Nghymru set deledu ac mae'n darparu amrywiaeth eang o adloniant heb fod angen gadael y tŷ. Ar ddiwedd yr ugeinfed ganrif, cafwyd dewis cynyddol o raglenni teledu wrth i deledu brecwast a sianeli newydd fel Sianeli 4 a 5 gael eu cyflwyno. O 1989 ymlaen, gallai cartrefi danysgrifio i rwydweithiau lloeren a chebl a oedd yn cynnig dewis o newyddion, chwaraeon, adloniant a rhaglenni dogfen.

Ers yr 1960au y teledu yw canolbwynt yr hwyrnos yn y mwyafrif o gartrefi, o'i gymharu ag adloniant mwy cymdeithasol cartref y cenedlaethau blaenorol, ac mae gan nifer o gartrefi sawl set deledu fel y gall aelodau'r teulu wylio rhaglenni gwahanol. Daeth y newid mwyaf diweddar mewn gwylio teledu rhwng 2008 a 2011, pan gafodd yr hen signal analog ei ddisodli gan deledu digidol, a oedd yn rhoi dewis hyd yn oed yn ehangach o raglenni.

1982	S4C a Sianel 4
1983	Teledu brecwast
1989	Teledu lloeren
1990	Teledu cebl yn cychwyn yng Nghymru
1997	Sianel 5
2001	Sky+ yn cael ei gyflwyno gyntaf
2008	Teledu digidol

Rhai o'r datblygiadau teledu ers yr 1980au

Er nad yw'n syniad newydd, mae teledu realiti wedi dod yn boblogaidd iawn ers diwedd yr ugeinfed ganrif ac wedi gweld ffrwydrad o ddiddordeb byd-eang yn yr unfed ganrif ar hugain. Mae llwyddiant *Big Brother*, a gafodd ei ddarlledu gyntaf yn 1999, wedi arwain at raglenni tebyg, megis *The Apprentice, I'm a Celebrity … Get Me Out of Here*, a *Britain's Next Top Model*, yn cael eu darlledu mewn dwsinau o wledydd eraill. Yn perthyn yn agos i'r sioeau realiti, ac yr un mor boblogaidd, mae'r sioeau talent niferus, megis *The X Factor* a *Britain's Got Talent*. Mae'r rhaglenni hyn yn aml yn croesi'n ôl a blaen o UDA.

TASGAU

1. Defnyddiwch Ffynhonnell 5 a'ch gwybodaeth eich hun i ddangos sut mae gwylio teledu wedi datblygu ers yr 1980au.

2. Mewn parau, trafodwch faint o deledu realiti a sioeau talent yr ydych yn eu gwylio. Beth arall ydych chi'n ei wylio'n aml ar y teledu?

3. Ydy teledu heddiw yn fygythiad i'r ffordd Gymreig o fyw?

Cerddoriaeth gyfoes

Fel llawer o'r byd gorllewinol, trawyd Cymru gan gerddoriaeth roc yn yr 1950au. Gellid dweud bod dylanwad cerddoriaeth roc a phop wedi bod yr un mor bwysig â theledu o ran eu heffaith ar y ffordd draddodiadol Gymreig o fyw, yn y modd y dylanwadodd ar agweddau megis ffasiwn ac iaith. Gan fod cerddoriaeth roc a phop wedi dod yn boblogaidd yn gyntaf ymhlith pobl ifanc yn yr 1950au, roedd iddynt ran fawr yn ffurfio agweddau cenhedlaeth o bobl wrth iddynt dyfu'n hŷn.

Yn yr 1950au, cyrhaeddodd roc a rôl o UDA gyda cherddoriaeth rhai fel Bill Haley and The Comets ac Elvis Presley, a oedd yn seiliedig ar y gitâr, y bas a'r drymiau. Cafodd effaith ar unwaith ar bobl ifanc, ac roedd y genhedlaeth hŷn wedi'i brawychu gan yr hyn a welai fel anffurfioldeb a gwylltineb y gerddoriaeth.

Fodd bynnag, dim ond palmantu'r ffordd oedd yr 1950au ar gyfer chwyldro'r 1960au – y *Swinging Sixties*, fel y daethpwyd i alw'r degawd – pan oedd bandiau o Loegr yn tra-arglwyddiaethu ar gerddoriaeth bop Prydain. Y band mwyaf adnabyddus oedd The Beatles, a daethant hwy, a bandiau eraill megis The Hollies, The Who, The Kinks a The Rolling Stones, yn fyd-enwog.

Mae cerddoriaeth bop wedi parhau i ddatblygu, a 60 mlynedd yn ddiweddarach, mae pop yn parhau i fod yn ddylanwad enfawr ar fywydau pobl ifanc.

Byd y gerddoriaeth bop Gymreig gynnar

Yr effeithiau cynharaf ar Gymru oedd y rhuthr o sêr pop oedd yn perfformio yn Saesneg. Ar ddechrau'r 1960au, roedd gan dde Cymru fyd canu pop lleol ffyniannus. Ymysg y sêr cynharaf yng Nghymru roedd artistiaid fel y Jets, y Bystanders (eu prif leisydd oedd Lyn Mettel, a gaiff ei adnabod erbyn heddiw fel Owen Money, y personoliaeth radio), a'r Vikings. Cafodd Shirley Bassey gyfres o lwyddiannau yn yr 1950au a'r 1960au, yn cynnwys arwyddgan y ffilm James Bond, *Goldfinger*, yn 1964. Daeth prif ganwr Tommy Scott and the Senators yn fyd-enwog fel Tom Jones, a rhyddhau ei gân rhif un, *It's Not Unusual*, yn 1965. Ymunodd y Cymro Cymraeg o Rydaman, John Cale, â Lou Reed yn New York i ffurfio The Velvet Underground, ac mae'n dal i fod yn gerddor llwyddiannus a dylanwadol. Erbyn diwedd y degawd, roedd y band o Gaerdydd, Amen Corner, yn ennill clod ledled y DU. Hwylusodd Paul McCartney o The Beatles gantores ifanc o Gymru i enwogrwydd trwy ei harwyddo ar y label Apple – aeth cân Mary Hopkins, *Those Were The Days*, i rif un ym Mhrydain ac UDA. Mewn degawdau diweddarach, roedd enwau rhyngwladol megis Bonnie Tyler, Shakin Stevens, The Alarm, Super Furry Animals, Stereophonics a Manic Street Preachers wedi tyfu o'u gwreiddiau Cymreig i gael dylanwad ar lwyfan y byd, gan ennyn ymdeimlad o falchder diwylliannol.

Effaith cerddoriaeth bop

Nid oes amheuaeth na chafodd cerddoriaeth roc a phop effaith ar Gymru a'i ffordd draddodiadol o fyw yn yr 1960au. Yn y bôn, roedd cerddoriaeth bop yn ffenomen a effeithiodd ar bobl ifanc a chynhyrchu'r diwylliant ieuenctid newydd. Roedd pobl ifanc yn prynu recordiau, neu 'recordiau sengl', o'r caneuon ar y brig, ac roedd y byd pop yn cael dylanwad cryf ar eu ffasiwn, gyda chefnogwyr yn gwisgo, ac yn aml yn ymddwyn, fel y sêr.

FFYNHONNELL 6

Twiggy yn yr 1960au, yn gwisgo sgert fini ac esgidiau uchel

Ffotograff o The Beatles yn yr 1960au

Hyrwyddodd y troellwr o Sais, John Peel, fandiau Cymraeg ar ei raglen ar Radio 1, gan ddod â hwy i sylw cynulleidfa llawer ehangach.

Byd y canu pop Cymraeg

Mae canu pop yn enghraifft ardderchog o Gymru'n ymateb yn llwyddiannus i heriau'r byd oddi allan, ac o'r 1960au hyd heddiw, mae byd canu pop Cymraeg ffyniannus wedi bodoli. Yn ogystal â'r themâu arferol o gariad, hapusrwydd a thorcalon mewn cerddoriaeth bop, mae'r Cymry ifanc wedi bod yn bryderus iawn ynglŷn â materion megis statws yr iaith Gymraeg, cartrefi gwyliau, helyntion diwylliannau lleiafrifol, anghyfiawnder ymddangosiadol yng Nghymru a thramor, a digwyddiadau megis arwisgo Charles yn Dywysog Cymru yn 1969. Roedd y materion hyn yn destun caneuon protest, math o gerddoriaeth bop a oedd yn boblogaidd yn UDA yn ogystal â Chymru ar yr adeg hon. Roedd cantorion megis Dafydd Iwan, Huw Jones a Meic Stevens – a ddisgrifiwyd fel 'y Bob Dylan Cymreig' – wedi cyfansoddi a chanu'r math hwn o gerddoriaeth yn llwyddiannus iawn yn ystod yr 1960au a'r 1970au. Huw Jones a recordiodd y sengl gyntaf, ar label Sain. *Dŵr* oedd enw'r sengl, sef cân brotest yn erbyn boddi cwm Tryweryn yn yr 1960au er mwyn darparu dŵr ar gyfer Lerpwl.

Yn ystod ail hanner yr ugeinfed ganrif, ehangodd cerddoriaeth bop Gymraeg mewn ffyrdd cyffrous a dylanwadol yn aml, gan symud o'r sain bop werin delynegol i roc, pync, rege, indi a phop gitâr, a oedd yn aml yn cael eu recordio ar nifer o labeli recordio llai. Mae nifer o fandiau yn canu yn Gymraeg a Saesneg.

Roedd bechgyn a merched yn dilyn y ffasiwn. Cafodd steil gwallt enwog y Beatles a'u dillad eu copïo lawer gan ieuenctid yr 1960au, ond mae hefyd yn deg dweud bod ffasiynau modern Llundain wedi cymryd peth amser i gyrraedd Cymru, ac nid effeithiwyd bron o gwbl ar rai ardaloedd gwledig.

Cafodd y radio ei newid yn llwyr gan fyd y canu pop. Roedd radio transistor, a oedd yn fach, yn rhad, yn gludadwy ac yn gweithio ar fatris, yn 'rheidrwydd' yng ngolwg pob person ifanc. Sefydlwyd gorsafoedd radio a oedd wedi'u neilltuo i chwarae cerddoriaeth; roedd y rhain yn cynnwys gorsafoedd answyddogol megis Radio Caroline, cyn i Radio 1 y BBC ddod ar yr awyr yn 1967. Roedd gan y teledu hefyd raglenni cerddoriaeth bop, megis *Top of the Pops* a *Ready, Steady, Go*. Roedd pobl ifanc hefyd yn awyddus i brynu cylchgronau cerddoriaeth megis *Melody Maker* a *New Musical Express*.

Artistiaid cerddoriaeth Gymraeg: trosolwg cyffredinol

1970au	Parhaodd poblogrwydd y cantorion-gyfansoddwyr, megis Meic Stevens, Dafydd Iwan a Tecwyn Ifan, a oedd yn canu baledi, caneuon protest a chaneuon gwerin. Roedd bandiau megis y Tebot Piws, Edward H Dafis, y Trwynau Coch, Injaroc a Sidan yn cynnig sain roc, pync a phop. Roedd grwpiau mwy traddodiadol, megis Hogia'r Wyddfa, Hogia Llandegai a Tony ac Aloma, yn parhau i apelio at y gynulleidfa hŷn. Roedd 'roc werin' hefyd yn boblogaidd ac yn cael ei berffformio gan artistiaid megis Mynediad am Ddim, Ar Log a Heather Jones.
1980au	Geraint Jarman a'r Cynganeddwyr, Ficer, Maffia Mr Huws, Ceffyl Pren, Jess, Anhrefn a Datblygu oedd rhai o'r grwpiau poblogaidd ymysg y Cymry Cymraeg ifanc. Roedd artistiaid megis Bryn Fôn, Geraint Griffiths a Caryl Parry Jones yn teithio ac yn recordio fel perfformwyr unigol a hefyd yn aelodau o fandiau megis Sobin a'r Smaeliaid, Eliffant a Bando.
1990au	Bob Delyn a'r Ebillion, Celt, Beganifs, Jecsyn Ffeif, Neil Rosser a'r Band ac Anweledig oedd rhai o'r bandiau a oedd yn perfformio mewn arddull werin, roc, rege a phop. Parhaodd Steve Eaves ac Endaf Emlyn i berfformio fel cantorion-gyfansoddwyr. Gwelwyd bandiau newydd yn dod i'r amlwg yn yr 1990au hefyd, megis Catatonia, Super Furry Animals a Gorky's Zygotic Mynci, ac roeddent yn cynhyrchu recordiau yn Gymraeg a Saesneg. Roedd y mathau gwahanol o gerddoriaeth yn apelio at gynulleidfa eang.
21ain ganrif	Mae Elin Fflur, Kizzy Crawford, Fflur Dafydd a Gwyneth Glyn wedi cynnal y duedd fyd-eang o artistiaid benywaidd. Mae bandiau poblogaidd eraill yn cynnwys Sibrydion, Race Horses, Yr Ods, Cowbois Rhos Botwnnog, Masters in France a Gwibdaith Hen Frân, ac mae rhai ohonynt yn mynd â'u cerddoriaeth y tu allan i Gymru fwy a mwy.

Rhai cerrig milltir pwysig

1970au	Dafydd Iwan a Huw Jones yn sefydlu'r label recordio Sain er mwyn cynhyrchu recordiadau o'r ansawdd uchaf.
1980au a'r 1990au	Roedd rhaglenni cerddoriaeth megis *Sêr* a *Fideo 9* yn bwysig i hyrwyddo'r diwydiant pop a roc yng Nghymru. Roedd y rhaglenni teledu *Garej* a *Bandit* yn barhad i ddylanwad *Fideo 9*. Ymddangosodd stiwdios recordio eraill, megis Fflach ac Ankst, a oedd yn cynnig gwaith perfformwyr gwahanol. Sefydlwyd gwyliau llwyddiannus megis Gŵyl Gerdd y Cnapan a Sesiwn Fawr Dolgellau.
1997	Yn Eisteddfod Genedlaethol y Bala, cafodd Maes B ei atgyfodi, gan gynnig rhaglen o ddigwyddiadau am yr wythnos a oedd yn darparu llwyfan ar gyfer bandiau pop a roc.
Ers yr 1990au	Mae'r gwyliau ar hyd a lled y wlad wedi ymaddasu a pharhau i gynnig cerddoriaeth fywiog o bob math. Mae Sesiwn Fawr Dolgellau wedi bod yn denu a hyrwyddo talentau Cymreig sefydledig a newydd, megis Super Furry Animals, Cerys Matthews a Derwyddon Dr Gonzo. Mae Gŵyl Wakestock wedi bod yn cael ei chynnal ym Mhen Llŷn er 1992, a threfnodd Bryn Terfel Ŵyl y Faenol rhwng 2000 a 2008, gan ddenu 35,000 o bobl yno yn 2006. Mae Gŵyl y Green Man, a gynhelir ym Mannau Brycheiniog ym mis Awst, yn ŵyl gerddoriaeth annibynnol sy'n cynnwys ffilm, theatr a chomedi, yn ogystal â sawl math gwahanol o gerddoriaeth.
2009	Agorodd Prifysgol Bangor archif i hanes cerddoriaeth bop yng Nghymru.

FFYNHONNELL 8

Llwyfan Gŵyl y Faenol; denodd y digwyddiad pedwar diwrnod hwn record o 35,000 o bobl yn 2006

Mewn partneriaeth â Mentrau Iaith Cymru, mae C2 hefyd yn darlledu'r gystadleuaeth flynyddol i fandiau newydd Cymraeg, Brwydr y Bandiau, gan roi llwyfan a chreu cynulleidfa ar gyfer talentau newydd.

FFYNHONNELL 9

Logo C2, rhaglen gylchgrawn BBC Radio Cymru ar gyfer ieuenctid

Cerddoriaeth bop Gymraeg ar y radio a'r teledu

Ers dyddiau'r radio transistor yn yr 1960au, mae'r radio wedi parhau i fod yn arf pwerus ar gyfer darlledu cerddoriaeth a chyfathrebu â phobl ifanc. Yn ystod dyddiau'r wythnos, rhwng 7 yh a 10 yh, mae BBC Radio Cymru yn darlledu C2, rhaglen gerddoriaeth Gymraeg ar gyfer pobl ifanc. Mae'n chwarae cerddoriaeth bop Gymraeg a Saesneg.

TASGAU

1. Defnyddiwch Ffynonellau 6 a 7 a'ch gwybodaeth eich hun i ddangos sut yr oedd modelau a cherddorion pop yn dylanwadu ar fywydau pobl ifanc.

2. Pa mor bwysig y mae rhaglenni radio megis C2 wedi bod ar gyfer datblygu cerddoriaeth bop yn yr iaith Gymraeg?

Y rhyngrwyd

Yn sicr, datblygiad technolegol mwyaf nodedig a dylanwadol blynyddoedd olaf yr ugeinfed ganrif oedd y microsglodyn a thechnoleg loeren, a dyfeisio'r rhyngrwyd. Mae cyfrifiaduron a dyfeisiau technolegol, megis ffonau symudol a thabledi, bellach yn gymharol rad ac i'w cael yn y mwyafrif o gartrefi. Mae'r genhedlaeth iau, yn arbennig, yn fwy a mwy hyddysg mewn cyfrifiadura ac yn gwneud defnydd helaeth o gysylltedd ar-lein ym mhob agwedd ar eu bywydau.

Mae cyfrifiaduron personol (PCs) a dyfeisiau eraill yn rhoi mynediad i'r cyfryngau eraill – y radio, rhaglenni teledu, ffilmiau a cherddoriaeth. Mae twf a phoblogrwydd rhwydweithio cymdeithasol yn golygu bod pobl yn gallu cyfathrebu trwy Facebook, MSN, Twitter ac Instagram, er enghraifft, gan rannu barn a phrofiadau, yn ogystal â ffotograffau. Mae manteisio ar y dechnoleg newydd hon wedi dod yn bwysig iawn i'r Cymry ac wedi dylanwadu ar y defnydd o'r iaith, er enghraifft wrth decstio. Mae hefyd wedi'i gwneud hi'n bosibl i ddiwylliant Cymreig o bob math gael ei ddosbarthu o fewn Cymru ac i gynulleidfa fyd-eang.

Mae'r iaith Gymraeg yn cael ei defnyddio fwyfwy ar y rhyngrwyd, gyda'r defnydd yn amrywio o restri terminoleg ffurfiol, mewn meysydd o bob math, i flogiau Cymraeg. Gellir gweld cynnydd yn y defnydd o'r iaith hefyd yn natblygiad y rhyngwynebau Cymraeg ar gyfer rhaglenni megis Microsoft Windows XP, Vista, Office a Mozilla Firefox, ac yn amrywiaeth dosraniadau a gwasanaethau ar-lein Linux. Mae amrywiaeth o wefannau hefyd ar gael yn Gymraeg: mae Wikipedia wedi cynnig fersiwn Cymraeg er mis Gorffennaf 2003 a'r safle rhwydweithio cymdeithasol Facebook er 2009. Trwy ddatblygiadau o'r fath, mae gan y Gymraeg y gallu i fod yn iaith gwaith a hamdden mewn nifer o feysydd.

Ar yr un pryd, gellid dweud bod tra-arglwyddiaeth y Saesneg fel prif iaith cyfathrebu technolegol yn rhwystr ychwanegol i'r iaith Gymraeg, wrth iddi frwydro i barhau'n iaith gymdeithasol fywiog sy'n cael ei defnyddio'n naturiol y tu allan i'r system addysg.

FFYNHONNELL 10

Microsoft yn cyhoeddi meddalwedd Cymraeg

Mae fersiynau Cymraeg o ddwy raglen gyfrifiadur flaenllaw wedi'u rhyddhau gan Fwrdd yr Iaith Gymraeg a Microsoft.

Gall pobl sy'n defnyddio cyfrifiaduron bellach ddewis cael Windows XP ac Office 2003 yn Gymraeg.

Dywedodd Meri Huws, cadeirydd Bwrdd yr Iaith Gymraeg, fod hyn yn "ddatblygiad pwysig iawn ar gyfer yr iaith Gymraeg."

... Gan groesawu'r meddalwedd, dywedodd y Gweinidog dros y Gymraeg, Alun Pugh: "Mae lansio Windows ac Office 2003 yn Gymraeg yn nodi carreg filltir go iawn ar gyfer yr iaith ac yn cyd-fynd yn dda â gweledigaeth Llywodraeth Cynulliad Cymru ar gyfer Cymru ddwyieithog. Rwy'n ei gweld yn anogaeth fawr, mewn oes o lobaleiddio cynyddol, fod cwmni rhyngwladol enfawr yn cydnabod pwysigrwydd cefnogi amrywiaeth mewn ieithoedd a diwylliannau."

Dywedodd Meri Huws: "Mae hwn, yn ddi-os, yn ddatblygiad pwysig iawn ar gyfer yr iaith Gymraeg ac yn cadarnhau bod yr iaith yn gyfoes, perthnasol a defnyddiol. Bydd cael rhaglenni cyfrifiadur cyfarwydd fel Word ac Outlook yn Gymraeg yn cynyddu'r cyfleoedd i bobl o bob oedran ddefnyddio'r iaith yn eu bywydau bob dydd, a hynny yn y gwaith a gartref."

Hanes lansio meddalwedd Cymraeg Microsoft ar wefan BBC News

Golwg Cymreig ar y byd

Wrth i bobl droi fwyfwy at y teledu a'r rhyngrwyd fel ffynhonnell gwybodaeth a newyddion, mae mwy o bwysau'n cael ei roi ar ffurfiau hŷn y cyfryngau torfol, yn enwedig papurau newydd. O ran trosglwyddo newyddion o Gymru ac am Gymru, mae Cymru'n cael ei gwasanaethu'n bennaf gan bedwar papur newydd dyddiol – y *Western Mail* (sydd, yn gyffredinol, ag apêl ehangach yn ne a gorllewin Cymru), y *South Wales Echo* (sy'n canolbwyntio'n bennaf ar Gaerdydd a threfi a phentrefi cyfagos), y *South Wales Evening Post* (sy'n canolbwyntio'n bennaf ar Abertawe a threfi a phentrefi cyfagos) a'r *Daily Post* (sy'n canolbwyntio ar ogledd y wlad), yn ogystal ag amrediad o bapurau wythnosol lleol. Mae'r rhain yn wynebu cystadleuaeth o du papurau Llundain, yn ogystal ag o'r twf mewn darllen ar-lein. Er mwyn gallu goroesi yn y byd busnes, mae gan y papurau hyn hefyd bresenoldeb ar-lein.

I ryw raddau, mae'r papurau hyn yn darparu persbectif

Cymreig ar newyddion a materion cyfoes a diwylliannol. Mae yna hefyd bapurau newydd wythnosol Cymraeg, megis *Y Cymro* a *Golwg*, sy'n darparu newyddion a sylwebaeth ar faterion cyfoes, diwylliant a chwaraeon.

Disgrifiad o'r Western Mail *ar Wikipedia*

FFYNHONNELL 12

i)

ii)

i) Tudalen flaen wladgarol nodweddiadol cyn gêm rygbi ryngwladol; mae'n ychwanegu at y ddirnadaeth boblogaidd fod y gêm yn ddylanwad sy'n dod â'r wlad ynghyd
ii) Y dudalen flaen ar 20 Medi 1997 yn dilyn pleidlais y refferendwm dros Gynulliad i Gymru; roedd y papur wedi cefnogi'r bleidlais 'Ie' yn yr ymgyrch cyn y refferendwm

Y MODERNEIDDIO AR Y GWERTHOEDD A'R DIWYLLIANT TRADDODIADOL

Yn hytrach nag ystyried pob dylanwad o'r tu allan fel bygythiad i'r ffordd Gymreig o fyw, mae Cymru, mewn sawl ffordd, wedi ymaddasu. Rydym newydd archwilio sut y mae'r byd cerddoriaeth, er enghraifft, wedi ffynnu. Mae Cymru wedi ymaddasu i'r heriau ac wedi cadw peth o'i hynodrwydd yn y broses.

Creu Eisteddfod Ryngwladol Llangollen

Sefydlwyd Eisteddfod Llangollen yn 1947, ar ddiwedd yr Ail Ryfel Byd. Ei chennad oedd hyrwyddo heddwch a dod â gwledydd at ei gilydd mewn ysbryd o gydweithredu wedi'r gwrthdaro. Fe'i cynhaliwyd gyntaf ar dir Ysgol Dinas Brân, Llangollen, a bu'n llwyddiant mawr er gwaethaf gorfod goresgyn y problemau dogni bwyd ym Mhrydain a streiciau rheilffordd ledled Ffrainc. Cafodd cystadleuwyr tramor eu lletya yn y dref ac mewn pentrefi cyfagos, tra cafodd cystadleuwyr cartref welyau mewn eglwysi a neuaddau ysgolion. Fe'i cynhelir yn ystod ail wythnos mis Gorffennaf bob blwyddyn, ac mae wedi bod yn gyfrwng ers y cychwyn i godi proffil Cymru yn y byd ac wedi cyfrannu'n helaeth at y ddirnadaeth o Gymru fel gwlad gymunedol sy'n gwerthfawrogi cerddoriaeth.

Mae cantorion a dawnswyr gwerin o nifer o wledydd yn cael eu gwahodd i gymryd rhan mewn mwy nag ugain o gystadlaethau o safon uchel. Gyda'r nos, mae'r cystadleuwyr gorau ac artistiaid proffesiynol yn diddanu'r cynulleidfaoedd. Erbyn heddiw, mae dros 1,000 o gystadleuwyr o tua 50 o wledydd yn perfformio i gynulleidfaoedd o tua 50,000 ac mae buddsoddiad yng nghyfleusterau safle'r Eisteddfod yn golygu bod cyngherddau gan gerddorion byd-enwog yn cael eu cynnal drwy'r flwyddyn gron.

FFYNHONNELL 13

Côr Plant Obernkirchen (Yr Almaen), 1953

Yn 1953, wyth mlynedd yn unig wedi diwedd yr Ail Ryfel Byd, enillodd Côr Plant Obernkirchen o'r Almaen y gystadleuaeth corau plant yn Eisteddfod Llangollen. Roedd llawer o'r plant wedi eu hamddifadu oherwydd y rhyfel. O ganlyniad i adroddiadau'r BBC ar eu perfformiad yn Llangollen, cawsant lwyddiant mawr ym Mhrydain gyda'r gân *The Happy Wanderer*, a gyrhaeddodd rif 2 yn siart y DU yn 1954. Arhosodd y gân yn y siart am 26 wythnos.

Yr Eisteddfod Genedlaethol

Un mynegiant amlwg iawn o'r diwylliant Cymreig yw'r Eisteddfod Genedlaethol, a gynhelir ym mis Awst yn flynyddol, ac yn y blynyddoedd diwethaf mae hithau hefyd wedi dangos parodrwydd i groesawu newid. Roedd llacio'r rheol mewn perthynas â gwerthu alcohol ar y maes yn newid sylweddol, ac mae wedi arwain at ddatblygu ardaloedd cymdeithasol newydd i fwynhau cerddoriaeth fyw. Mae dewis amrywiol o gerddoriaeth bellach yn rhan annatod o'r ŵyl. Ers i Blew a Dafydd Iwan berfformio yn y Babell Lên yn Eisteddfod y Bala yn 1967, mae gigiau hefyd yn nodwedd allweddol o'r Eisteddfod, gyda rhaglen lawn ac amrywiol o gerddoriaeth fyw ar gael ar y maes ac oddi arno, gydol y dydd a phob nos.

Dros y blynyddoedd, mae ymdrechion wedi'u gwneud i ddenu mwy o bobl ddi-Gymraeg i'r Eisteddfod, yn arbennig gyda Maes D, pabell y dysgwyr. Cyflwynir y wobr Dysgwr y Flwyddyn yn yr Eisteddfod Genedlaethol. Mae gan Eisteddfod Genedlaethol yr Urdd hefyd gystadlaethau ar gyfer dysgwyr Cymraeg ifanc ac mae'n cynnig nifer o gyfleoedd i bobl ifanc gymryd rhan mewn digwyddiadau chwaraeon ac i deithio dramor. Mae 30% o'i haelodau o gyfanswm o 50,000 yn eu hystyried eu hunain yn ddysgwyr.

Yn y gwyliau hyn, mae'r pwyslais yn cael ei roi ar gysylltu â diddordebau pobl. Mae cydweithredu â'r cyfryngau a chroesawu datblygiadau technolegol yn golygu bod digwyddiadau yn cael eu darlledu a'u ffrydio, gan wneud yr iaith a'r diwylliant yn hygyrch i bawb. Mae'r gwyliau yn elwa o gael eu darlledu ar y teledu a'r radio hefyd; mae hyn yn rhoi mwy o gyhoeddusrwydd iddynt, gan wneud pobl ddi-Gymraeg yn fwy ymwybodol ohonynt.

Poster yn dangos rhai o'r gigiau cerddoriaeth yn Eisteddfod Dinbych yn 2013

Martyn Croydon, yn wreiddiol o Kidderminster, enillydd Dysgwr y Flwyddyn 2013; cafodd y wobr ei chyflwyno iddo yn Eisteddfod Genedlaethol Dinbych

Creu BBC Radio Cymru

Cyn i BBC Radio Cymru gael ei sefydlu yn 1977, roedd nifer cyfyngedig o raglenni Cymraeg yn cael eu darlledu ar BBC Radio Wales. Yn wreiddiol, dim ond ar FM yr oedd y sianel ar gael, ond mae bellach ar gael ar radio digidol a thrwy'r rhyngrwyd. Y rhaglen gyntaf oedd bwletin newyddion yn cael ei ddarllen gan Gwyn Llywelyn, gyda'r sioe frecwast, *Helo Bobol!*, yn cael ei chyflwyno gan Hywel Gwynfryn, yn dilyn.

Yn ystod y dydd, mae Radio Cymru'n targedu oedolion fel cynulleidfa, ac yna gyda'r hwyr mae'n targedu pobl ifanc. Mae'r penwythnosau wedi'u neilltuo ar gyfer chwaraeon ac adloniant. Bwriad yr orsaf yw cyflwyno gwybodaeth, diddanu a bod yn ddeniadol i wrandawyr, a'i her yw bodloni anghenion cynulleidfa amrywiol iawn.

Ar hyn o bryd, mae Radio Cymru'n darlledu ugain awr o raglenni Cymraeg y dydd. Yn ystod y dydd, mae'n gymysgedd o newyddion a materion cyfoes, megis y *Post Cyntaf* a'r *Post Prynhawn*, cyfweliadau a cherddoriaeth, gyda chyflwynwyr poblogaidd megis Shân Cothi a Dylan Jones. Yn ystod dyddiau'r wythnos, rhwng 7yh a 10yh, mae'n darlledu C2, sy'n targedu gwrandawyr ifanc trwy ganolbwyntio ar gerddoriaeth a bywyd cymdeithasol. Mae Radio Cymru hefyd yn trafod chwaraeon, ynghyd â'r gystadleuaeth farddoni boblogaidd, *Talwrn y Beirdd*. Yn y rhaglen hon, mae timau o feirdd o bob oed ledled Cymru yn gorfod cyfansoddi barddoniaeth mewn arddulliau penodol ar bynciau penodol, sy'n profi bod ffurfiau diwylliannol sefydledig yn parhau i fod yn bwysig ac yn rhoi mwynhad.

Mae'r ffaith fod yr orsaf radio hon yn uniaith Gymraeg, ar ei holl ffurfiau, wedi gwneud cyfraniad sylweddol i iaith a diwylliant Cymru.

FFYNHONNELL 17

Mae Shân Cothi ar yr awyr rhwng 10 yb a 12.30 yp yn ystod dyddiau'r wythnos ar BBC Radio Cymru

Creu S4C

Mewn oes pan fo'r teledu'n chwarae rôl mor bwysig ym mywydau pobl, roedd cyflwyno Sianel 4 Cymru (S4C) yn 1982 yn hwb enfawr i'r iaith.

Cyn mis Tachwedd 1982, roedd siaradwyr Cymraeg yn derbyn ambell raglen Gymraeg ar ffurf rhaglen ddisodli ar BBC Wales a HTV Cymru/Wales. Roedd y rhaglenni hyn yn aml yn cael eu darlledu yn ystod cyfnodau allfrig ac yn digio llawer yn y cymunedau di-Gymraeg trwy ddisodli rhaglenni poblogaidd a gâi eu dangos yng ngweddill y DU.

Roedd Cymdeithas yr Iaith wedi sylweddoli bod ganddynt rôl allweddol yn dod â'r iaith i flaen y gad ym mywydau bob dydd pobl ac wedi ymgyrchu'n daer am wasanaeth radio a theledu Cymraeg ers yr 1970au cynnar. Roedd y Gymdeithas wedi trefnu nifer o brotestiadau, megis:

● gwrthod talu trwyddedau teledu;
● meddiannu rhai o stiwdios y BBC a HTV;
● ymosod ar drosglwyddyddion teledu mewn ardaloedd Cymraeg eu hiaith.

Roedd Radio Cymru wedi cael ei sefydlu yn 1977, a chyn etholiad 1979 roedd y Blaid Lafur a'r Blaid Geidwadol wedi addo y byddent yn darparu sianel Gymraeg pe caent eu hethol. Fodd bynnag, roedd y Blaid Geidwadol, a gafodd ei hethol, wedi newid ei meddwl, ac arweiniodd hyn at fwy o anufudd-dod sifil yng Nghymru. Pan fygythiodd cyn-lywydd Plaid Cymru, Gwynfor Evans, fynd ar streic newyn, ofnodd llywodraeth Margaret Thatcher y byddai eu sefyllfa yn gallu arwain at fwy o drais. Felly, bu **tro pedol** sydyn, ac aeth S4C ar yr awyr ym mis Tachwedd 1982.

Pwysigrwydd S4C i'r gymdeithas Gymraeg

Cylch gwaith S4C oedd darparu gwasanaeth yn y Gymraeg ar amserau gwylio brig. Gyda chyflwyno'r sianel, nid oedd rhaglenni Cymraeg bellach yn cael eu darlledu ar BBC Wales a HTV Cymru. Felly gallai'r di-Gymraeg godi rhaglenni Saesneg ar y sianeli hyn unrhyw bryd.

Mae'r ffaith fod gan Gymru ei sianel deledu ei hun yn sicr yn codi statws yr iaith Gymraeg ac yn cydnabod Cymru fel cenedl. Mae ymddangosiad S4C ar yr awyr wedi bod yn gynrychiolaeth o Gymru, ei chymdeithas a'i phobl bob amser. Mae dyluniad y logo presennol yn dangos yr C wedi'i wahanu oddi wrth yr S4 gyda blaen slaes er mwyn amlygu'r C ar gyfer Cymru [S4/C].

Mae rhaglenni S4C yn targedu pob sector o'r gymuned Gymraeg ei hiaith. Ar gyfer y rhai hynny sydd â diddordeb mewn materion gwledig, ceir *Ffermio* neu *Cefn Gwlad*; ar gyfer y rhai sy'n mwynhau adloniant traddodiadol Cymreig, ceir *Noson Lawen*; ar gyfer pobl ifanc ceir yr opera sebon boblogaidd, *Rownd a Rownd*. Ar gyfer yr ifanc iawn, ceir *Cyw* a *Stwnsh*, ac mae'r rhaglenni cyn-ysgol a blynyddoedd cynnar hyn yn cyfrannu'n sylweddol at roi cyfle i siaradwyr Cymraeg ifanc glywed yr iaith, yn arbennig os nad oes Cymraeg yn cael ei siarad yn eu cartrefi.

Rhaglenni poblogaidd eraill yw'r opera sebon hirsefydlog, *Pobol y Cwm*, ac mae S4C hefyd yn comisiynu dramâu, megis y ddrama dditectif gyffrous ddiweddar, *Y Gwyll/Hinterland*. Mae rhaglenni ar gyfer dysgwyr Cymraeg megis *cariad@iaith* a *Hwb*, ond llwyddiant arbennig S4C yw ei darllediadau chwaraeon. Ymhell cyn i ddarlledu lloeren ddod â phêl-droed yr Eidal a Sbaen i'n cartrefi, roedd *Sgorio* yn cynnwys uchafbwyntiau'r gemau pêl-droed yn Sbaen, yr Eidal a'r Almaen bob wythnos. Dywedir bod Saeson o ardaloedd y ffin yn troi eu herialau teledu er mwyn derbyn *Sgorio*.

Mae S4C hefyd yn darlledu oriau o ddigwyddiadau Cymreig unigryw, sy'n cynrychioli diddordebau a ffordd o fyw miloedd o Gymry. Mae'r rhain yn cynnwys darllediadau byw o'r Eisteddfod Genedlaethol, Eisteddfod yr Urdd, Eisteddfod CFfI (Clybiau Ffermwyr Ifanc) Cymru a'r Sioe Frenhinol, yn ogystal â rygbi rhyngwladol a rhanbarthol.

Mae S4C wedi sefydlu enw da am raglenni teledu nodedig i blant, ac mae'n rhagori'n arbennig mewn animeiddiad a chartwnau. Mae rhaglenni megis *Superted* a *Sam Tân* wedi cael eu gwerthu i rwydweithiau eraill yn ogystal â dal cynulleidfa fawr yng Nghymru, ac mae

nifer o raglenni S4C wedi ennill gwobrau o fewn y diwydiant.

Heb amheuaeth, mae S4C wedi darparu cyfleoedd newydd i Gymry yn y diwydiant adloniant, un ai fel awduron, actorion, cyflwynwyr neu berfformwyr. Mae cwmnïau cynhyrchu megis Cwmni Da, Tinopolis ac Avanti hefyd yn darparu cyfleoedd i ddatblygu talentau creadigol yn y cyfryngau. Mae'r gwaith datblygu cyfredol ar y cyfleusterau mwyaf modern yn stiwdios y BBC ym Mhorth Teigr, Bae Caerdydd, yn caniatáu i raglenni megis *Doctor Who*, *Torchwood* a *Casualty* gael eu ffilmio yng Nghymru, ac yn codi proffil Cymru yn ogystal â'i diwydiannau creadigol llwyddiannus.

FFYNHONNELL 18

Cafodd Superted *ei gynhyrchu gan Gyhoeddiadau Siriol a chododd i statws cwlt ar S4C. Yn 1987, enillodd wobr fawreddog BAFTA.*

TASGAU

1. Pa ran chwaraeodd Cymdeithas yr Iaith yn sicrhau sianel deledu Gymraeg?

2. Sut y mae cerddoriaeth wedi bod yn agwedd bwysig ar fywyd yng Nghymru yn ystod ail hanner yr ugeinfed ganrif? Gwrandewch ar rai bandiau a restrir yn y bennod hon. Faint ohonynt ydych chi'n eu hadnabod?

3. Crëwch linell amser o ail hanner yr ugeinfed ganrif hyd heddiw, gan amlygu'r elfennau allweddol. Defnyddiwch yr wybodaeth yn y bennod hon, yn ogystal â'ch gwaith ymchwil eich hun.

Ymarfer at yr arholiad

Mae'r adran hon yn rhoi canllawiau ar sut i ateb cwestiwn 1(ch), 2(ch) a 3(ch) o Uned 3. Mae'r cwestiwn yn gofyn i chi ddethol eich gwybodaeth eich hun a dadansoddi'r cysyniadau allweddol. Mae'n werth 8 marc.

Cwestiwn (ch) – dethol gwybodaeth a dadansoddi cysyniadau allweddol

Pa mor bwysig i'r gymdeithas Gymraeg oedd creu S4C yn 1982?

[8 marc]

Cyngor ar sut i ateb

- Mae'r cwestiwn hwn yn gofyn i chi **werthuso pwysigrwydd** pwnc neu fater penodol.
- Rhaid i chi anelu at **ddadansoddi a gwerthuso**'r rhesymau dros y pwysigrwydd hwn.
- Ni fydd atebion disgrifiadol yn rhoi mwy na hanner marciau i chi – **rhaid i chi ddadansoddi** (archwilio'n fanwl).
- Mae angen i chi gefnogi'ch sylwadau gyda **manylion ffeithiol penodol**.
- Cofiwch fod y cwestiwn hwn yn gofyn i chi **roi barn**, gan nodi rhesymau penodol dros gredu bod y pwnc neu'r mater yn bwysig.

Ymateb ymgeisydd un

Roedd creu S4C yn 1982 yn garreg filltir bwysig i'r gymdeithas Gymraeg. Cyn hynny, dim ond sianeli Saesneg, a oedd weithiau'n darlledu rhaglenni Cymraeg ar adegau allfrig, oedd ar gael. Gostyngodd hyn statws yr iaith Gymraeg.

Roedd creu S4C nid yn unig yn golygu y byddai siaradwyr Cymraeg yn gallu gwylio sianel Gymraeg, ond byddai hefyd yn sicrhau na fyddid yn tarfu ar raglenni ar gyfer y di-Gymraeg. Cynhyrchodd S4C nifer o raglenni poblogaidd megis 'Sam Tân', 'Superted' a 'Sgorio'. Roedd S4C yn annog siaradwyr di-Gymraeg i wrando trwy ddarparu is-deitlau.

Roedd hyn i gyd wedi codi statws yr iaith Gymraeg.

Sylwadau'r arholwr

Mae'r ymgeisydd yn cydnabod bod S4C wedi bod yn bwysig i godi statws yr iaith Gymraeg trwy ddarparu sianel Gymraeg. Mae'r ateb yn dangos gwybodaeth dda am y rhaglenni sydd ar gael ar S4C. Fodd bynnag, ychydig iawn o ymdrech sydd yma i fynd i'r afael â'i phwysigrwydd i'r gymdeithas Gymraeg nac i roi barn. O ganlyniad, mae'r ateb yn haeddu tua hanner Lefel 2 ac yn ennill 5 marc.

Ymateb ymgeisydd dau

Cafodd S4C ei sefydlu ym mis Tachwedd 1982. Roedd yn ddatblygiad pwysig iawn gan ei fod yn caniatáu i siaradwyr Cymraeg fwynhau gwylio'r teledu yn eu hiaith frodorol. Mae S4C ar yr awyr am 20 awr y dydd, 7 diwrnod yr wythnos. Mae'n targedu pob rhan o'r gymdeithas Gymraeg. Ar gyfer y ffermwyr ceir 'Cefn Gwlad', ar gyfer arddegwyr ceir yr opera sebon boblogaidd, 'Rownd a Rownd', ac ar gyfer yr ifanc iawn ceir 'Cyw' a 'Stwnsh'. Mae S4C hefyd yn darlledu'n eang ac yn fyw o'r digwyddiadau mawr yn y calendr Cymreig, megis y Sioe Frenhinol, yr Eisteddfod Genedlaethol, Eisteddfod CFFI Cymru ac Eisteddfod yr Urdd, sy'n ddathliad o'r diwylliant traddodiadol. Nodwedd arall ar raglenni S4C yw'r darlledu byw o ddigwyddiadau chwaraeon pwysig, megis Rygbi'r Chwe Gwlad. Er mwyn annog dysgwyr a siaradwyr di-Gymraeg i wrando, mae is-deitlau'n cael eu darparu, sy'n denu mwy o bobl at yr iaith Gymraeg. Felly, mae S4C yn apelio at amrywiaeth o bobl yn y gymdeithas Gymraeg. Mae S4C hefyd wedi darparu cyfleoedd gwaith ar gyfer actorion, dynion camera a chriwiau ffilmio, yn ogystal â llawer o newyddiadurwyr.

Daeth S4C i fodolaeth o ganlyniad i ymgyrchu gan Gymdeithas yr Iaith a phwysau gan ffigurau amlwg fel Gwynfor Evans. Mae llwyddiant yr ymgyrch hefyd wedi dangos i'r gymdeithas Gymraeg fod pwysau'n gallu cael ei ddefnyddio hyd yn oed i orfodi llywodraeth Mrs Thatcher i newid ei meddwl.

Felly, roedd creu S4C yn ddatblygiad pwysig i'r gymdeithas Gymraeg mewn nifer o ffyrdd gwahanol.

Sylwadau'r arholwr

Mae hwn yn ateb manwl sydd wedi'i strwythuro'n dda. Mae'r ymgeisydd yn mynd i'r afael â'r prif fater drwyddo draw ac yn darparu nifer o enghreifftiau amrywiol i ddangos sut y mae creu S4C wedi bod yn bwysig i'r gymdeithas Gymraeg. Mae'r ateb yn cael ei gynnal â gwybodaeth dda. Mae barn wedi'i rhoi ac mae'r ymgeisydd yn gwerthuso pwysigrwydd S4C i'r gymdeithas Gymraeg. Mae'r ateb yn cwrdd â gofynion Lefel 3 ac yn haeddu'r 8 marc llawn.

Rhowch gynnig arni

Pa mor bwysig i'r gymdeithas Gymraeg oedd creu Radio Cymru yn 1977?

[8 marc]

SUT A PHAM Y NEWIDIODD AGWEDDAU AT YR IAITH GYMRAEG YN YSTOD AIL HANNER YR UGEINFED GANRIF?

Cyflwyniad

Yr unig beth sydd yn unigryw i Gymru yw'r iaith Gymraeg ac, o ganlyniad, mae'n dod i'r amlwg wrth i bobl geisio disgrifio'r Cymry. Dim ond er 1891 y mae cofnodion yn bodoli i ddangos faint o bobl Cymru sy'n siarad Cymraeg, ond mae hi bron yn sicr fod canran y bobl a oedd yn siarad Cymraeg yng Nghymru wedi disgyn drwy gydol y bedwaredd ganrif ar bymtheg. Serch hynny, ar ddechrau'r ugeinfed ganrif, roedd tua hanner poblogaeth Cymru yn siarad Cymraeg yn rhugl. Daeth yr iaith dan fwy o fygythiad gyda datblygiadau'r ugeinfed ganrif ac erbyn diwedd y ganrif, roedd cyfran y siaradwyr Cymraeg wedi gostwng i tua 20%. Heb amheuaeth, yr ieuenctid sy'n dal yr allwedd i ddyfodol yr iaith, ac mae addysg ar flaen y gad ym mrwydr yr iaith i oroesi.

ADDYSG DDWYIEITHOG I BLANT AC OEDOLION

Yn 1939, agorodd Urdd Gobaith Cymru ei hysgol gynradd Gymraeg gyntaf; roedd hi wedi ei lleoli yn Aberystwyth ac roedd hi'n ysgol breifat. Yr ysgol gynradd gyntaf i'w hariannu'n gyhoeddus oedd Ysgol Dewi Sant yn Llanelli, a agorodd yn 1947. Ers hynny, bu cynnydd mawr mewn darpariaeth addysg Gymraeg.

Yn ddiddorol, cafodd nifer o'r ysgolion Cymraeg cynnar eu sefydlu mewn ardaloedd lle roedd yr iaith Saesneg yn fwy poblogaidd. Yn yr 1950au, agorodd Morgannwg a Sir y Fflint ysgolion cynradd Cymraeg ar gyfer plant o deuluoedd Cymraeg eu hiaith yn bennaf. Roedd yr un siroedd wedi agor ysgolion uwchradd Glan Clwyd [y Rhyl] yn 1956, Maes Garmon [yr Wyddgrug] yn 1961 a Rhydfelen [Pontypridd] yn 1962.

Cyngerdd Dathlu 50 Ysgol Glan Clwyd

Mae Ysgol Glan Clwyd yn Llanelwy yn dathlu'r hanner cant eleni – carreg filltir nodedig i addysg cyfrwng Cymraeg ledled Cymru.

Glan Clwyd oedd yr ysgol uwchradd Gymraeg gyntaf yng Nghymru pan agorodd ei drysau ym [mis] Medi 1956.

Un o'r digwyddiadau pwysig [sy'n] rhan o'r dathliadau [yw] cyngerdd ... yn Theatr Pafiliwn y Rhyl.

Yno, [bydd] talentau'r ysgol, yn ddisgyblion a chyn-ddisgyblion, ... a chyn-ddisgyblion ysgolion Cymraeg eraill Cymru yn diddanu'r gynulleidfa.

Mae Caryl Parry Jones wedi ei chomisiynu i ysgrifennu cân i ddathlu'r achlysur – cyfle i [bawb] ganu'n groch a llawenhau yn llwyddiant addysg uwchradd Gymraeg.

Bydd y gân arbennig hon, Cân y Dathlu, gyda'r perfformwyr oll yn cyd-ganu, yn ddiweddglo gwych i gyngerdd arbennig ac yn agor pennod [newydd] yn hanes twf addysg Gymraeg.

Eitem ar BBC Local News yn hyrwyddo dathliadau 50 mlynedd Ysgol Uwchradd Glan Clwyd yn 2006

Galw cynyddol am addysg Gymraeg

Erbyn yr 1960au, roedd nifer cynyddol o blant o deuluoedd di-Gymraeg yn derbyn eu haddysg mewn ysgolion Cymraeg. Roedd rhieni'n anfon eu plant i'r ysgolion hyn am nifer o resymau. Roedd llawer yn edifar nad oeddent yn gallu siarad Cymraeg ac yn dymuno i'w plant gael y cyfle i ddysgu iaith eu gwlad ac, yn aml, iaith naill ai nain neu taid. Yn aml byddai'r rhieni'n teimlo eu bod wedi colli rhywbeth gwerthfawr a phwysig. Credai eraill y byddai eu plant yn derbyn addysg o ansawdd da ac yn ennill gwell canlyniadau yn eu harholiadau. Roedd cael gwared ar ysgolion gramadeg a chreu ysgolion cyfun yn eu lle yn amhoblogaidd iawn ymysg rhai rhieni, a châi ysgolion cyfrwng Cymraeg eu hystyried yn ddewis arall. Roedd addysg ddwyieithog hefyd yn cael ei hystyried fel ffordd o gynyddu cyfleoedd ar gyfer gyrfa. Dechreuodd amrediad eang o swyddi, o'r cyfryngau i'r sector adwerthu, twristiaeth a gweinyddu, nodi bod y gallu i siarad yr iaith yn fanteisiol neu'n hanfodol.

Yn 1974, cyflwynodd Cyngor Sir Gwynedd bolisi iaith pellgyrhaeddol oedd â'r nod o gael pob plentyn yn y sir yn rhugl yn y Gymraeg. Roedd hyn yn cynnwys anfon hwyrddyfodiaid i Ganolfannau Iaith er mwyn iddynt allu siarad yn rhugl cyn mynychu ysgolion prif ffrwd. Roedd Dyfed hefyd yn darparu llawer o addysg Gymraeg, ond nid oedd gan bob sir gymaint o gydymdeimlad â'r iaith. Cafwyd nifer o frwydrau caled rhwng rhieni ac awdurdodau er mwyn creu digon o ysgolion i gwrdd â'r galw, sefyllfa sy'n parhau hyd heddiw mewn rhai ardaloedd. Serch hynny, erbyn 2010 roedd mwy na 100,000 (tua chwarter holl ddisgyblion Cymru) yn derbyn addysg drwy gyfrwng y Gymraeg.

Cymraeg yn y Cwricwlwm Cenedlaethol

Roedd Deddf Addysg 1988 wedi rhoi statws pwnc craidd i'r Gymraeg yng Nghwricwlwm Cenedlaethol Cymru mewn ardaloedd Cymraeg eu hiaith ac mewn ysgolion dwyieithog. Yng ngweddill ysgolion Cymru, roedd wedi rhoi i'r iaith statws pwnc sylfaen. Golygai hyn fod Cymraeg, am y tro cyntaf, yn bwnc gorfodol ar gyfer pob disgybl rhwng 5 ac 16 oed, er nid i lefel cymhwyster o reidrwydd.

Ysgolion meithrin

Dechreuodd Cymdeithas Darparwyr Cyn-ysgol Cymru gynnig profiadau dysgu cyn-ysgol yng Nghymru yn yr 1960au, a thros y blynyddoedd mae wedi tyfu i fod yn fudiad cenedlaethol sy'n darparu ar gyfer anghenion tua 29,000 o blant. Ar ben hyn, datblygiad mawr yn y byd addysg ers yr 1970au yw'r ddarpariaeth o Gylchoedd Meithrin Cymraeg penodol yn sgil sefydlu'r Mudiad Ysgolion Meithrin (**Mudiad Meithrin** erbyn heddiw) i gwrdd â'r galw. Mae'n darparu cyfleoedd chwarae a dysgu i blant o ddwy oed hyd at oed ysgol, ac o'r cychwyn cyntaf agorodd ei ddrws i blant o deuluoedd Cymraeg a di-Gymraeg er mwyn eu trwytho yn yr iaith. Mae'n derbyn cymorth gan y llywodraeth i ddatblygu dwyieithrwydd ac yn gweithio'n agos gyda'r Cylchoedd Ti a Fi. Erbyn heddiw, mae dros 1,000 o Gylchoedd Meithrin a Chylchoedd Ti a Fi yn perthyn i'r Mudiad Meithrin, ac mae tua 22,000 o blant yn eu mynychu.

Darparwr cylchoedd chwarae Cymraeg i blant cyn-ysgol

Canolfannau dysgu iaith

Mae'r defnydd cynyddol o'r Gymraeg gan gyrff cyhoeddus wedi creu galw am weithwyr sy'n rhugl yn y Gymraeg. Mae hyn, ynghyd â dymuniad rhieni di-Gymraeg i gefnogi gwaith ysgol eu plant sydd mewn ysgolion Cymraeg, wedi golygu bod cymaint ag 20,000 o oedolion yn mynychu cyrsiau dysgu Cymraeg. Mae nifer o ddysgwyr hefyd yn dewis dysgu'r iaith er mwyn cymryd rhan yn llawn ym mywyd eu cymunedau, neu i wneud iawn am gyfleoedd a gollwyd yn ystod eu haddysg eu hunain. Mae'r cyrsiau hyn yn cael eu trefnu gan brifysgolion a cholegau, ysgolion nos a chanolfannau iaith megis Nant Gwrtheyrn ar arfordir gogleddol Pen Llŷn. Pentref chwarel lechi oedd Nant Gwrtheyrn, a aeth yn anghyfannedd, ond mae bellach wedi'i adnewyddu'n llwyr fel canolfan ar gyfer dysgu a mwynhau'r Gymraeg. Mae'r rhyngrwyd hefyd yn darparu cyrsiau dysgu Cymraeg.

Canolfan Iaith a Threftadaeth Cymru Nant Gwrtheyrn, sydd wedi'i datblygu i ddysgu Cymraeg i oedolion ac wedi'i lleoli ar arfordir gogleddol Pen Llŷn

Canrannau

[Bar chart showing percentages by age group: 3-9 ≈ 21, 10-15 ≈ 39, 16-19 ≈ 24, 20-24 ≈ 15, 25-34 ≈ 13, 35-49 ≈ 11, 50-59 ≈ 12, 60-64 ≈ 13, 65-74 ≈ 13, 75 a hŷn ≈ 15, Pawb sy'n 3 oed a hŷn ≈ 16]

Y gallu i siarad, darllen ac ysgrifennu Cymraeg yn ôl oedran, Ebrill 2001 – ystadegau cyfrifiad

Urdd Gobaith Cymru

Mudiad ieuenctid Cymraeg yw'r Urdd, gyda 50,000 o aelodau a thros 900 o ganghennau ledled Cymru. Ers ei sefydlu yn 1922 gan Syr Ifan ab Owen Edwards, mae wedi gwasanaethu pobl ifanc Cymru ac wedi cynorthwyo i gynnal yr iaith a'r diwylliant Cymreig trwy gyfrwng amrywiaeth eang o weithgareddau lleol, cenedlaethol a rhyngwladol. Yn 1925, darlledodd yr Urdd y 'Neges Heddwch ac Ewyllys Da' gyntaf gan ieuenctid Cymru i ieuenctid y byd, arferiad sy'n parhau bob blwyddyn ar 18 Mai.

Logo'r Urdd

Mae logo trionglog yr Urdd, a grëwyd yn 1944, yn symbol o arwyddair gwreiddiol y mudiad, gyda'r gwyrdd yn dynodi Cymru, y coch yn dynodi'n cyd-ddyn, a'r gwyn yn dynodi Crist. Erbyn hyn, mae'r Urdd yn croesawu pob aelod, waeth beth fo'u crefydd, hil neu iaith, gallu neu ryw.

Trefniadaeth

Mae tri grŵp oedran o fewn yr Urdd:
- Aelodau ysgol gynradd [o dan 11 oed];
- Aelodau ysgol uwchradd [rhwng 11 ac 16 oed];
- 'Urddaholics' ar gyfer aelodau rhwng 16 a 25 oed.

Rhai ffeithiau diddorol am aelodau'r Urdd:
- Mae traean o'r holl siaradwyr Cymraeg rhwng 8 a 18 oed yn aelodau;
- Mae 30% o'r holl aelodau yn eu disgrifio'u hunain fel 'dysgwyr' Cymraeg;
- Mae mwy na 3,000 o'r aelodau rhwng 16 a 25 oed.

Gweithgareddau

Gweithgareddau'r Urdd sy'n bennaf cyfrifol am ei lwyddiant. Mae'n darparu rhaglen leol amrywiol ar gyfer ei aelodau, sydd fel arfer yn wythnosol, a hynny trwy rwydwaith o Adrannau ar gyfer plant 4-14 oed ac Aelwydydd ar gyfer y rhai 14-25 oed. Mae'r rhaglen yn ddeniadol ac yn dathlu Cymreigrwydd yn ei holl ffurfiau gwahanol. Mae'r clybiau wythnosol hyn yn cyfarfod i drefnu cystadlaethau, chwaraeon ac ymweliadau â chanolfannau preswyl yr Urdd. Mae teithiau tramor yn cael eu trefnu hefyd. Mae rhai o'r teithiau hyn er mwyn pleser, er enghraifft i Disneyland Paris. Mae teithiau eraill yn deithiau cyfnewid diwylliannol neu'n waith gwirfoddol, megis ymweliadau â'r Wladfa, neu â Lesotho yn Affrica mewn cydweithrediad â'r elusen Dolen Cymru. Gall bod yn rhan o'r Urdd fod yn allgyrsiol neu'n rhan annatod o fywyd ysgol.

Credir mai Eisteddfod Genedlaethol Urdd Gobaith Cymru, a gynhelir ym mis Mai, yw'r ŵyl ieuenctid fwyaf yn Ewrop. Mae'r Eisteddfod yn galluogi i filoedd o bobl ifanc dan 25 oed gymryd rhan a chystadlu ar lefelau gwahanol mewn dewis eang o ddigwyddiadau, o gystadlaethau a sioeau llwyfan, i gelfyddyd a chrefft. Mae'r Eisteddfod yn rhoi profiad o berfformio i lawer o bobl, ac yn dod â'r iaith a'r diwylliant i gynulleidfa eang wrth i bobl fynychu'r maes yn ystod yr wythnos, a thrwy sylw eang ar Radio Cymru ac S4C. Mae Eisteddfod yr Urdd yn ffordd o ddod â siaradwyr a dysgwyr Cymraeg at ei gilydd.

FFYNHONNELL 6

Baner o wefan yr Urdd yn hyrwyddo Eisteddfod 2014

Canolfannau preswyl

Agorodd yr Urdd ei wersyll (canolfan breswyl) cyntaf yn Llangrannog ar arfordir gorllewin Cymru yn 1932, ac mae bellach yn cynnig nofio, sglefrolio, marchogaeth, sgio, toboganio a thrampolinio gyda rhaffau bynji ymysg ei weithgareddau. Agorodd canolfan yr Urdd yng Nglan-llyn, y Bala, ar lan Llyn Tegid yn 1950, ac mae'n cynnig nifer o weithgareddau a chyrsiau, megis canŵio, hwylio a dringo. Fe'i hystyrir yn un o brif ganolfannau antur Ewrop ac mae'n croesawu 12,000 o bobl i aros bob blwyddyn. Mae canolfannau eraill gan yr Urdd ym Mhentre Ifan yn Sir Benfro a Chanolfan Mileniwm Cymru ym Mae Caerdydd, sy'n cynnig profiadau yn y wlad a'r ddinas. Mae'r canolfannau hyn yn darparu ar gyfer pobl ifanc, yn ogystal â theuluoedd a grwpiau preswyl.

Chwaraeon

Mae rygbi, pêl-droed, nofio, mabolgampau a gymnasteg yn rhai o'r cystadlaethau chwaraeon a gynigir gan yr Urdd. Mae yna hefyd glybiau chwaraeon wythnosol, yn ogystal â chyrsiau i wella sgiliau chwaraeon.

FFYNHONNELL 7

Gwersyll Llangrannog yn yr 1930au ...

... a heddiw

Cylchgronau

Mae'r Urdd yn cyhoeddi nifer o gylchgronau Cymraeg. Mae *Cip* yn gylchgrawn lliwgar ar gyfer plant 7-11 oed sy'n cynnwys storïau, erthyglau, jôcs, cystadlaethau a phosau. Mae *Bore Da* wedi'i anelu at ddysgwyr Cymraeg o'r un oed. Yna, ar gyfer dysgwyr rhwng 11 ac 16 oed ceir *iaw*, cylchgrawn cyfoes, lliwgar sy'n adlewyrchu'r ffasiynau a'r pynciau sydd o ddiddordeb i arddegwyr heddiw. Mae hefyd yn cynnig patrymau iaith i helpu'r darllenwyr.

FFYNHONNELL 8

Clawr *iaw*, Tachwedd 2013

Pwysigrwydd yr Urdd

Gan mai mudiad ar gyfer pobl ifanc yw'r Urdd, mae wedi cyfrannu at warchod cyd-destun Cymreig unigryw ac ymwybyddiaeth ddiwylliannol, nid yn unig ymysg Cymry Cymraeg ond hefyd ymysg dysgwyr a siaradwyr di-Gymraeg. Mae'n cael ei gefnogi gan tua 10,000 o wirfoddolwyr sy'n gweithio yn y canghennau lleol.

TASGAU

1. Astudiwch Ffynhonnell 1. Beth oedd arwyddocâd cân Caryl Parry Jones?

2. Edrychwch ar Ffynhonnell 4. Ym mha ffordd y mae'n awgrymu bod grwpiau cyn-ysgol, fel y Mudiad Meithrin, wedi cael effaith ar niferoedd y siaradwyr Cymraeg?

3. Defnyddiwch Ffynonellau 6, 7 ac 8 a'ch gwybodaeth eich hun i lunio diagram pryf cop o beth sydd gan yr Urdd i'w gynnig i'w aelodau.

4. Beth fu cyfraniad cylchgronau megis *Bore Da* a *iaw* i'r cynnydd yn nifer y siaradwyr Cymraeg yn ail hanner yr ugeinfed ganrif?

YMGYRCHOEDD CYMDEITHAS YR IAITH

Saunders Lewis a 'Tynged yr Iaith'

Ar 13 Chwefror 1962, darlledodd y BBC ddarlith radio o'r enw 'Tynged yr Iaith' gan y bardd a'r dramodydd Saunders Lewis, a oedd hefyd yn gyn-lywydd Plaid Cymru. Roedd y ddarlith yn cyfeirio at frad Tryweryn, ac yn dweud mai stad yr iaith Gymraeg oedd yr unig fater gwleidyddol y dylai'r Cymry boeni amdano.

Yr unig ffordd i warchod yr iaith, meddai Saunders Lewis, oedd sicrhau ei defnydd ym mhob agwedd ar fywyd yng Nghymru, yn cynnwys byd gwaith a busnes. Byddai'r iaith yn marw, meddai, oni bai fod dulliau chwyldroadol yn cael eu defnyddio i'w gwarchod. Heriodd Saunders Lewis y Cymry i wrthod llenwi ffurflenni a thalu biliau, trethi a thrwyddedau oni bai ei bod yn bosibl gwneud hynny yn Gymraeg. Byddai'n rhaid i brotestwyr fod yn barod i dalu dirwyon ac i fynd i garchar pe byddai angen.

FFYNHONNELL 9

Cyrhaeddodd Saunders Lewis (ar y chwith), Lewis Valentine (canol) a D. J. Williams y tudalennau blaen am y tro cyntaf yn 1936 pan roesant ganolfan y Llu Awyr Brenhinol ym Mhenyberth, Gwynedd ar dân

Sefydlu Cymdeithas yr Iaith

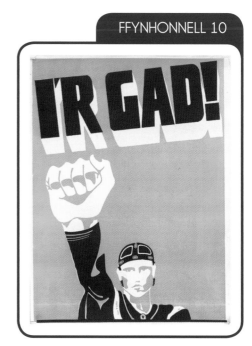

FFYNHONNELL 10

Poster gan Gymdeithas yr Iaith yn 1965 gyda'r rhyfelgri 'I'r Gad!' arno, yn arwyddo'r frwydr oedd i ddod i 'achub' yr iaith

Ysbrydolwyd aelodau iau Plaid Cymru gan ddarlith Saunders Lewis i sefydlu Cymdeithas yr Iaith Gymraeg. Daeth i fodolaeth ar 4 Awst 1962 yn dilyn cyfarfod ym Mhontarddulais.

Ym mis Chwefror 1963, cynhaliwyd protest gyhoeddus gyntaf y Gymdeithas ar Bont Trefechan, Aberystwyth pan 'feddiannodd' myfyrwyr o brifysgolion Aberystwyth a Bangor y ffordd a rhwystro'r drafnidiaeth.

Aelodau o Gymdeithas yr Iaith yn protestio ar Bont Trefechan, Aberystwyth

Ymgyrchoedd o weithredu uniongyrchol

Mae'r Gymdeithas yn credu mewn gweithredu uniongyrchol di-drais sy'n ymosod ar fusnesau neu gyrff cyhoeddus y credir bod eu hagwedd at yr iaith yn sarhaus. Mae aelodau sydd wedi torri'r gyfraith yn cymryd cyfrifoldeb am eu gweithredoedd ar unwaith gan mai'r nod yw tynnu sylw at sefyllfa a chreu ymateb. Mae siopau'r stryd fawr megis Tesco, Boots a Morrisons, yn ogystal â nifer o fanciau, wedi cael eu targedu er mwyn amlygu'r angen am ddarpariaeth deg a chyfartal yn Gymraeg. Mae cyfarfodydd protest, a elwir yn **ralïau**, yn ddull cyffredin o ymgyrchu.

Tafod y Ddraig – logo Cymdeithas yr Iaith

Ymgyrchoedd y Gymdeithas

Mae'n deg dweud bod y Gymdeithas wedi ennill cryn lwyddiant gyda'i dull o ymgyrchu. Roedd yr ymgyrch gyntaf yn mynnu statws swyddogol i'r iaith. Roedd yn mynnu bod ffurflenni treth, tystysgrifau geni a ffurflenni'r Swyddfa'r Post ar gael yn Gymraeg. Rhwng 1970 ac 1972, lansiwyd ymgyrch yn erbyn arwyddion ffyrdd uniaith Saesneg, a chanlyniad hyn oedd codi arwyddion dwyieithog yng Nghymru.

Roedd aelodau'r Gymdeithas yn paentio sloganau ar adeiladau busnesau a oedd yn gwrthod defnyddio'r iaith Gymraeg. Ymddangosodd dros fil o brotestwyr yn y llys a chafodd llawer eu dirwyo a'u carcharu.

Yn yr 1970au cynnar, lansiodd y Gymdeithas ymgyrch i gael gwasanaeth radio a theledu Cymraeg. Lansiwyd Radio Cymru yn 1977 ac aeth S4C ar yr awyr yn 1982. Roedd yr ymgyrchu yn cynnwys gwrthod talu trwyddedau teledu, dringo mastiau teledu a thresmasu ar stiwdios y BBC a HTV.

Arwyddion uniaith Saesneg wedi cael eu gadael gan aelodau Cymdeithas yr Iaith y tu allan i'r Swyddfa Gymreig yn yr 1970au cynnar

Ar 24 Gorffennaf, 2004 (bum wythnos wedi'i lansio), tresmaswyd ar stiwdios Radio Sir Gaerfyrddin yn Arberth gan un ar ddeg o weithredwyr Cymdeithas yr Iaith. Roeddent yn protestio yn erbyn penderfyniad Radio Sir Gaerfyrddin i gyfyngu'r nifer o raglenni Cymraeg a fyddai'n cael eu darlledu ar yr orsaf.

Ymosodwyd ar y swyddfeydd a'r stiwdios yn ystod darllediad byw, a thynnwyd Radio Sir Gaerfyrddin a Radio Sir Benfro oddi ar yr awyr am 15 munud. Yn ôl Keri Jones, cafodd ei Bennaeth Gwerthu ei anafu yn ystod yr ysgarmes ddilynol ac roedd yn rhaid iddo gael triniaeth yn yr ysbyty ar gyfer garddwrn wedi'i thorri. Arestiwyd un ar ddeg o aelodau gan yr heddlu, ac yna cawsant eu rhyddhau tra gwnaethpwyd ymholiadau pellach. Cawsant eu galw'n 'derfysgwyr' gan Keri Jones yn ddiweddarach.

Mae'r Gymdeithas yn honni bod 50% o boblogaeth Sir Gaerfyrddin yn siarad Cymraeg fel iaith gyntaf ond bod llai na 5% o allbwn Radio Sir Gaerfyrddin yn Gymraeg. O ganlyniad i gwynion a phwysau o du'r Gymdeithas ac unigolion, rhoddwyd 'cerdyn melyn' i Radio Sir Gaerfyrddin gan gorff gwarchod darlledu y DU, Ofcom, ar ddiwedd 2004. Bydd unrhyw honiadau eraill nad yw'r orsaf yn cydymffurfio â'i thrwydded yn arwain at gerydd llym gan Ofcom.

Dyfyniad o wefan Wikipedia yn cyfeirio at ymosodiad Cymdeithas yr Iaith ar Radio Sir Gaerfyrddin

Mae Cymdeithas yr Iaith Gymraeg yn parhau i fod yn weithgar iawn ac yn ymwneud â nifer o faterion, megis:

1. Targedu busnesau yn y **sector preifat** y maent yn teimlo sy'n trin yr iaith Gymraeg yn annheg, yn arbennig mewn ardaloedd lle siaredir Cymraeg yn bennaf. Yn ystod misoedd Mai a Mehefin 2008, targedwyd y fferyllyddion Boots a Superdrug gan y Gymdeithas oherwydd eu methiant i fabwysiadu polisi dwyieithog teg.

2. Mynnu Deddf Eiddo – mae'r Gymdeithas yn credu bod dyfodol yr iaith Gymraeg yn dibynnu ar ffyniant cymunedau. Maent yn credu bod angen polisi tai a chynllunio teg. Maent yn rhoi pwysau ar awdurdodau i sicrhau bod tai fforddiadwy (i'w prynu neu i'w rhentu) ar gael ar gyfer pobl leol, neu, yn y pen draw, bydd y gymuned, yr iaith a'r amgylchedd naturiol yn cael eu niweidio.

Protest 'Hawl i Rentu' Cymdeithas yr Iaith yn natblygiad Doc Fictoria yng Nghaernarfon, 24 Ionawr 2009

3. Mynnu Deddf Iaith newydd – mae'r Gymdeithas yn galw am Ddeddf Iaith newydd i ddisodli Deddf 1993, sy'n cael ei hystyried yn wan ganddynt gan nad yw'n sicrhau statws cyfartal i'r iaith Gymraeg. Mae'r Gymdeithas yn credu y dylai'r Cymry fod â'r hawl i ddefnyddio'r Gymraeg ym mhob agwedd ar fywyd yng Nghymru. Maent yn dadlau y dylai pob bil a ffurflen fod ar gael yn ddwyieithog. Mae'r Gymdeithas wedi sefydlu Grŵp Deddf Iaith Newydd i fynnu deddf newydd sy'n sicrhau bod y sectorau preifat a gwirfoddol, yn ogystal â'r sector cyhoeddus, yn gweithredu'n ddwyieithog.

Aelodau o Gymdeithas yr Iaith mewn rali yng Nghaerdydd ym mis Ionawr 2009 yn galw am fesur iaith cyflawn

4. Y Grŵp Addysg – fel y gwelsom eisoes, mae addysg cyfrwng Cymraeg ar gael mewn ysgolion cynradd ac uwchradd yn y mwyafrif o ardaloedd yng Nghymru. Mae Cymdeithas yr Iaith wedi mynnu gwelliannau a hefyd ehangiadau enfawr yn yr addysg a geir mewn colegau a phrifysgolion. Mae'n credu y dylai pawb fod â'r hawl i addysg gynradd ac uwchradd Gymraeg yn lleol, ac y dylai'r addysg hon fod yn berthnasol i anghenion ieuenctid Cymru ac wedi'i gwreiddio yn y gymuned. Sefydlwyd y Coleg Cymraeg Cenedlaethol, yr oedd y Gymdeithas wedi ymgyrchu drosto, yn 2011.

TASGAU

1. Ewch ati i ddarganfod sut y daeth Saunders Lewis i amlygrwydd gwleidyddol yng Nghymru am y tro cyntaf.

2. Astudiwch Ffynhonnell 10. Beth mae'r poster dyddiedig 1965, I'r Gad!, yn ei awgrymu i chi ynglŷn â'r ffordd y mae Cymdeithas yr Iaith wedi ymgyrchu am gydraddoldeb i'r iaith Gymraeg?

3. Astudiwch Ffynhonnell 12. Eglurwch ystyr logo Cymdeithas yr Iaith, Tafod y Ddraig.

4. Beth mae Ffynhonnell 13 yn ei ddangos ynglŷn â Chymdeithas yr Iaith yn yr 1970au?

5. Mae'r aelodau Cymdeithas yr Iaith yn Ffynhonnell 14 yn amlwg yn torri'r gyfraith, ond a oedd eu gweithredoedd yn llwyddiannus y tro hwn? A oedd y canlyniad yn cyfiawnhau'r dull o weithredu? Eglurwch eich ateb yn llawn.

6. Beth yw ralïau Cymdeithas yr Iaith?

7. Pam y mae Cymdeithas yr Iaith yn ystyried Deddf Eiddo'n hanfodol ar gyfer ffyniant cymunedau Cymraeg a'r iaith?

DEDDFWRIAETH Y LLYWODRAETH YN ARWAIN AT GYDRADDOLDEB

Mae ymgyrchoedd mudiadau megis Cymdeithas yr Iaith wedi arwain at ymateb gan lywodraeth y DU i'r galwadau am gydraddoldeb i'r iaith Gymraeg. Cafodd Radio Cymru ac S4C eu sefydlu o ganlyniad i ymgyrchu egnïol. Mae sicrhau statws swyddogol i'r iaith Gymraeg wedi bod yn flaenoriaeth gan yr ymgyrchwyr hefyd. Mae dwy ddeddf iaith wedi'u pasio, y gyntaf yn 1967 a'r ail yn 1993.

Deddf yr Iaith Gymraeg 1967

Am dros 400 mlynedd, roedd y rheolau a ddiffiniwyd yn y Deddfau Uno wedi golygu bod yr iaith Gymraeg yn iaith israddol yng Nghymru. Roedd Deddf 1967 yn caniatáu i'r iaith gael ei defnyddio yn y llysoedd barn ac i adroddiadau swyddogol gael eu llunio yn Gymraeg. Roedd y ddeddf yn seiliedig ar **Adroddiad Hughes Parry** ar statws y Gymraeg, a gyhoeddwyd yn 1965. Roedd yr adroddiad yn argymell hawliau cyfartal i'r Gymraeg yn y llysoedd ac mewn gweinyddiaeth gyhoeddus yng Nghymru, a hynny ar lafar ac mewn dogfennau ysgrifenedig. Fodd bynnag, dim ond rhai o argymhellion Adroddiad Hughes Parry a gafodd eu cynnwys gan Harold Wilson a'r Llywodraeth Lafur yn y ddeddf.

Deddf yr Iaith Gymraeg 1993

Mae Deddf yr Iaith Gymraeg 1993 yn gosod dyletswydd ar y sector cyhoeddus i drin y Gymraeg a'r Saesneg yn gyfartal. Yn syml, mae'r sector cyhoeddus yn cynnwys gwasanaethau a busnesau sy'n cael eu hariannu gan arian cyhoeddus, megis byrddau iechyd, addysg, y gyfraith, llywodraeth leol (cynghorau), y gwasanaeth tân, llyfrgelloedd ac amgueddfeydd, a.y.b.

Beth oedd swyddogaeth Bwrdd yr Iaith Gymraeg?

Cafodd **Bwrdd yr Iaith Gymraeg** ei sefydlu gan lywodraeth y Deyrnas Unedig fel rhan o Ddeddf yr Iaith Gymraeg 1993. Ei brif gyfrifoldeb oedd adolygu'r defnydd o'r iaith gan gyrff cyhoeddus a chymeradwyo eu cynlluniau iaith. Yn syml, roedd hyn yn golygu y byddai'r Bwrdd yn gwirio bod y sector cyhoeddus yn cadw at reolau'r Ddeddf Iaith.

Nod y Bwrdd oedd 'hyrwyddo a hwyluso' y defnydd o'r iaith trwy annog a helpu'r sector cyhoeddus i ddefnyddio'r Gymraeg. Roedd yn gweithio mewn partneriaeth â busnesau a sefydliadau eraill sy'n hyrwyddo'r iaith Gymraeg.

Er 1998, roedd aelodau Bwrdd yr Iaith yn cael eu penodi gan Gynulliad Cenedlaethol Cymru. Fodd bynnag, yn 2011 cafodd Bwrdd yr Iaith Gymraeg ei ddileu a phenodwyd Comisiynydd y Gymraeg yn ei le.

Cadeirydd cyntaf Bwrdd yr Iaith Gymraeg, Dafydd Elis-Thomas, 1994-1999

Deddf yr Iaith Gymraeg 1993

Mae hon yn mynnu bod y Gymraeg a'r Saesneg yn cael eu trin yn gyfartal ym mywyd cyhoeddus Cymru. Mae'r ddeddf yn nodi tri pheth:

1. Mae'n gosod dyletswydd ar y sector cyhoeddus i drin y Gymraeg a'r Saesneg ar sail gyfartal wrth ddarparu gwasanaethau i'r cyhoedd yng Nghymru;
2. Mae'n rhoi hawl diamod i siaradwyr Cymraeg siarad Cymraeg yn y llys;
3. Sefydlodd Fwrdd yr Iaith Gymraeg i oruchwylio bod yr addewidion hyn yn cael eu cyflawni ac i hyrwyddo a hwyluso'r defnydd o'r iaith Gymraeg.

Crynodeb o ddarpariaeth Deddf yr Iaith Gymraeg 1993

GWELEDIGAETH BWRDD YR IAITH GYMRAEG

- Cymru gwbl ddwyieithog, lle mae'r Gymraeg a'r Saesneg yn cael eu trin yn gyfartal;
- Mwy o bobl yn dewis defnyddio'r iaith pan fo hynny'n bosibl;
- Balchder parhaus yn yr iaith Gymraeg;
- Siaradwyr Cymraeg yn cael eu hannog i drosglwyddo'r Gymraeg o genhedlaeth i genhedlaeth, a phethau'n cael eu gwneud yn haws i ddysgwyr ddysgu Cymraeg;
- Bwrdd yr Iaith Gymraeg yn sefydliad arloesol sy'n arwain y ffordd mewn cynllunio iaith, yng Nghymru a ledled y byd, gan seilio'i weithgareddau ar dystiolaeth.

Amlinelliad o amcanion Bwrdd yr Iaith Gymraeg, 1993-2011

Bwrdd yr Iaith Gymraeg fu'n gyfrifol am hyrwyddo'r defnydd o'r Gymraeg yn y gweithle. Ystyrid hyn yn hanfodol er mwyn rhoi pwysigrwydd a statws i'r iaith.

FFYNHONNELL 20

Logo Iaith Gwaith

Ymgyrch i hyrwyddo gwasanaeth yn yr iaith Gymraeg yw'r cynllun Iaith Gwaith. Mae'n seiliedig ar y bathodyn swigen siarad oren a welir yn Ffynhonnell 20. Gall staff sy'n delio â'r cyhoedd wisgo hwn er mwyn dangos eu bod yn gallu cynnig gwasanaeth yn y Gymraeg.

Mae degau o filoedd o fathodynnau wedi'u dosbarthu i fusnesau a sefydliadau ledled Cymru. Maent yn helpu cwsmeriaid i adnabod siaradwyr Cymraeg, ac yn caniatáu iddynt ddefnyddio'u hiaith ddewisol ar unwaith. Mae'r cynllun hefyd yn datblygu sgiliau cyfathrebu **Cymraeg yn y gweithle**.

Beirniadaeth o'r Ddeddf Iaith

Mae rhai, yn arbennig Cymdeithas yr Iaith Gymraeg, yn beirniadu Deddf Iaith 1993 gan nad yw'n orfodol bod y sector preifat yn dilyn gofynion y ddeddf. Mae'r sector preifat yn cynnwys y mwyafrif o fusnesau, siopau, banciau a sefydliadau gwirfoddol. Gall y sector preifat felly ddewis defnyddio'r Gymraeg neu beidio.

Am y rheswm hwn, mae Cymdeithas yr Iaith wedi bod yn targedu rhai cwmnïau nad ydynt yn trin yr iaith yn deg. Ymysg y cwmnïau a dargedwyd oedd Orange a Vodafone, Abbey, WHSmith, Boots, Superdrug, Tesco a Morrisons.

Cynigiodd Bwrdd yr Iaith Gymraeg grantiau i gwmnïau ddatblygu polisïau iaith Gymraeg.

FFYNHONNELL 21

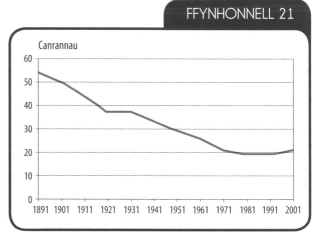

Cyfran y bobl 3 oed a hŷn sy'n gallu siarad Cymraeg yn ôl ffurflenni cyfrifiad 1891-2001

Comisiynydd y Gymraeg

Pan ddaeth Bwrdd yr Iaith Gymraeg i ben yn 2012, trosglwyddwyd y cyfrifoldeb am hyrwyddo a hwyluso materion yn ymwneud â'r iaith Gymraeg i'r swyddog newydd, Comisiynydd y Gymraeg. Y cyntaf i'w phenodi i'r swydd oedd Meri Huws, a dywedodd:

'Byddaf yn llais dros yr iaith Gymraeg, yn eiriol dros siaradwyr Cymraeg. Dyna fy addewid.

Wrth baratoi i fynd i'r afael â'r dasg fawr sydd o fy mlaen, fy ngweledigaeth yw Cymru lle mae'r Gymraeg yn gwbl ganolog mewn bywyd cyhoeddus, lle mae gan siaradwyr Cymraeg hyder i ddefnyddio'r iaith, ac ymddiriedaeth yn y gyfraith i unioni unrhyw gam a ddaw i'w rhan am ddefnyddio'r Gymraeg.

Rwy'n gwerthfawrogi'r cyfle unigryw hwn i fynd â'r Gymraeg ymlaen i gyfnod newydd ac yn edrych ymlaen yn fawr iawn at agor pennod gyffrous arall yn ei hanes.'

TASGAU

1. Astudiwch Ffynhonnell 17. Beth mae Deddf yr Iaith Gymraeg 1993 yn ei ddarparu?
2. Disgrifiwch waith Bwrdd yr Iaith Gymraeg ar ddiwedd yr ugeinfed ganrif.
3. Defnyddiwch Ffynhonnell 19 a'ch gwybodaeth eich hun i ddangos sut y bu i Fwrdd yr Iaith Gymraeg hyrwyddo'r defnydd o'r Gymraeg yn y gweithle.
4. O edrych ar Ffynhonnell 21, fe welwch fod ffurflenni cyfrifiad yr ugeinfed ganrif yn dangos bod cynnydd yn nifer y rhai sy'n gallu siarad Cymraeg wedi digwydd rhwng 1991 a 2001. Ar ôl darllen y bennod hon, gwnewch restr o'r ffactorau sydd wedi cyfrannu at y cynnydd hwn.
5. Achosodd canlyniadau cyfrifiad 2011 bryderon am ddyfodol yr iaith Gymraeg. Beth yw'r rhesymau am hyn? Ydych chi'n meddwl bod cyfiawnhad i'r pryderon hyn?

Ymarfer at yr arholiad

Mae'r adran hon yn rhoi canllawiau ar sut i ateb y cwestiwn synoptig o Adran B yn Uned 3. Mae'r cwestiwn yn werth 10 marc.

Cwestiynau 4, 5 a 6 – dethol eich gwybodaeth eich hun a gwerthuso cysyniadau allweddol

I ba raddau mae Cymru wedi gwrthsefyll y pwysau ar y ffordd draddodiadol Gymraeg o fyw yn yr ugeinfed ganrif?

[10 marc]

Efallai y byddwch am drafod y canlynol yn eich ateb:
- *Ffurfiau newydd ar adloniant;*
- *Effeithiau'r Ail Ryfel Byd;*
- *Twf y cyfryngau torfol;*
- *Symudiad pobl i mewn i Gymru ac allan ohoni;*
- *Addysg cyfrwng Cymraeg a'r Urdd;*
- *Ymgyrchoedd i amddiffyn yr iaith;*
- *Polisïau'r llywodraeth;*
- *Unrhyw ffactorau eraill perthnasol.*

Cyngor ar sut i ateb

Mae hwn yn **gwestiwn synoptig o fath traethawd**, sydd wedi'i fwriadu i gwmpasu'r holl gyfnod rydych wedi'i astudio. Eich nod yw amlinellu maint y newid neu ddiffyg newid o 1900 hyd heddiw. Mae'n hanfodol eich bod yn:

- Cynnwys **gwybodaeth o'r cyfnod cyfan**, er y gellwch fod yn ddetholus, e.e. yr 1920au a'r 1930au, blynyddoedd y rhyfeloedd, yr 1960au a'r 1970au a datblygiadau diweddar;

- **Talu sylw i'r wybodaeth a ddarperir yn y sgaffald** ac yn sicrhau eich bod yn cynnwys y pwyntiau hynny, yn ogystal ag unrhyw bwyntiau ychwanegol o'ch gwybodaeth eich hun ar y pwnc;

- Anelu at **briodas rhwng ymwybyddiaeth gronolegol a gwahaniaethiad**;

- Anelu at ddangos sut y mae pethau wedi newid neu wedi aros yr un fath, gan gofio y bydd **cyflymder y newid yn amrywio ar draws amser** – bydd yn gyflymach yn ystod rhai cyfnodau nag eraill;

- **Peidio â threulio gormod o amser ar un cyfnod** ac yn anelu at gynnwys cymaint o'r cyfnod cyfan â phosibl;

- Cofio am **reolau ysgrifennu traethawd**. Bydd angen **cyflwyniad**, sawl paragraff o **drafodaeth**, a **chasgliad** rhesymegol. Byddwch yn cael eich asesu am ansawdd eich cyfathrebu ysgrifenedig.

Ymateb ymgeisydd un

Mae'r ffordd Gymreig o fyw wedi dod dan fygythiad yn ystod yr ugeinfed ganrif. Ond mae'r Cymry wedi ymaddasu'n llwyddiannus.

Y capel a'r iaith Gymraeg oedd conglfeini'r ffordd Gymreig o fyw. Y capel oedd yr unig ffynhonnell o adloniant yn y mwyafrif o gymunedau. Ond yn yr 1920au a'r 1930au, ymddangosodd y sinema a'r radio, gan ddarparu adloniant newydd a chyffrous. Roedd y sinema mewn lliw ac roedd y radio yn rhoi newyddion a darllediadau chwaraeon. Roedd yr adloniant newydd hwn yn Saesneg.

Cafwyd her newydd yn sgil yr Ail Ryfel Byd. Roedd papurau newydd Lloegr yn rhoi sylw ehangach i'r rhyfel ac yn boblogaidd iawn. Cafodd plant o ddinasoedd Lloegr eu symud i Gymru, gan roi mwy o bwysau ar yr iaith Gymraeg.

Ymddangosodd cerddoriaeth bop yn yr 1960au a chael dylanwad enfawr ar bobl ifanc. Roeddent yn copïo gwisgoedd ac ymddangosiad y sêr pop. Dyma'r adeg pryd y dechreuodd Cymru ymaddasu'n llwyddiannus.

Sylwadau'r arholwr

Mae'r ateb yn dangos gafael cronolegol tameidiog o'r cyfnod. Mae'r ateb yn anghyflawn ac yn awgrymu nad yw'r ymgeisydd wedi neilltuo digon o amser ar gyfer ymateb. Cyfeirir at y ffordd Gymreig o fyw, y pwysau/bygythiadau a wynebwyd yn yr 1920au, yr 1930au, yn ystod yr Ail Ryfel Byd ac yn yr 1960au. Fodd bynnag, nid yw'r ymateb yn mynd i'r afael â sut y byddai'r ffordd draddodiadol Gymreig o fyw yn ymaddasu i ddylanwadau o'r tu allan yn nhri deg mlynedd olaf yr ugeinfed ganrif, ac nid yw chwaith yn rhoi barn.

Mae ansawdd y mynegiant yn gadarn. Mae'r ateb yn haeddu Lefel 2 ac yn ennill 5 marc.

Ymateb ymgeisydd dau

Yn yr ugeinfed ganrif, roedd y ffordd Gymreig o fyw yn mynd i ddod dan bwysau mawr o du dylanwadau o'r tu allan. Erbyn heddiw, mae'r Cymry yn mwynhau'r un adloniannau â gweddill y byd ac, ar yr un pryd, wedi cadw eu traddodiad a'u hetifeddiaeth unigryw – yn eisteddfodau, cerdd dant, bandiau pres ac ati.

Cyn 1920, roedd y ffordd Gymreig o fyw wedi'i seilio'n gadarn ar y capel a'r iaith Gymraeg. Y capel oedd yr unig ffynhonnell adloniant ac roedd yn trefnu ymarferion côr, adrodd a dawnsio gwerin, yn aml at eisteddfodau.

Yn ystod yr 1920au a'r 1930au, daeth pwysau ar y ffordd Gymreig o fyw ar ffurf y sinema a'r radio. Roedd y sinema yn newydd a chyffrous ac yn dadlennu breuddwyd Americanaidd hudolus i'r Cymry. Roedd y radio hefyd yn fygythiad am ei fod yn darlledu amrywiaeth o chwaraeon, newyddion a cherddoriaeth yng nghartrefi pobl.

Yn ystod yr Ail Ryfel Byd, symudwyd miloedd o blant o drefi Lloegr i gymunedau yng Nghymru. Tyfodd poblogrwydd papurau newydd Saesneg eu hiaith yn ystod y rhyfel am eu bod yn rhoi sylw ehangach i ddatblygiad y rhyfel. Defnyddiodd y llywodraeth y radio a'r sinema i roi gwybodaeth i'r cyhoedd, a chafodd 'ysbryd adeg rhyfel Prydain ei hybu ar draul Cymreigrwydd'. Yn ail hanner yr ugeinfed ganrif, roedd y bygythiad i'r ffordd Gymreig o fyw o du cerddoriaeth bop, y teledu a'r rhyngrwyd wedi parhau.

Fodd bynnag, mae Cymru wedi gallu gwrthsefyll y pwysau ac, mewn nifer o ffyrdd, wedi ymaddasu'n llwyddiannus. Yn 1977, daeth Radio Cymru ar yr awyr a darparu gwasanaeth cyfrwng Cymraeg. Yn 1982, daeth S4C i ddarparu teledu cyfrwng Cymraeg a oedd yn cynnig rhywbeth at ddant pawb yn y gymdeithas. Mae S4C wedi lansio rhaglenni llwyddiannus megis 'Sgorio' ac yn darparu darllediadau Cymraeg o'r gemau rygbi rhyngwladol. Mae hefyd yn darparu darllediadau llawn o'r Eisteddfod Genedlaethol, Eisteddfod yr Urdd a'r Sioe Frenhinol, gan felly hyrwyddo prif ddigwyddiadau a gwyliau Cymru.

Mae'r byd pop Cymreig wedi bod yn enghraifft wych arall o Gymru'n ymaddasu i bwysau o'r tu allan. O gantorion protest megis Dafydd Iwan a Huw Jones, i'r 'sêr' mwy diweddar megis Elin Fflur ac Al Lewis, mae'r byd pop Cymreig yn parhau i ffynnu.

Ni ddylid tanbrisio cyfraniad yr Urdd. Mae wedi annog y Cymry ifanc i gymryd rhan mewn gweithgareddau poblogaidd ac wedi hybu diwylliant Cymraeg traddodiadol, yn arbennig yr Eisteddfod. Mae'r Urdd wedi croesawu 'dysgwyr' i gymryd rhan, gan felly gynyddu'r nifer sy'n dathlu'r ffordd draddodiadol Gymreig o fyw.

Felly, mae'n eglur fod y ffordd draddodiadol Gymreig o fyw yn gallu ffynnu ochr yn ochr â'r dylanwadau o'r tu allan a'i bod wedi ymaddasu'n dda.

Sylwadau'r arholwr

Mae'r ateb yn rhoi sylw cronolegol cyflawn i'r cyfnod. Mae hefyd yn delio gyda'r ffordd y gallodd Cymru ymaddasu, yn ail hanner y ganrif, i bwysau o'r tu allan ac eto gadw ei ffordd unigryw o fyw. Mae ansawdd y mynegiant yn gyson ag ateb Lefel 4 ac yn haeddu 10 marc.

Mwy o ymarfer at yr arholiad

Dyma gyfle yn awr i chi ymarfer rhai o'r cwestiynau a eglurwyd yn rhai o'r penodau blaenorol. Mae'r enghreifftiau o Adran A yr arholiad ac yn werth cyfanswm o 20 marc ac mae'r enghraifft o adran B yn werth 10 marc.

ADRAN A

Cwestiwn (a) – deall ffynhonnell weledol

Astudiwch Ffynhonnell A ac atebwch y cwestiwn sy'n dilyn.

FFYNHONNELL A

Dyn yn casglu'i bensiwn mewn swyddfa bost ar 1 Ionawr 1909, sef diwrnod cyntaf cyflwyno pensiynau gwladol; cafodd pensiynau gwladol eu cyflwyno gan y Blaid Ryddfrydol

(a) Beth mae Ffynhonnell A yn ei ddweud wrthych am y Blaid Ryddfrydol yn 1909?

[2 farc]

- *Cofiwch nodi o leiaf ddwy ffaith sydd i'w gweld yn y llun.*
- *Mae'n rhaid i chi hefyd wneud defnydd o'r wybodaeth a geir yn y capsiwn.*
- *Am arweiniad pellach, edrychwch ar dudalennau 10-11.*

(b) Disgrifiwch effaith y Rhyfel Byd Cyntaf ar wleidyddiaeth Cymru.

[4 marc]

- *Sicrhewch mai dim ond gwybodaeth uniongyrchol berthnasol yr ydych yn ei chynnwys.*
- *Gwnewch restr gryno o'r pwyntiau rydych am eu nodi.*
- *Ceisiwch osod y pwyntiau yn eich rhestr mewn trefn gronolegol.*
- *Sicrhewch eich bod yn cynnwys manylion ffeithiol penodol megis dyddiadau, digwyddiadau ac enwau pobl allweddol.*
- *Am arweiniad pellach, edrychwch ar dudalennau 22-23 a 97-98.*

(c) Edrychwch ar y ddwy ffynhonnell hon am ddatganoli yng Nghymru ac atebwch y cwestiwn sy'n dilyn.

FFYNHONNELL B

Sut y pleidleisiodd Cymru	
Ie	243,048
Na	956,330
Y canran a bleidleisiodd	58.8%

Canlyniad refferendwm 1979 ar ddatganoli

FFYNHONNELL C

Tudalen flaen y Western Mail, 19 Medi 1997

Defnyddiwch Ffynonellau B ac C a'ch gwybodaeth eich hun i egluro pam yr oedd agwedd etholwyr Cymru at ddatganoli wedi newid erbyn 1997.

[6 marc]

- *Disgrifiwch beth sydd ym mhob ffynhonnell, gan wneud defnydd o'r capsiwn sydd wedi'i nodi wrth eu hymyl.*
- *Cyfeiriwch yn uniongyrchol at bob ffynhonnell, e.e. 'Mae Ffynhonnell B yn dangos … Mae hyn yn cyferbynnu â Ffynhonnell C, sy'n dangos …'*
- *Ceisiwch groesgyfeirio, gan nodi elfennau tebyg neu wahaniaethau rhwng y ffynonellau.*
- *Cofiwch gynnwys manylion ffeithiol penodol o'ch gwybodaeth eich hun er mwyn gosod pob ffynhonnell o fewn ei chyd-destun hanesyddol.*
- *Os byddwch yn defnyddio'ch gwybodaeth eich hun yn unig ac nid yn cyfeirio at y ffynonellau, ni chewch fwy na hanner marciau.*
- *Cofiwch ddisgrifio ac egluro pob ffynhonnell, gan ddangos ffocws clir ar y mater allweddol o newid, a chefnogwch hyn gyda'ch gwybodaeth eich hun.*
- *Am arweiniad pellach, edrychwch ar dudalennau 53-55.*

Cwestiwn (ch) – dethol gwybodaeth a dadansoddi cysyniadau allweddol

(ch) A oedd buddugoliaeth Gwynfor Evans yn isetholiad Caerfyrddin yn 1966 yn drobwynt ar gyfer Plaid Cymru?

[8 marc]

- *Mae'n rhaid i chi werthuso pwysigrwydd y mater dan sylw.*
- *Anelwch at ddadansoddi a gwerthuso'r rhesymau dros y pwysigrwydd hwn – ni fydd atebion disgrifiadol yn rhoi mwy na hanner marciau i chi.*
- *Cefnogwch eich sylwadau â manylion ffeithiol penodol.*
- *Cofiwch fod y cwestiwn hwn yn gofyn i chi roi barn, gan roi rhesymau penodol dros bwysigrwydd y pwnc neu'r mater yn eich golwg chi.*
- *Am arweiniad pellach, edrychwch ar dudalennau 69-70, 85-86 a 110-111.*

ADRAN B

I ba raddau y newidiodd y ffordd 'Gymreig' o fyw yn yr ugeinfed ganrif?

[10 marc]

Efallai y byddwch am drafod y canlynol yn eich ateb:
- *Effeithiau'r Rhyfel Byd Cyntaf a'r Dirwasgiad;*
- *Symudiad pobl allan o Gymru ac i mewn i Gymru;*
- *Ffurfiau newydd ar adloniant;*
- *Effeithiau'r Ail Ryfel Byd;*
- *Datblygiadau mewn diwylliant poblogaidd o'r 1920au ac, yn enwedig, ers yr 1950au;*
- *Addysg cyfrwng Cymraeg a'r Urdd;*
- *Gwaith ymgyrchu Cymdeithas yr Iaith Gymraeg;*
- *Unrhyw ffactorau eraill perthnasol.*

Geirfa

Adroddiad Hughes Parry	prif bensaer yr adroddiad hwn a gyhoeddwyd yn 1965 oedd Syr David Hughes Parry; arweiniodd yr adroddiad at Ddeddf yr Iaith Gymraeg 1967, statud a sefydlodd am y tro cyntaf mewn deddfwriaeth yr egwyddor o gydraddoldeb rhwng y Gymraeg a'r Saesneg
anufudd-dod sifil	gwrthod ufuddhau i ddeddfau, gorchmynion, a.y.b. llywodraeth neu awdurdod, fel rhan o brotest neu ymgyrch wleidyddol drefnedig a di-drais
awdurdod lleol	corff gweinyddol mewn llywodraeth leol; y term a ddefnyddir yn swyddogol am 'y Cyngor' – Caerdydd, Abertawe, Rhondda Cynon Taf, Wrecsam a Gwynedd yw pump o'r 22 awdurdod lleol yng Nghymru
Bwrdd yr Iaith Gymraeg	corff statudol a grëwyd gan lywodraeth y DU o dan Ddeddf yr Iaith Gymraeg 1993, i hybu a hwyluso'r defnydd o'r iaith Gymraeg; diddymwyd y Bwrdd ar 31 Mawrth 2012 a daeth Comisiynydd yr Iaith Gymraeg yn ei le
cabinet	yr enw a roddir i'r grŵp o weinidogion llywodraeth neu i gynghorwyr awdurdod lleol sy'n gyfrifol am y prif feysydd polisi
cadw'r Sul	cadw'r Sul yn ddiwrnod gorffwys ac addoli crefyddol
cenedlaetholwr	un sy'n cefnogi cenedlaetholdeb (cefnogaeth i fuddiannau ei genedl ei hun); un sy'n cefnogi annibynniaeth genedlaethol neu hunanbenderfyniad
Comisiwn Brenhinol	gorchymyn ymchwilio neu bwyllgor wedi'i benodi gan y Goron dan argymhelliad y llywodraeth i ymchwilio ac adrodd yn ôl ar bwnc neu ddatblygiad penodol
Cyngres yr Undebau Llafur	cydffederasiwn cenedlaethol yr undebau llafur Prydeinig, a ffurfiwyd yn wreiddiol i drefnu'r gyngres flynyddol (a gynhaliwyd bob blwyddyn er 1868)
cymanfaoedd canu	gwyliau Cymreig lle caiff emynau eu canu
Cymraeg yn y gweithle	cynllun sy'n annog gweithwyr i ddysgu Cymraeg drwy wersi a ddarperir gan Ganolfannau Cymraeg i Oedolion (a ariennir gan Lywodraeth Cymru)
datganoli	symud grym neu awdurdod o un corff neu lywodraeth i un arall
datgysylltu	torri'r cysylltiad rhwng yr Eglwys a'r wladwriaeth
Dirwasgiad	y 'cwymp' ariannol a diwydiannol yn 1929 a'r blynyddoedd dilynol
diwydiannau trwm	diwydiannau sydd ynghlwm â'r broses gymhleth o gynhyrchu nwyddau cyfalaf neu echdynnu deunyddiau crai ar raddfa fawr; er enghraifft, cloddio glo a llechi, cynhyrchu haearn a dur, copr a thunplat

globaleiddio	y broses pan fydd busnesau neu gyrff eraill yn datblygu dylanwad rhyngwladol neu'n dechrau gweithredu ar raddfa ryngwladol, a ystyrir yn aml i fod ar draul hunaniaeth genedlaethol; bydd cwmnïau sy'n sefydlu eu hunain mewn nifer o wledydd weithiau yn cau neu'n lleihau gwaith mewn un wlad ac yn symud i un arall, er mwyn gallu talu cyflogau is a gwneud mwy o elw
gorsafoedd codi glo	gorsafoedd lle y câi bynceri llongau eu llenwi â glo neu danwydd
Gorsedd y Beirdd	cymdeithas o feirdd, awduron, cerddorion, arlunwyr ac unigolion eraill sydd wedi gwneud cyfraniad pwysig i'r iaith Gymraeg, ac i lenyddiaeth a diwylliant Cymraeg; sefydlwyd Gorsedd Beirdd Ynys Prydain yn 1792 gan Iolo Morganwg, a'r tro cyntaf iddi ymddangos mewn Eisteddfod oedd yng Nghaerfyrddin yn 1819
haearn crai	yr haearn bwrw cyntaf a ddaw o'r ffwrnais fwyndoddi, ar ffurf blociau hirsgwar
haka	dawns ystum ddefodol y Maori i gyfeiliant llafarganu
heddychwr	un sy'n cynnig neu'n cefnogi dulliau heddychlon yn hytrach na rhyfel i ddatrys anghydfod; mae heddychwyr yn gwrthod ymladd mewn rhyfel
hunanlywodraeth	llywodraeth wleidyddol trefedigaeth, gwlad ddibynnol, talaith neu ranbarth arni hi ei hun
lwfans teulu	lwfans a delir gan y wladwriaeth i riant neu warcheidwad am bob plentyn dibynnol
mecaneiddio	cyflwyno peiriannau i ffatri, diwydiant, fferm, a.y.b.; newid i ddull mecanyddol o weithio
Mudiad Meithrin	sefydliad gwirfoddol; prif ddarparwr gofal ac addysg blynyddoedd cynnar cyfrwng Cymraeg yn y sector gwirfoddol
picedu	pan fydd unigolyn neu grŵp o bobl wedi gosod eu hun y tu allan i safle gwaith yn ystod streic er mwyn ceisio darbwyllo gweithwyr i beidio â mynd i mewn
picedwyr gwib	streicwyr sy'n teithio, pellter sylweddol yn aml, i gefnogi pobl sydd ar streic mewn safle gwaith arall
preifateiddio	trosglwyddo busnes, diwydiant, gwasanaeth, a.y.b. o berchenogaeth a rheolaeth gyhoeddus i un preifat
pŵer deddfu	y pwerau i ddeddfu neu i greu cyfreithiau
radical	mae radicaliaeth wleidyddol yn cynnig syniadau, cynlluniau a gweithredoedd beiddgar, 'newydd' a phellgyrhaeddol
ralïau	cyfarfodydd pan fydd cefnogwyr yn dod ynghyd i ddangos cryfder teimladau cyhoeddus dros achos, neu i ysbrydoli neu feithrin brwdfrydedd

refferendwm	y broses o ofyn cwestiwn neu ddwyn pwnc i sylw pobl (e.e. newid cyfansoddiadol awgrymedig megis datganoli neu a ddylai tai tafarn gael agor ar y Sul); caiff y penderfyniad ei wneud trwy bleidlais gyffredinol gan yr etholaeth gyfan
San Steffan	lleoliad y Senedd yn Llundain
sector preifat	y rhan o economi, diwydiant, a.y.b. sydd â pherchenogaeth breifat ac sydd heb reolaeth uniongyrchol y wladwriaeth drosti; prif nod y sector preifat yw gwneud elw
Siarter Brenhinol	dogfen ysgrifenedig ffurfiol a gyhoeddir gan frenin neu frenhines, yn rhoi hawl neu rym i unigolyn neu gorfforaeth gorfforedig; fe'u defnyddir i sefydlu cyrff pwysig fel llyfrgelloedd cenedlaethol neu brifysgolion
sioeau ceiniog	dangos ffilmiau mewn sinemâu am bris mynediad o geiniog
sosialaidd	mae llawer o wahanol fathau o sosialaeth, ond mae'r rhan fwyaf, os nad y cwbl, yn pwysleisio ymrwymiad i gydraddoldeb, system les gref (gweler 'y Wladwriaeth Les'), a threthu'r rhai mwy ffodus er mwyn cynorthwyo'r rhai a ystyrir yn fwy anghenus
statws swyddogol	dylai sefydliadau cyhoeddus roi gwybodaeth a darparu gwasanaethau yn y Gymraeg yn ogystal â'r Saesneg, e.e. mae gan siaradwyr Cymraeg yr hawl i ddefnyddio'r Gymraeg yn y llys, ac i ddewis mynd i ysgol lle mae Cymraeg yn cael ei dysgu fel mamiaith
tro pedol	mewn gwleidyddiaeth, gwrthdroi penderfyniad neu bolisi yn sydyn a dirybudd
y Wladwriaeth Les	gwlad lle mae lles aelodau'r gymuned dan warant gwasanaethau cymdeithasol y wladwriaeth
ymatal	peidio â phleidleisio
ymgysylltu	dod yn gysylltiedig â sefydliad arall; cydaelod o gorff mwy